COMPRENDA SUS ESTADOS DE ANIMO

Dr. Melvyn Kinder

Comprenda sus estados de ánimo

Javier Vergara Editor s.a.
Buenos Aires / Madrid
México / Santiago de Chile
Bogotá / Caracas / Montevideo

Título original
MASTERING YOUR MOODS: RECOGNIZING YOUR
EMOTIONAL STYLE AND MAKING IT WORK FOR YOU

Edición original
Simon & Schuster

Traducción
Antonio Bonanno

Diseño de tapa
Patricia Lamberti

Fotografía de tapa
© Image Bank

© 1994 Dr. Melvyn Kinder
© 1995 Javier Vergara Editor S.A.
Paseo Colón 221 - 6° / Buenos Aires / Argentina

ISBN 950-15-1450-1

Impreso en la Argentina / Printed in Argentine
Depositado de acuerdo a la Ley 11.723

Para Sara, Eric y Alexandra

Agradecimientos

A mi asesora editorial, Marilyn Abraham, cuyos manejos sabios y maestros con mi emotividad permitieron que este trabajo fuera una tarea fluida y ordenada. Le estoy sumamente agradecido por su comprensión y su aliento.

A Laura Daltry, cuya asistencia en la redacción fue precisa y concentrada y contribuyó mucho a la versión final del manuscrito. Del mismo modo, las observaciones perceptivas de Clayton Rich sobre temperamento y psicología resultaron valiosas y estimulantes.

A mi agente literario, Richard Pine, por su entusiasmo, su humor y sus observaciones irónicas acerca del rol de las emociones en la vida cotidiana.

Y finalmente a Laurie Conniff, por su capacidad para la investigación y su talento para pasar fluidamente del ámbito universitario y comprender la tarea de escribir para el público lego.

Indice

PRIMERA PARTE
El misterio de las emociones 13

Capítulo 1 Gente buena, estados de ánimo malos 15
Capítulo 2 Exploración de los mitos sobre las emociones ... 35
Capítulo 3 Psicobiología: un termostato emocional 55
Capítulo 4 Temperamento: el pronosticador del
            estado de ánimo 66

SEGUNDA PARTE
Reconocer el tipo emocional innato 83

Capítulo 5 Sensibles: de la ansiedad al coraje 85
Capítulo 6 Expresivos: del enojo a la liberación 117
Capítulo 7 Analíticos: de taciturno a animado 151
Capítulo 8 Investigadores: del deseo a la satisfacción 185

TERCERA PARTE
Maneje sus emociones 217

Capítulo 9   Reconsiderar las zonas de satisfacción 219
Capítulo 10 Reajustar el termostato emocional 238
Capítulo 11 El temperamento de otras personas 259
Capítulo 12 Buscar ayuda: psicoterapia y medicaciones 282

PRIMERA PARTE

El misterio
de las emociones

1

Gente buena, estados de ánimo malos

¿A menudo se siente aprensivo aunque no puede señalar ninguna razón que justifique su ansiedad? ¿Tiende a experimentar sentimientos intensos y cree que estallará a menos que los exprese de inmediato? ¿O es de la clase de persona que se pregunta secretamente por qué está tan inquieta, por qué se aburre con tanta rapidez de empleos y romances?

Si usted es como la mayoría de las personas, puede descubrir que sus emociones y estados de ánimos son desconcertantes. Deseamos sentirnos bien, mil voces diferentes nos dicen que debemos sentirnos bien. Sin embargo, ¡con frecuencia nos sentimos fatal! ¿Qué es lo que no anda bien en nosotros? La respuesta puede ser sorprendente.

Se puede sostener que sentirse de mal humor o falto de control en ocasiones ha sido siempre parte integrante de la condición humana. Pero, de alguna manera, parece intolerable estar a merced de las emociones en esta era del llamado esclarecimiento psicológico.

Comparamos nuestra propia conmoción interna con el aspecto de la gente que nos rodea y quedamos convencidos de que los otros no experimentan los altibajos que sufrimos nosotros. Todo lo que leemos nos dice que deberíamos poder controlar nuestras emociones, pero al parecer no lo logramos.

Por ejemplo, si somos propensos a sentirnos ansiosos o de mal humor, ¡es culpa nuestra! Nos convencemos de que somos poco inteligentes, o malos, o emocionalmente enfermos o disfuncionales. La divergencia entre lo que sentimos y lo que nos dicen que deberíamos sentir es una condena constante.

Podríamos terminar volcando nuestras angustias en el trabajo o en nuestras relaciones, en el intento de aliviarnos o inspirarnos. O incluso podríamos buscar una solución bebiendo demasiado o empleando drogas ilegales. Algunos acuden a la consulta de un psicólogo para "elaborar" las experiencias tempranas de la infancia que (según nos dice la psicología popular) son la causa de nuestro dolor emocional presente. Somos millones los que cada mes acudimos a la farmacia para reabastecernos de antidepresivos o sedantes que (según nos dice el médico) equilibrarán las "anormalidades" en la química de nuestro cerebro. Millones de personas ingresan en grupos de terapia del "niño adulto" o de recuperación de doce pasos para curarse de las "disfunciones" adultas causadas por las familias "disfuncionales".

Se nos dice que, si somos pacientes, valientes y abiertos, si "elaboramos los recuerdos dolorosos", "obtenemos comprensión", "cedemos", "crecemos" y "cambiamos", empezaremos a sentirnos mejor. El mensaje es que nuestras emociones cambiarán para bien cuando pensemos en las cosas desde una nueva perspectiva, o tomemos la pastilla adecuada, o encaremos de la manera correcta el programa de recuperación. Si no nos sentimos mejor, es culpa nuestra.

Si uno desea sentirse feliz, confiado, animado, capaz de enfrentar todo lo que la vida pone en el camino, y se pregunta por qué las propias emociones son tan turbulentas, tan resistentes a todos los esfuerzos por cambiarlas, se es como mucha gente de hoy que está confundida y frustrada por la incapacidad para sentirse de la manera en que se piensa que uno debería de sentirse. Lo que es peor, es probable que uno se pueda sentir aún más angustiado al reprocharse a sí mismo el hecho de experimentar estados de ánimos y emociones "débiles" o "negativos". Se está sufriendo no uno, sino dos niveles de angustia. Primero, uno se siente mal, y luego uno se siente mal por sentirse mal.

EL "MANEJO" EMOCIONAL ES POSIBLE

En este libro compartiré con el lector los sorprendentes y novedosos hallazgos en química del cerebro y conducta humana que, junto con mis veinticuatro años de experiencia con mis pacientes, me llevaron a desarrollar mi teoría sobre por qué nos sentimos como nos sentimos. En un futuro próximo, pienso que cambiaremos casi todo lo que creemos hoy día sobre las emociones. Hacemos cambios radicales en el enfoque de la psicoterapia: cuánto podemos esperar cambiar, y cómo hacer que se produzca ese cambio. En este libro compartiré con el lector nuevas respuestas a preguntas que nos han intrigado hasta ahora:

- ¿Por qué nos culpamos por la angustia emocional?
- ¿Por qué fracasa a menudo la psicoterapia?
- ¿Por qué la gente con naturaleza propia "normal" cree tener una enfermedad emocional?
- ¿Por qué alguna gente está "entumecida" o "separada" de sus emociones?
- ¿Por qué se podría ser propenso al desaliento a pesar de años de terapia (cambio interior) y de cambiar la vida radicalmente (cambio exterior)?
- ¿Por qué alguna gente debe correr riesgos o perseguir pasiones extremas para sentirse viva?
- ¿Por qué se mantienen unidas algunas parejas y cuál es su química real?

Se aprenderá a manejar las emociones y a modelar el destino emocional sin culpar a los otros y, lo que es más importante aún, sin culparse a sí mismo, sin pesimismo y desesperación. Cuando se avance en el texto se entenderá qué es lo que en verdad desencadena las emociones y los estados de ánimo. Se descubrirá a cuál de los cuatro tipos de temperamento se pertenece y los altibajos emocionales se tornarán comprensibles y predecibles. Se aprenderán técnicas posibles, paso a paso que ayudan a anular el mal humor, el enojo, la inquietud, la preocupación. Se hallarán maneras de expandir las zonas de satisfacción emocional. Se obtendrá no sólo autoconfianza emocional sino que se podrá aprovechar la nueva comprensión en interacciones mejores con los seres queridos y con las personas del mundo laboral.

SENTIRSE MEJOR CON "UNO MISMO"

La gente dice: "Sólo deseo sentirme bien conmigo mismo", pero cree que no puede porque está cargada de sentimientos molestos. En mi opinión, lo que ha sucedido en el auge psicológico de los últimos treinta años es que se ha llegado a confundir la autoestima con la tranquilidad emocional: sentirse bien con uno mismo se basa en "sentirse bien". Es innegable que uno experimenta el "yo mismo" con sus emociones. Lamentablemente, luego se pasa a juzgar al "yo mismo" sobre la base de las emociones y uno no se siente bien con uno mismo si experimenta lo que la cultura dice que son emociones "malas" o "enfermas".

En los treinta años pasados se ha visto la psicologización de América. Ha habido un bombardeo de teorías, libros, artículos periodísticos, "psicoanalistas" en radio y televisión. Es un fenómeno que va a más: tests de personalidad como parte del proceso de contratación de personal, seminarios de conducta cuando se asciende de puesto, encuentros matrimoniales en la iglesia o la sinagoga, libros de autoayuda y grupos de autoayuda, grupos de apoyo y grupos de doce pasos para un espectro determinado de problemas psicológicos...

Todos esos programas incluyen nociones y técnicas para librarse de emociones indeseadas que se interponen en el camino de la autoestima, sentimientos tales como el enojo, la ansiedad, la tristeza. Los expertos han urgido a eliminarlos en terapia de grupo o individual, mediante el análisis en el psicoanálisis, con el pensamiento en la terapia cognitiva y conductista. Fuera del tratamiento, se imponía el jogging, el aerobic o la gimnasia con aparatos. Pero todos esos enfoques son defectuosos porque se basan en conceptos erróneos sobre la vida emocional.

Como terapeuta siempre me he sentido intrigado por los mitos psicológicos que se desarrollan de manera periódica en nuestra sociedad y que se basan en nociones de moda pero falsas acerca de por qué somos como somos. Creo que esos mitos psicológicos nos dan información desorientadora y expectativas poco realistas, incluidos cómo debemos sentirnos y cómo debemos controlar nuestras emociones y, en consecuencia, hacer que nuestra naturaleza, en esencia buena, quede sepultada o distorsionada. Son esos mitos psicológicos los que nos llevan a considerar intolerables o vergonzosos los propios sentimientos, los que hacen que tantas personas posean una baja autoestima.

Creo que el dilema central en las relaciones, el trabajo y el sentido de uno mismo es que se ha descuidado la piedra basal emocional del "yo mismo". Bajo los estratos de lo que "se debe" y lo que "no se debe" respecto de los sentimientos, que se han recibido de nuestros padres, nuestra pareja, la sociedad en general, está la fuente de la respuesta emocional verdadera, visceral e instintiva. Esa fuente es el temperamento innato y de base biológica, lo que yo denomino el yo mismo natural.

Lo más importante, que se irá descubriendo con la lectura de este libro, es que las emociones son en gran medida bioquímicas y no el producto de los traumas de la infancia, de las deficiencias morales, de los defectos de carácter, del esposo inadecuado, del empleo que no corresponde, etcétera. Pero se sigue actuando según antiguas ideas y teorías obsoletas en cuanto a por qué uno se siente como se siente. En consecuencia, uno queda confundido y desalentado con la naturaleza desconcertante y enigmática de las propias emociones.

PERFILES DE DESORDEN EMOCIONAL:
NEGACIÓN DEL YO MISMO NATURAL

Mark
Mark vende inversiones complejas a directores de fondos de pensión. Está sentado en la antesala de un cliente potencial y pasa por su ritual de tensión habitual. "¿Qué es lo que me sucede? Conozco mi producto, sé que es bueno, pero me siento tan tenso." Ensaya el ejercicio que aprendió en los seminarios motivacionales y visualiza al cliente potencial firmando el contrato, pero el cuadro se diluye mientras Mark nota sus manos. "¡Oh, no!", piensa, odiándose. "¡Me están sudando otra vez!"

Mark no es un tipo frío, el operador tranquilo que desea ser. Puede engañar a la mayoría de las personas casi siempre, pero sabe que su interior no concuerda con su exterior. Por años se ha sentido un impostor. Constantemente trata de acomodarse a la imagen brillante que se fijó como adolescente. Pero la verdad es que Mark sigue siendo la persona ansiosa y sensible que era en el colegio.

Leon

Leon conduce su coche de regreso al hogar después de un día espantoso de trabajo en una compañía que se ocupa de temas aeroespaciales. Se maldice y está enfadado, avergonzado, temiendo lo que dirá y hará su esposa cuando le comente lo sucedido.

Durante una reunión con otros cinco ingenieros de diseño y su supervisor de proyecto, perdió la paciencia cuando el supervisor rechazó una sugerencia que Leon sabía que simplificaría un proceso crucial en un proyecto de veinte millones de dólares. "¡Pero usted ni siquiera se ha molestado en escucharme!, le espetó impulsivamente al supervisor.

Luego pidió disculpas y rápidamente trató de restarle importancia al asunto. "Lo siento, esto me pone tan nervioso." Pero en la sala de conferencias se había envenenado la atmósfera. El supervisor dio por concluida la reunión. Leon temía que le "despidieran" en pocas semanas, como le había sucedido en otra ocasión cuando perdió la paciencia en el trabajo.

Leon tiene una vida llena de ataques de autoaborrecimiento debido a su poca paciencia. Percibe que su enojo es algo que no puede controlar y se siente condenado a estallar perjudicando su vida laboral en el proceso. Está confundido, porque piensa que la mayor parte del tiempo es una persona de buen talante. Lo que nunca ha sabido es la causa de su propensión a esos estallidos y por qué es tan predecible su respuesta a la frustración. Sus intentos de emplear su fuerza de voluntad nunca dan resultado porque él no entiende su temperamento básico.

Katy

Katy está harta de interminables sesiones de terapia, harta de interminables recetas para antidepresivos, harta de estar harta. Durante cinco años ha practicado el juego de la enfermedad emocional y finalmente la ha agotado. Ha llegado al fin de su interés y su paciencia con los interminables antidepresivos que la hacen sentir "aislada". La cansa ser la buena paciente que de alguna manera nunca mejora lo suficiente como para librarse de su autoimagen enferma y químicamente desequilibrada. Está avergonzada de las infinitas excusas que les da a su esposo y sus hijos acerca de por qué está tan cansada para ir con ellos en las salidas familiares.

Katy está harta de que la tachen de "deprimida", pero no logra saber por qué se siente como se siente. En realidad, nunca ha entendido por qué es propensa al mal humor y nunca nadie la ha ayudado a entenderlo.

Christie

Christie está elaborando los números finales de un informe de comercialización que le rendirá 145.000 dólares a la compañía donde trabaja. Hoy su jefe le ha dicho que está en camino de convertirse en socia de la firma, si lo desea. Por alrededor de una hora se sintió emocionada. Ahora, sola en su oficina, cerca de las nueve de la noche, se pregunta: "¿Por qué me estoy sintiendo tan vacía?" Luego se sonríe pensativamente al recordar los encuentros ilícitos que ha tenido con Sam, su novio casado: la excitación, las intrigas, incluso el peligro.

Piensa en sí misma. "Un año sobria, finalmente tengo tarjetas de crédito y un buen empleo de nuevo, y... ¡estoy tan aburrida! ¿Qué es lo que me pasa?" Christie se siente desilusionada. Después de desperdiciar su vida entre los veinte y los treinta años, viviendo "al límite", ha dedicado esos últimos años a trabajar duro para volverse "normal": una persona responsable, productiva, respetable. Pero la verdad es que Christie no es una persona a la que impulse la seguridad, sino que busca las sensaciones. Aún desea el drama, la excitación y la intensidad que sentía en las situaciones de alto riesgo.

¿Qué tienen en común esas cuatro personas básicamente sanas, inteligentes y bien intencionadas? No saben por qué se sienten como se sienten. No les gusta cómo se sienten. Están frustrados por su incapacidad para sentir lo que creen que deberían sentir.

Tal vez uno se identifique con Mark. ¿Tendemos a estar nerviosos en situaciones nuevas o con extraños? ¿Nos descubrimos deseando reaccionar de forma más tranquila ante la gente, menos emocional? En ese caso, uno puede ser sensible pero propenso a la ansiedad.

Tal vez uno sea como Leon. Uno está lleno de sentimientos y debe expresarlos, bien sea la satisfacción por un logro o la irritabilidad por ese imbécil que conduce por el carril de al lado. Uno a menudo siente remordimientos por expresar el enojo, pero parece no poder contener el temperamento por mucho que se lo prometa. Uno puede tener el temperamento comunicativo pero a menudo enojado del expresivo.

¿Se es propenso a los ataques de tristeza, o a despertar en medio de la noche y preocuparse durante horas por algo que parece trivial al día siguiente? ¿Se teme no tener nada que hacer porque se es proclive a los pensamientos tristes y a pasar a un estado de depresión? Si esto da en el blanco, como Katy se puede tener el temperamento del reflexivo, a menudo melancólico analítico.

¿O se siente la necesidad constante del desafío? ¿Se pierde rápidamente el interés cuando pasa la novedad, sea en un trabajo, en un hobby o en una situación romántica? ¿Se siente uno atraído por la excitación, la emoción viva, aun por el peligro? Como Christie, se puede tener el temperamento inquieto, esforzado del investigador.

Mark, Leon, Katy y Christie son típicos de los cuatro tipos de temperamento que exploraremos: el sensible, el expresivo, el analítico y el investigador. Como muchos de nosotros, esas cuatro personas han intentado las "soluciones" convencionales tanto como las de moda para librarse de emociones indeseadas: pensamiento positivo, terapia, grupos de recuperación, pastillas, fuerza de voluntad. Pero esos caminos no aseguran el deseado bienestar emocional.

BUSQUEDA DE ALIVIO EMOCIONAL

Todo el que va a una terapia o compra libros como el presente, es obvio que desea transformar su vida. Típicamente, siente emociones que le resultan angustiosas. Si se sintiera bien, no iría a la consulta de un terapeuta, sino que resolvería sus problemas por sí mismo. Son las emociones incómodas las que hacen buscar ayuda. Lo que tanta gente desea hoy es algún respiro del desorden emocional, pero no está segura del camino. Lamentablemente, muchas de las soluciones convencionales de que se dispone hacen que uno se sienta peor sobre uno mismo, antes que mejor.

Todas las maneras por las que uno llega a entenderse son percepciones de la psicología y la psiquiatría académicas basadas en modelos de conducta e identidad. Si uno se inclina a "sentirse mal" es porque creció con "malas experiencias" o se le hizo "sentir mal" al propio niño interior. Se suele decir: "Veamos cómo le criaron sus padres" para entender por qué uno se siente como se siente. En consecuencia, en las últimas décadas se puede haber recibido el mensaje de que se debe culpar a los padres por no haber dado el amor incondicional que se necesitaba para convertirse en adultos confiados y llenos de amor.

Creo que esa clase de terapia es a menudo inefectiva porque se basa en desaprender pautas de conductas de adaptación incorrectas. Esas teorías suponen que se es lo que se ha aprendido, que la crianza o el ambiente antes que la naturaleza o la herencia es la influencia del autodesarrollo. Así, si se supone que en el pasado se aprendió a reaccionar con emociones particulares, supuestamente ahora se pueden "desaprender" esas reacciones mediante la percepción, la disciplina y el poder de la mente.

El problema es que desaprender sencillamente no sirve cuando se trata de controlar o atenuar las emociones, por lo que inadvertidamente esa guía predispone a una enorme autoculpa. Supongamos que los sentimientos se mantienen resistentes a la psicoterapia, ¿significa eso que la persona está enferma emocionalmente debido a desequilibrios químicos o anormalidades en el cerebro? ¿Son las medicaciones, entonces, la respuesta?

Ahí también mucha gente se siente confundida. Algunos médicos de familia y clínicos creen firmemente en los sedantes y los antidepresivos y los recetan de manera rutinaria, mientras que otros médicos acusan a tales drogas como adictivas, inefectivas o malas para la gente debido a su efecto amortiguador sobre las percepciones y las respuestas. La fe en esas drogas se ve aun más erosionada por los informes de prensa. Parece ser que casi cada mes los medios proclaman un nuevo sedante o antidepresivo como la droga milagrosa para, pocos meses más tarde, denunciar a la misma medicación como insidiosa y adictiva, con efectos secundarios tóxicos.

Del mismo modo, la medicación es controvertida entre los profesionales de la salud mental. Los psiquiatras pueden apresurarse a prescribirles medicamentos a los pacientes mientras los terapeutas convencionales o "de conversación" pueden adoptar ciegamente el enfoque de "la mente sobre la materia" con pacientes a los que les vendría muy bien la medicación. Y, significativamente, las regulaciones de la atención médica disponen que se debe tachar de "perturbada" o "enferma" a una persona para que un médico le prescriba medicaciones para la ansiedad o antidepresivos. Tales creencias hacen que la gente se sienta avergonzada e inherentemente deficiente.

Sin ninguna duda, hay problemas y controversias respecto del moderno "milagro de las drogas para el estado de ánimo". Si uno es como la mayoría de la gente, no sabe cuándo probarlas, cuándo no probarlas, cuándo dejar de tomarlas o, lo más importante, cómo actúan.

Como alternativa, millones de personas se están volviendo ahora hacia los programas de recuperación de doce pasos cuyos miembros comparten su experiencia, su fuerza y su esperanza y hay un sensación de apoyo y empatía compartidos. Pero ese movimiento no es la respuesta para todos. A algunos les resulta demasiado dogmático, otros encuentran que los conceptos claves de rendición, impotencia, adicción o disfunción son inhabilitantes e inductores de vergüenza. Y aun después de cierta recuperación, de la sobriedad o de la abstinencia de la conducta problemática, cuando la gente descubre que sus emociones siguen fuera de control, puede abandonar el grupo, sintiéndose secretamente pesimista y desilusionada.

Falta algo. Es cierto que los complejos estilos de vida

de hoy crean más desorden emocional. ¡Pero falta algo fundamental! ¡Esas maneras casuales con que intentamos sentirnos mejor simplemente no sirven!

MI BUSQUEDA DE RESPUESTAS

En años recientes me he sentido intrigado y fascinado por la salud básica y el coraje de mis pacientes. Debajo de las expectativas poco realistas, las creencias infundadas y los mitos psicológicos, invariablemente encontraba un núcleo, una esencia dentro de cada persona, según lo caractericé una vez, un "yo mismo olvidado". Esa comprensión me llevó a enfocar las maneras en que nuestra naturaleza inherente, esencialmente sólida y buena, queda sepultada bajo infinitos estratos de nociones falsas y de moda acerca del porqué somos como somos.

Dado que nuestras emociones son tan básicas, tan centrales para lo que hacemos en la vida, hace varios años empecé a explorar seriamente la realidad y la fuente de nuestros sentimientos. Gradualmente fue surgiendo una teoría que explicaba por qué nos sentimos como nos sentimos, y por qué ciertos tipos de hombres y mujeres se inclinan por ciertas pautas de emociones predecibles.

Cuando los pacientes me relatan sus problemas, presto atención a dos cosas: el modo en que piensan acerca del problema y lo que sienten al respecto. Hace unos pocos años, empecé a preguntarme: ¿Por qué mi paciente experimenta este problema de una manera tan intensa? Las emociones a menudo eran tan vívidas que parecían casi independientes de la cuestión particular. Las emociones que acompañaban al dilema que se presentaba eran tan desproporcionadas o inadecuadas que conseguían oscurecer el problema. Empecé a sospechar que la respuesta estaba en el temperamento emocional. La persona se estaba sintiendo hipersensible, o enojada, o deprimida, o ansiosa en general, y su mente interpretativa estaba hallando específicos problemas de la vida para poder culparlos por su incómodo estado emocional.

La investigación científica relativa a la química cerebral y a los rasgos de personalidad heredados ahora apoya lo que por largo tiempo sospeché: cuando uno se siente desvalido en cuanto a sus emociones, probablemente sea porque no puede evitar sentir lo que siente. Lo que hemos descubierto sobre la bioquímica del cerebro en los últimos pocos años tiene peso sobre la psicología. Cambia casi todo lo que creíamos sobre las emociones. Por ejemplo: cuánto de quienes somos es naturaleza (heredado o innato, con base biológica) y cuánto de quienes somos es crianza (educación, amor parental y enseñanzas, ambiente social y cultural). Si bien la teoría psicológica dominante en los pasados cien años (desde Freud) se ha centrado en la experiencia de la temprana infancia (crianza) para explicar por qué somos como somos, la nueva investigación del cerebro proporciona precisa evidencia en una dirección muy diferente. Los nuevos hallazgos señalan la verdadera fuente de nuestras emociones:

- Nuestras emociones tienen orígenes biológicos.
- Cada uno de nosotros nace con un temperamento emocional innato y único impulsado biológicamente.
- Quiénes somos y cómo reaccionamos al mundo que nos rodea está determinado más por esos rasgos innatos que por el ambiente o nuestra crianza.

Así que la respuesta a "qué me sucede" puede muy bien ser una combinación de falsas expectativas y de negación del yo mismo natural.

¿QUE ES TEMPERAMENTO?

Temperamento, como se usa en este libro, se refiere a esa parte de nuestro "yo mismo" o personalidad que está definida por nuestras emociones características. La gente, claro, difiere mucho en su sensibilidad emocional y en su expresión. Nuestra sensibilidad, nuestra capacidad de reacción emocional, si somos retraídos o sociables, tímidos o agresivos, introvertidos o extravertidos, todo modela el modo en que experimentamos nuestro ambiente y respondemos a él.

Sin duda, crianza, educación y experiencias modelan a la persona en que nos convertimos. Nuestra emotividad está ciertamente influida por mensajes de la infancia que recibimos de nuestros padres, cuánto hemos sido heridos en relaciones vitales y la clase de decisiones conscientes que hemos tomado acerca de nuestros sentimientos.

Indiscutiblemente, las experiencias de la vida pueden modelarnos en muchos sentidos, pero no son los determinantes más importantes. La biología y la genética parecen ser mucho más importantes. Nuestro temperamento natural pone la firma, la marca definitiva a quiénes somos, a cómo navegamos psicológicamente a través del mundo. Y cuando se entiende esto, se descubre que es liberador antes que lo contrario: se sabe exactamente por qué uno se siente como se siente y lo que se debe hacer para sentirse mejor y cómo sentirse más cómodo con aquellos que lo rodean a uno.

El temperamento predice satisfacción o insatisfacción cuando desarrollamos nuestro trabajo, con nuestros seres queridos, aun en nuestros momentos de soledad. Como terapeutas, debemos aplicar estos nuevos conocimientos a la gente que experimenta angustia, no necesariamente por "enfermedades mentales" sino por los problemas cotidianos que presenta la vida.

El temperamento con base biológica explica por qué Mark, Leon, Katy y Christie están pasando un momento duro: están luchando con su verdadera naturaleza (o no tienen conciencia de ella). Cada uno está tratando de cambiar, negar, reprimir su temperamento innato. Están encerrados en definiciones estrechas de lo que es la expresión emocional "normal". Están "en contacto" con sus sentimientos, pero los desconocen. En consecuencia, cada uno de ellos se siente incómodo la mayor parte del tiempo. ¿Por qué? Porque actúan según antiguas teorías sobre la conducta humana y antiguas respuestas que no sirven.

Las teorías convencionales de la psicología y las terapias sencillamente no proporcionan respuestas. La teoría del temperamento con base biológica ofrece un nuevo modo para observar nuestra vida emocional.

Los cuatros tipos de temperamento

Los cuatro tipos emocionales básicos que he identificado son el sensible, el investigador, el analítico y el expresivo. Expresado muy brevemente, algunas características definitorias incluyen:
1. El sensible suele ser hipersensible a la estimulación externa, a veces maravillosamente sensible, otras veces sumamente ansioso y temeroso.
2. El analítico suele ser excesivamente consciente de los sentimientos interiores o de la falta de ellos. La persona puede estar delicadamente centrada hacia dentro y ser consciente, pero también suele ser propensa a la preocupación y a la tristeza.
3. El expresivo les da curso a sus sentimientos. Puede ser espontáneo, expresivo y apasionado, pero también es propenso al enojo y las frustraciones pueden desequilibrarlo fácilmente.
4. El investigador desea emoción y está emocionalmente satisfecho con la búsqueda. También puede inclinarse a deseos no gratos y a una inquietud y un aburrimiento perturbadores.

Cada tipo de temperamento, como veremos en los capítulos próximos, posee una base bioquímica que dicta predecibles pautas y respuestas emocionales a cada situación vital. Cada temperamento posee una zona de satisfacción emocional, una variedad de experiencias, intensidad y estimulación que cada uno halla tolerables. Cuando nos sacan de nuestra zona de satisfacción, somos vulnerables a emociones desagradables y a estados de ánimo malos. Por ejemplo, como los sensibles reaccionan tanto a la estimulación y la gente tiene tanto peso sobre ellos, se sienten más cómodos en el marco familiar. Es probable que se sientan aprensivos e incómodos cuando asisten a una reunión o cuando tienen que hablar en público. Los investigadores, a la inversa, desean el estímulo. Se sienten más cómodos cuando están persiguiendo la novedad, los riesgos y los objetivos. Para los investigadores, es la rutina y la familiaridad, la subestimulación, lo que les saca de su zona de satisfacción llevándolos a lo que más temen: el aburrimiento. La bioquímica de cada tipo de temperamento dicta una zona de satisfacción más bien estrecha. El objetivo es expandir nuestra zona de satisfacción emocional para que seamos menos vulnerables a las emociones y los estados de ánimo desagradables y estemos más cómodos con una variedad más amplia de experiencias.

MAS ALLA DE LA TERAPIA TRADICIONAL

Es el descuido del temperamento individual, en mi opinión, lo que explica por qué fracasa tan a menudo la terapia convencional. Las terapias convencionales ignoran las diferencias individuales y prometen que cualquiera puede transformarse en lo que sea el ideal. Concebimos falsas expectativas basadas en la premisa también falsa de que todo el mundo es básicamente igual: lo que yo denomino el mito de la uniformidad emocional. Deseamos que todos se adecuen al mismo molde para poder emplear el mismo enfoque con ellos, pero ese es el estilo perezoso y no sirve. Los temperamentos son obstinados: cada uno responde al tratamiento de manera diferente porque cada cual percibe la vida y responde a ella de manera distinta.

Las terapias que ignoran el temperamento no pueden explicar por qué algunos pacientes siguen siendo tristes o ansiosos o irritables aun cuando, en general, se sienten algo mejor respecto de sí mismos. Esos tratamientos no tienen en cuenta que el paciente posee un yo mismo natural que no puede cambiarse. Aun las terapias más nuevas, como la terapia cognitiva, en mi opinión, caen en ese error. La terapia cognitiva actúa ayudando al paciente a obtener una percepción de sus creencias falsas o frustrantes para luego cuestionarlas. Finalmente, se le ofrece al paciente un nuevo conjunto de creencias que son más positivas, más racionales, más tolerantes. Idealmente, este nuevo conjunto de creencias esclarecidas tiene como resultado respuestas emocionales más positivas, más apropiadas. Así, el paciente está más cómodo y funciona de manera más efectiva en su vida. En la actualidad, la terapia cognitiva considera su actividad como una forma de proceso educacional: el paciente "aprende" algo nuevo que permite que su vida emocional sea más feliz mientras rastrea los sentimientos hasta su fuente.

Por ejemplo, el terapeuta puede decir: "Entiendo que esté enfadada con su esposo porque ya no le brinda la excitación que usted sentía cuando se conocieron. Siente que la ha defraudado y que usted ha elegido a un esposo aburrido". Luego el terapeuta ayuda a la paciente a ver que sus pensamientos y actitudes (un esposo debe ser estimulante) son la causa de su enfado. Pero lo que está ausente en ese enfoque es que la paciente puede ser proclive a la irritabilidad y a la ira independientemente de la persona con quien esté casada. En otras palabras, lo que falta es un entendimiento del temperamento innato de ella. Cuando se incluye ese componente, la paciente se entera de que su predisposición al enfado puede estar oculta detrás de sus quejas conscientes, que no son más que un desencadenante oportuno para la expresividad emocional innata que ella debe aprender a modular con independencia de la clase de hombre con el que esté viviendo.

Con gran frecuencia, en las terapias convencionales los pacientes se culpan a sí mismos o culpan al terapeuta. "¿Por qué me siento de esta manera todavía?", preguntan, con la acusación implícita: "¿Cómo es que usted no me ayuda?" Con esa frustración invariablemente llega la decepción, incluso el autoaborrecimiento. Para muchas personas, el hecho de que la terapia no produzca el cambio personal deseado sirve como confirmación de que algo no anda bien en ellas. De lo contrario, ¿por qué deberían seguir propensas a sentirse ansiosas, o preocupadas, o deprimidas, o irritadas, después de la terapia?

Esa era mi experiencia, también, antes de empezar a integrar la teoría del temperamento en mi trabajo. Descubría que aun cuando un paciente obtenía percepción y ensayaba nuevas sugerencias para pensar y actuar, con frecuencia volvía y decía: "Pero aún me siento mal". Mis pacientes aún experimentaban las mismas emociones horribles o insatisfactorias que les habían llevado a buscar mi ayuda.

En mi práctica, empecé a explicarles a esos pacientes que esa era la naturaleza de ellos. Eran sencillamente sensibles, o proclives a la irritación, o inclinados a la melancolía. Sugería modos de trabajar con su temperamento. Algunos pacientes se resistían a ese método. Iban en busca de otro terapeuta que pudiera cambiarlos mágicamente, ¡o al menos que se lo prometiera! Otros buscaban medicación que cambiara su manera de sentir.

Pero cuando los pacientes persistían conmigo —pacientes que se habían esforzado tanto por cambiar, que incluso habían ido a muchos terapeutas para alterar su vida emocional— y empezaban a entenderse a sí mismos y a otros en términos de su naturaleza o temperamento, alcanzaban una mayor paz interior y tenían mejores relaciones con la familia, los amigos y los colegas. Además, se libraban del estrato adicional de incomodidad creado por años de ser insensibles a las exhortaciones de que se alegraran o se controlaran. Cuando entendían el concepto del yo mismo natural, podían tranquilizarse. Se daban cuenta de que su estilo emocional no era culpa suya y de que no había nada malo en ellos.

Una terapia tiene mucho que ver con la confianza en sí mismo y la propia aceptación. Lo importante era, en efecto, decirle a la gente: "Usted está bien. Trabajemos con su temperamento". Con una aceptación esclarecida, podían empezar a establecer nuevos objetivos en la terapia, nuevas estrategias para sentirse mejor, para manejar verdaderamente su vida emocional antes que controlarla o suprimirla.

Creo que es posible descubrir el yo mismo natural, educarse sobre las características del temperamento y cómo trabajar dentro de ese contexto para lograr una mayor aceptación propia, una sensación del yo mismo más genuina y autoconfianza emocional. Es mi opinión que la psicoterapia debe empezar a integrar tanto lo aprendido como lo natural para ser efectiva. Sin un entendimiento del temperamento emocional innato y subyacente, fracasa la terapia.

En ausencia de identificación y entendimiento del propio temperamento emocional, es imposible:

> Beneficiarse plenamente con la psicoterapia, porque mucho de lo que tratan de hacer los terapeutas es hallar las causas históricas de sentimientos que en realidad están determinados de manera innata y biológica.
> Entender por qué y cuándo pueden servir las medicaciones, porque tantos de los mensajes de la industria de las

drogas realmente perpetúan el mito de la enfermedad emocional.
- Entender las emociones en las relaciones en el hogar y en el trabajo, porque mucho de lo que causa discordia, incomodidad o armonía está determinado por la química entre los temperamentos.
- Llegar al bienestar emocional y a la genuina autoestima, porque la imposibilidad de aceptarse a uno mismo y de hallar satisfacción emocional deriva de las creencias sobre las emociones que se basan en los mitos de hoy antes que en la ciencia de hoy.

SI SE TOMA MEDICACION, ¿QUE?

Se puede ser uno de los casi 30 millones de americanos que toman pastillas para sentirse mejor, corregir desequilibrios químicos, estabilizar la vida emocional. En ese caso, deseo que se lea este libro manteniendo la mente abierta a la posibilidad de que es posible sentirse y funcionar igual o mejor sin las pastillas. O, también, sin el alcohol, la droga, la alimentación excesiva, lo que sea que se está tomando o haciendo para medicar las emociones.

Creo que la mayoría de mis pacientes están actuando y sintiendo de maneras que defino como correctas: normales y saludables. ¡Pero están seguros de que algo no anda bien en ellos! Y si un médico les ha recetado medicación, eso debe significar que el médico está de acuerdo con eso: les están tratando por una enfermedad. Estoy en contra de las obvias motivaciones económicas que hay para mantener a millones de personas tomando caras medicinas año tras año. Y estoy en contra de las nociones de moda de enfermedad mental y las definiciones de perturbaciones que cambian de año a año. Si bien he visto que la medicación con psicotrópicos puede ser muy útil a corto plazo o en episodios de crisis, creo que un gran porcentaje de la gente que está con medicación psicotrópica de largo plazo puede aprender a vivir cómodamente y con mayor vivacidad sin las pastillas.

MI PROMESA

Conocer la herencia genética, identificar el temperamento emocional, no equivale a una sentencia en una diminuta celda carcelaria. Antes bien, lo que nos encarcela es no saber por qué nos sentimos como nos sentimos y cuáles son nuestras tendencias emocionales. Demasiados de nosotros nos sentimos mal y no sabemos por qué, nos culpamos, culpamos a nuestros padres, a nuestro cónyuge, a nuestro jefe. Y no sabemos cómo sentirnos mejor.

Si bien las predisposiciones emocionales básicas se hayan establecidas, se puede aprender a efectuar un cambio positivo dentro de los parámetros del propio temperamento. Y hacerlo puede habilitar a una persona de maneras mucho mayores que las ofrecidas por las teorías simplistas que prometen un ilimitado cambio psicológico. Por ejemplo, si se es un sensible, propenso a la ansiedad, hay técnicas factibles para ampliar la zona de satisfacción emocional y estar más cómodo y confiado en situaciones que siempre se han evitado porque incomodan. Si uno es un expresivo, puede aprender a tolerar las irritaciones que suelen desviarlo hacia un estado de ánimo malo. Si uno es un analítico, puede descubrir cómo despotenciar la tendencia a la tristeza o la preocupación. Si se es un incansable investigador, es posible volverse más sereno y estable.

Se puede aprender a vivir de manera más cómoda y con mayor amor y aceptación propios. Se puede aprender a controlar los estados de ánimo. Por favor, obsérvese que por manejar no quiero decir controlar ni suprimir ni contener. El manejo se refiere a la capacidad y el conocimiento para trabajar con las emociones, modularlas, orquestarlas.

A medida que se avance en la lectura, se descubrirá cuál es el propio tipo de temperamento y qué están creando en verdad las emociones y los estados de ánimo. Se llegará a ver por qué la tolerancia y la aceptación del yo mismo natural abre el camino para una experiencia más vibrante en la vida cotidiana. Paso a paso se irán aprendiendo las técnicas factibles que permitirán crear zonas de satisfacción nuevas y ampliadas.

Cuando completamos el siglo XX —una era de psicología científica— sabemos que debemos aprender a escuchar y a respetar nuestros sentimientos. Sabemos que las emociones poseen su propia lógica y su propia verdad. Y sabemos que una vida sin vibración emocional es, simplemente, media vida.

Creo que mi nueva perspectiva contiene una gran promesa para aquellos que luchan con estados de ánimo y sentimientos muy normales pero desagradables. En todo este libro exploraré el vínculo entre la biología y cómo nos sentimos. Según se verá, no se puede evitar sentir lo que se siente, pero se puede entender el temperamento innato y aprender a orquestar la vida emocional.

2

Exploración de los mitos sobre las emociones

En los capítulos que siguen exploraremos los nuevos descubrimientos relativos a la base bioquímica de nuestras emociones, que están cambiando casi todo cuanto hemos creído y nos llevan hacia un nuevo entendimiento de por qué nos sentimos como nos sentimos. En este capítulo despejaremos el camino para ese nuevo entendimiento observando lo que nos han enseñado a creer: los mensajes comunes y penetrantes o los mitos psicológicos con que nos han bombardeado desde la infancia en adelante. Esos mitos psicológicos, impulsados por el refuerzo de la sociedad, nos dan información desorientadora y falsas expectativas sobre qué y cómo debemos y no debemos sentir, revelar, expresar y comportarnos. En consecuencia, nuestros verdaderos sentimientos quedan sepultados y distorsionados bajo estratos de juicios y admoniciones.

Aquí tenemos seis mitos psicológicos difundidos que, tomados en conjunto, definen un nivel estrecho de emoción "normal" y salud emocional. Proponen la conformidad emocional. Esos mensajes llegan a asentarse e interiorizarse en nuestra temprana infancia y nos hacen juzgar nuestros sentimientos. Causan muchísimo daño:

1. *El mito de la uniformidad.* Todos somos iguales en nues-

tra composición emocional. Toda la gente "normal" y "saludable" tendría que sentir y responder de la misma manera.

2. *El mito de lo bueno y lo malo.* Los sentimientos son buenos o malos, los sentimientos desagradables son malos y se los debe eliminar.

3. *El mito del control.* Podemos y debemos esforzarnos por controlar nuestras emociones.

4. *El mito de la perfectibilidad.* Podemos y debemos esforzarnos por la perfección psicológica.

5. *El mito de la enfermedad emocional:* La inquietud emocional es un signo de enfermedad emocional o mental.

6. *El mito del pensamiento positivo.* Creamos lo que sentimos mediante lo que pensamos. Creemos que "está todo en nuestra mente" y la fuerza de voluntad puede cambiar nuestras emociones.

Mientras se exploran estos mitos, se debe tratar de reconocer los modos en que uno ha hecho de esos mitos parte del sistema de creencias. Se debe aceptar como hipótesis de trabajo que el primer paso para la solución del misterio del por qué uno se siente como se siente es eliminar los conceptos erróneos.

El mito de la uniformidad

Todos somos iguales en nuestra composición. Toda la gente "normal" o "saludable" debe sentir y responder de la misma manera. La creencia común es que los humanos están formados de la misma manera, que hay una variedad de sentimientos normales. La gente normal y saludable responde de la misma manera. Pensamos que debemos estar volviéndonos locos o perdiendo la razón si nuestros sentimientos son diferentes o más intensos de cuanto hemos observado como normal en la propia experiencia.

Un problema básico para todos nosotros es que no sabemos con seguridad cuál es la variedad de los sentimientos humanos porque, con mucha frecuencia, se los mantiene en privado. Tenemos un yo mismo privado y otro público y se prefiere que este último carezca de expresión intensa. Típicamente, nuestras emociones más poderosas se experimentan y expresan rara vez y luego sólo en privado con miembros de la familia o amigos íntimos.

Dado que no sabemos cómo sienten los otros, no sabemos qué pertenece a la variedad "normal". Nunca hemos visto a nadie sollozando en forma desgarradora, de modo que cuando nos sucede a nosotros, pensamos que debemos de haber perdido el control: hemos perdido la razón, estamos experimentando un colapso nervioso. No sabemos que la catarsis es crucial para el proceso de sufrimiento humano. Ese secreto nos separa a unos de otros.

Los pacientes suelen mostrarse nerviosos, hasta avergonzados, cuando revelan sentimientos que juzgan como debilidad: ansiedad, depresión, pena, sentimientos de fracaso, de desesperanza. "¿Qué es lo que me pasa... me estoy volviendo loco? ¿Usted cree que estoy loco porque siento de esta manera?" Algo que hago con frecuencia en mi consulta es compartir mis propias reacciones emocionales y anécdotas anónimas sobre otros pacientes. Eso les resulta tranquilizador: no están solos. Mi mensaje es: "Usted no está loco, es humano".

El mito de la uniformidad sostiene, por ejemplo, que cierto nivel de ansiedad es apropiado antes de una entrevista de trabajo. Más ansiedad de cuanto se espera se considera inapropiada, anormal, no saludable, una señal de que se es deficiente. Una mujer puede ponerse sumamente nerviosa antes de una entrevista de trabajo. La hacen sentir expuesta, como si estuvieran invadiendo su privacidad. Otra mujer puede encararlas alegremente porque le encanta hablar de sí misma y sabe que es capaz de seducir casi a cualquiera. Una mujer no es más sana que la otra, esas mujeres son sólo diferentes. Cierta gente, sencillamente, funciona mejor en las entrevistas, lo que no significa que esté mejor calificada o que pueda desempeñarse mejor en el trabajo.

Pero, más precisamente, la mujer más ansiosa ha aprendido a prepararse para las entrevistas laborales de una manera muy diligente. Causa una buena impresión con sus preguntas sensatas sobre la compañía, sus respuestas pensadas a preguntas previstas sobre sus objetivos de carrera. Ha aprendido a encarar el tema. Cada estilo emocional conduce a maneras de abordar el asunto. Los estilos emocionales extremos pueden llevar a técnicas aun más ingeniosas y efectivas para enfrentar el asunto.

El hombre que llora o se abate cuando se enfrenta a una pérdida o a un inconveniente parece del todo diferente del hombre que actúa de inmediato. ¿Es débil un hombre y fuerte el otro, o es que sólo son diferentes? El hombre más emocional puede ser más comprensivo, más compasivo. También tiene acceso a la dicha intensa así como a la tristeza. El hombre más estoico puede encarar inicialmente mejor una pérdida, pero puede no experimentar nunca las emociones intensas que residen en los extremos.

El mito de la uniformidad también nos lleva a acusar a los otros de responder de manera incorrecta cuando no lo hacen como lo haríamos nosotros. Hay una enorme brecha entre géneros en esta área. Las mujeres critican a los hombres por no ser más expresivos con sus sentimientos, los hombres acusan a las mujeres de ser excesivamente emocionales. "¿Cómo no te emocionas con esto...? ¡A ti no te importa!", se quejan las mujeres. "¿Por qué no eres racional?", piden los hombres en su frustración.

A menudo atiendo a parejas cuyo conflicto central es que no sienten lo mismo. Martin y Samantha llevaban seis meses casados cuando iniciaron un tratamiento matrimonial. Entre lágrimas, Samantha me dijo: "El no me ama". Le pregunté por qué sentía eso. Dijo que Martin no hablaba sobre el futuro de ambos con el mismo grado de interés. "No creo que realmente desee estar casado... tal vez tendríamos que separarnos".

La cuestión es un choque de temperamentos. Samantha es emocional y Martin es reservado. En muchos sentidos, Martin está más comprometido con el matrimonio que su esposa. Se refiere concretamente al futuro de ambos, pero habla de manera más práctica que emocional.

Le expliqué el temperamento de Martin a Samantha, pero ella siguió ansiosa. Cuando exploramos sus sentimientos, se hizo claro que la asustan todas las diferencias entre ella y aquellos de los que depende emocionalmente. A menudo se siente insegura cuando sus amigas expresan emociones diferentes de las suyas. Las imágenes especulares son muy tranquilizadoras para Samantha. Ella no está sola en ese sentimiento, todos deseamos sentir un vínculo basado en el parentesco o la semejanza. Pero el esposo no es su gemelo emocional y nunca lo será. Samantha debe desprenderse del mito de la uniformidad si debe formar un matrimonio feliz con Martin. Le indiqué que reformulara sus suposiciones y se dedicara a apreciar el temperamento singular de Martin. Lo que Samantha debe considerar es que la gente no responde incorrectamente cuando no siente lo mismo que ella.

La verdad es que hombres y mujeres son diferentes en sus emociones y todos los individuos son diferentes. No hay modelo de cerebro normal. Los investigadores han descubierto muchos modelos diferentes de redes nerviosas en el cerebro. Además, hay una variabilidad amplia en la química y el metabolismo del cerebro. Estamos formados de manera diferente. Alguna gente es mucho menos emocional que otra, lo que no es necesariamente malo: no significa que no pueda amar o ser leal. Pero con frecuencia envidian a la gente más apasionada, creen estar perdiéndose los sentimientos intensos. Yo los tranquilizo diciéndoles que no hay nada malo en ellos, que son naturalmente menos emocionales que los otros.

Y además, los niveles de lo que se considera una emotividad "normal" no son absolutos sino relativos a la Zeitgeist, la filosofía predominante de la época. Como todas las tendencias sociales, lo que hoy parece correcto puede resultar excesivo o tonto dentro de algunos años. Cuando a comienzos de la década de los setenta se afirmó el movimiento feminista, el varón sensible y emocional era el ideal. En la década de los ochenta, marcada por la codicia, Donald Trump fue considerado un modelo por millones de hombres. En la década de los noventa, dos libros de gran difusión de Robert Bly instaban a los hombres a redescubrir al varón primitivo que llevaban dentro. "Normal" nunca es un absoluto.

Reconsideremos el mito de la uniformidad. Se puede ver que la gente tiene una rica variación en el temperamento. Es posible desechar juicios y comparaciones y celebrar la riqueza.

El mito de lo bueno y lo malo

Los sentimientos son buenos o malos, los sentimientos desagradables son malos y se los debe eliminar. Es bueno ser feliz y seguro, es malo ser melancólico y ansioso. La inseguridad, la depresión y el temor son debilidades. El enojo y la ira son negativos. La alegría, la serenidad y el entusiasmo son admirables. La vergüenza es tóxica. El mito del valor acerca de las emociones está tan difundido, es una creencia tan fundamental, que se puede tener sólo una vaga conciencia de que se hacen juicios tan definidos sobre el modo en que se siente.

Tomemos un momento para considerar cuál es nuestra respuesta inmediata al remordimiento, la simpatía, la admiración, la confianza, la culpa, la vergüenza, el temor, el abatimiento. Lo más probable es que se posean juicios de valor definidos sobre esas emociones. Hacemos duros juicios de carácter y morales sobre las emociones, por ejemplo:

"No tendría que enfadarme tanto con Barbara por esto, no está a mi altura." (El enojo es malo.)
"Soy tonta por sentirme tan rechazada porque Ken no ha vuelto a llamarme." (Sentirse herido es malo.)
"Me siento culpable por no detenerme a conversar con esa mujer mayor, Melanie, que vive al otro lado del pasillo. Bueno, ¿por qué sentir culpa? Ya es demasiado tarde." (La culpa es mala.)

Hemos aprendido que las emociones son buenas o malas, de modo que procedemos rápidamente a negar o a desalojar las emociones dolorosas o tristes que pueden hacernos sentir débiles o vulnerables. Veamos esto desde un ángulo diferente. Los existencialistas creen que estar vivo es sufrir y también sentir felicidad. Asumir los desafíos de la vida, vivir la vida de la manera más plena, inevitablemente resulta en fracaso, traición y pérdida así como victoria, grandes alianzas y logro duradero. El nacimiento, la muerte, el matrimonio, el divorcio, el éxito, el fracaso, el amor joven, el envejecimiento: con esas ricas experiencias vienen cientos de emociones.

Desde la infancia temprana aprendemos a ser intolerantes con las emociones "malas". Nos alarmamos cuando sentimos con gran intensidad: nos apresuramos a calmarnos y a volver al seguro terreno medio. La consigna parece ser: "¡Si no me siento bien, algo no anda bien en mí!"

En lugar de rechazar ciertas emociones, propongo que se las respete como a maestras. Las emociones son guías que posibilitan reformular las reacciones mencionadas antes de la manera siguiente:

> "Tengo razón al enfadarme con Barbara. La próxima vez que tengamos un enfrentamiento, impondré reglas claras para que ella sepa que no está bien que se aproveche de mi tiempo."
>
> "Estoy triste porque Ken no ha vuelto a llamarme. Me siento decepcionada, porque él realmente me gusta. ¿Por qué no le llamo y soy cálida y amistosa y le hago saber que me gusta?"
>
> "Tengo remordimientos por rechazar los esfuerzos de Melanie por ser agradable conmigo. Fui ruda y tal vez haya herido sus sentimientos. Esa es una de las cosas que más detesto en la ciudad, cómo nadie conoce a sus vecinos. Compraré una hogaza de pan fresco en la panadería y se lo llevaré cuando vuelva del trabajo. Tal vez ella resulte una maravillosa amiga."

Empezamos a adoptar el mito de lo bueno y lo malo desde nuestra infancia. Cuando somos niños pequeños nos elogian si mostramos una conducta feliz y a menudo somos rechazados o sermoneados por mostrar emociones "malas" o "negativas". No nos aseguran que sentir ansiedad, tristeza o enojo sea tan aceptable como sentir alegría o contento. Como árboles bonsái, nuestro yo mismo natural empieza a distorsionarse cuando somos poco más que una plantita.

Parte de este mito, de manera sorprendente, deriva de intentos bien intencionados pero mal orientados de formar nuestra autoestima. La autoestima es una de las piedras basales de la psicología popular moderna. Es mi opinión que la verdadera autoestima surge de la confianza en los logros y en el buen carácter propios, lo que lamentablemente ha sido mal interpretado, entendiéndose que los niños deben sentirse bien acerca de sí mismos con independencia de sus logros (o su falta de logros) o su buen carácter (o su falta de buen carácter). Cuando de manera errónea se enfatizan los buenos sentimientos como la fuente de la autoestima, el reverso del mensaje es que los niños deben librarse de los sentimientos negativos tan pronto como puedan. El niño que se siente ansioso (sentimiento malo) antes de enfrentarse a un bravucón, y luego se siente orgulloso y poderoso (sentimientos buenos) cuando derrota al bravucón, está adquiriendo verdadera autoestima. El niño o el adulto que sólo desea tener buenos sentimientos y excluye los negativos no obtiene nada bueno.

En términos de temperamento, es desafortunado pero muy común oír que a un niño de naturaleza tímida o introvertida se le juzga poseedor de menos autoestima que un niño más popular, extravertido. El padre consciente reconoce y valida el temperamento del niño tímido a la vez que le alienta a correr más riesgos sociales, a ampliar su zona de satisfacción emocional. Los niños tendrían que recibir el mensaje positivo desde la infancia de que no es mejor ser burbujeante y social que ser reservado y más tranquilo: toda la gente es diferente.

Como los adultos, los niños necesitan que se les diga que está bien sentirse como uno se siente. Una de las cosas más inteligentes y afectuosas que puede hacer un padre por su hijo es reconocer y respetar la variedad de sentimientos del niño. El padre que inadvertidamente impone el mito de los sentimientos buenos y malos a un niño está distorsionando las respuestas naturales y honestas del niño. Acicatear o criticar al niño por expresar emociones tristes, ansiosas o "negativas" desvía el papel importante que tienen las emociones en nuestra vida. El adolescente que es criticado por su blandura cuando llora por la muerte de un perro amado, y la chica a la que se le dice "No te preocupes, diviértete" antes de un examen oral, se sienten confundidos y a la deriva. Consideremos cómo podrían manejarse esos dos ejemplos:

1. "Tú amabas realmente a Prince. Le echarás de menos. Has perdido a tu mejor amigo y te sientes muy triste. Eres un muchacho muy afectuoso. Estoy muy contento de que seas mi hijo."
2. "Te pone nerviosa tener que estar ante tanta gente. Es-

toy seguro de que los otros chicos también están nerviosos. La mayoría de las personas, hasta los actores y actrices famosos, se ponen nerviosos antes de salir a escena, por mucha práctica que tengan. Es parte de la experiencia, parte de la diversión. Espera y verás: seguro que todo irá bien en cuanto te llamen y respondas a un par de preguntas."

Los conceptos erróneos acerca de la autoestima siguen a los niños a lo largo de todos los años de escuela. Los libros de texto actuales como "Senior Problems" o "Health Psychology" acentúan que hay que sentirse bien respecto de uno mismo. Algunos dicen que está bien sentirse triste o atormentado cuando se rompe una relación novio/novia, pero luego dicen que se deben "superar esas emociones tan rápidamente como sea posible". Los chicos que muestran emociones "negativas" son identificados como chicos problemáticos. Se insta a sus padres a enviarlos a la consulta de un terapeuta o en busca de ayuda, donde el foco se pone en la resolución y la superación de esas emociones indeseables. Con ese énfasis en sentirse bien, no sorprende que tantos niños tomen el atajo del abuso de drogas.

Para cuando llegan a ser adultos, el mito de los sentimientos buenos y malos ha hecho un daño considerable a las respuestas naturales de la persona promedio. La vergüenza es la fuerza impulsora más poderosa y difundida de la que hablan mis pacientes. No sólo sienten enojo, temor o depresión, sino que también les da vergüenza sentir esas "malas" emociones asociadas con rasgos de carácter "malos". La vergüenza es una respuesta aprendida a los estados emocionales naturales. Puede proceder de los padres, de los maestros o de las enseñanzas religiosas que elogian las "buenas" emociones tales como el amor y la compasión, y condenan las "malas" como la envidia y el enojo.

El enojo puede ser auténtico, justificado y catártico. Sin duda, hay mucho por lo cual enojarse en el mundo. A menudo el enojo lleva a la gente a pedirme ayuda. Sam vino a verme con su esposa, Sandy. Ella amenazaba con el divorcio si él no cesaba en sus estallidos de enojo. Al explorar la emotividad de él, descubrí que Sam tenía una personalidad un tanto explosiva desde la infancia. No era abusivo ni cruel con los otros cuando estallaba. Sencillamente tenía un fusible corto, una tolerancia baja y explotaba cuando se frustraba o se impacientaba.

En otras áreas de su vida se aceptaba su temperamento. Sus colegas y su secretaria siempre sabían cuál era la situación con él, porque Sam era cálido y bondadoso la mayor parte del tiempo y no tomaban de manera personal sus estallidos. "Ese es el estilo de Sam", solían decir. Pero no lograba subir de categoría laboral, su temperamento le estaba perjudicando.

Su esposa Sandy, después de tres años de matrimonio, había decidido que su enojo era un estorbo y una señal de que algo andaba seriamente mal en él. Deseaba "arreglarlo", cambió su guardarropa, le reprendía para que atenuara su acento bostoniano y le hizo adelgazar veinte kilos.

Resultó que Sam estaba más enojado con Sandy que con todos los demás, ¡porque ella le daba tanta importancia a su carácter! El preveía que ella se disgustaría si él se enojaba, ¡de modo que se enojaba doblemente!

Le describí a Sam el funcionamiento de su temperamento subyacente y cómo orquestarlo de manera más efectiva. La tarea de Sandy era cesar en su intento de remodelar a su esposo y centrarse en cambio en crearse una vida más interesante y más satisfactoria para sí misma.

Respetar el temperamento y las emociones de uno puede llevar a un estilo más rico, más compasivo y más genuino de desenvolverse en el mundo. Como veremos, las emociones poseen una base biológica. Está en el código genético ser explosivo o animoso o investigador o proclive a la tristeza.

Consideremos el mito de lo bueno y lo malo. Por ahora, tratemos de suspender los juicios de valor inculcados sobre emociones y estados de ánimo. Pensemos en ellos no como buenos o malos, sino como guías.

El mito del control

Podemos y debemos esforzarnos por controlar nuestras emociones. Este mito domina las emociones, las trata como si fueran niños díscolos que deben aprender a autodisciplinarse, tigres de circo a los que se debe enjaular. Se nos enseña que la vida debe estar en el terreno emocional medio: tranquila, equilibrada, controlada.

El mensaje de que podemos y debemos controlar las emociones nos empieza a machacar desde la infancia: "Ese es un niño bueno, no llora." Y no alcanzamos el metro de estatura cuando el mensaje se vuelve duro: "Deja de actuar como un bebé. Ya eres demasiado grande para esa clase de conducta." "Si no puedes controlarte, puedes irte a tu cuarto." "No hagas una escena." "Si no dejas de llorar, te daré motivos para llorar."

Cuando llegamos a la edad adulta, si no hemos aprendido a proyectar una imagen pública controlada, si mostramos nuestras emociones, es probable que nos tachen de difíciles, hiperactivos, inestables, hasta locos. Se nos advierte: "Cálmate" si nos desviamos en cualquier dirección desde el terreno medio de la expresión emocional.

La denominada falta de autocontrol emocional puede poner en riesgo carreras, amistades y matrimonios. Y en ninguna parte son peor recibidas las emociones que en el mundo de las empresas. Cuando a un hombre o a una mujer se les elogia por comportarse de manera profesional, eso implica una conducta emocional contenida, inescrutable, pareja. Vivimos en una era en que la ciencia y la tecnología crean una ilusión de dominio sobre el ambiente.

¿Pero qué es verdaderamente normal y qué está fuera de control? Lo "normal" cambia según el contexto social, la clase, la cultura y el papel que desempeñemos. En general, cuanto más público y formal es el contexto, cuanto más educados y de clase alta son los individuos, más contenida y controlada es la expresión emocional. La conducta racional, sensata, sana, esclarecida y civilizada son palabras codificadas para la represión emocional. Cuanto más alto están los individuos en la escala social, más desdeñan el flujo poco civilizado y ruidoso de la expresión emocional.

1. Es probable que el ejecutivo de una corporación japonesa se desgracie de manera permanente si estalla a llorar en una reunión de dirección. Pero el pescador siciliano

que solloza en la boda de su hija menor es admirado por sus sentimientos profundos, su alma, su humanidad.
2. La popular serie de televisión "Arriba y abajo" contrasta la vida de la contenida familia británica de clase alta con la vida más ruidosa de sus sirvientes.
3. En la obra de Tennessee William "Un tranvía llamado deseo", el conflicto central es "la refinada gentileza del antiguo sur" de Blanche Dubois y la emotividad "salvaje, de clase baja" de Stanley Kowalski.

En Estados Unidos, como en la mayoría de los países, a las mujeres se les permite una variedad más amplia de expresión emocional que a los hombres. Pueden emocionarse más, pueden expresar más alegría que los hombres. Pueden llorar y mostrarse cariñosas, sentimentales, expresivas, vivas. ¿Por qué los hombres americanos mantienen sus emociones con riendas tan cortas? Porque las consecuencias sociales pueden ser brutales: temen que se los juzgue poco viriles. El mito del control causa increíbles estragos entre los hombres. Tal vez ese mito sea la principal razón de que los hombres consulten a un terapeuta. La revelación inicial que oigo a menudo entre mis pacientes masculinos es: "Tengo la sensación de que voy a estallar." Las mujeres esperan que el tratamiento ayude a sus hombres a mostrar más sus sentimientos. La esposa de un paciente me dijo: "Sam es un polvorín. Me aterroriza con su tensión radiante, pero cuando le pregunto qué le sucede, me contesta: Nada, estoy bien."

Finalmente, esa ajustada represión deja de funcionar. Las emociones son como el aire en un balón: si aumenta demasiado la presión, el balón estalla. Las emociones fuertes a menudo se filtran en enfermedades físicas o en la expresión distorsionada como el sarcasmo, la conducta pasivo-agresiva, la inmovilidad, el retraimiento... la lista es larga. Si bien logramos no revelar las emociones fuertes, de todos modos las sentimos.

No pasa una semana sin que se presente un paciente en mi consulta con un libro o un artículo periodístico que proclama alguna nueva terapia o pastilla que "cura" la ansiedad, la depresión, la personalidad explosiva. Es mi opinión que el temperamento no necesita ninguna cura. Bloquear, negar o tratar de dominar cada matiz desagradable es una prescripción para violar nuestra personalidad y a menudo para agregar un estrato de frustración sobre la incapacidad para cambiar. Mi prescripción es la aceptación, el respeto y el aprecio por una vida emocional expresiva.

La telecomedia "Roseanne", protagonizada por Roseanne Arnold, sorprendió en Estados Unidos y obtuvo gran éxito de audiencia con su retrato emocionalmente expresivo de una familia de clase trabajadora con tres hijos. Si bien alguna gente desechó el programa por presentar "personajes vulgares, gordos, gritones y mal educados" como modelos de comportamiento, muchos terapeutas, entre los cuales me incluyo, vieron en ellos un alivio gratamente recibido. Cada personaje de la familia es irritable, imperfecto y de personalidad definida. Es maravilloso observar a Roseanne y Dan Conner reconociendo y respetando las personalidades y los temperamentos diferentes de sus tres hijos. Los padres continuamente reconocen, validan y luego guían a sus hijos. Roseanne hace frecuentes referencias a la "familia disfuncional" de su infancia (en la ficción) y afirma que su familia (también en la ficción) "será una familia funcional, aunque debamos perecer en el intento de lograrlo". Si funcional significa respetar la singularidad emocional de los hijos, "Roseanne" merece el éxito que está logrando entre los terapeutas de familia.

Reconsideremos el mito de los controles. Aceptar las emociones en lugar de atenuarlas es el único modo en que se aprende a orquestarlas y, de esa manera, a manejarlas.

El mito de la perfectibilidad

Podemos y debemos esforzarnos por la perfección psicológica. La ideología y las técnicas terapéuticas han promovido la perfectibilidad de hombres y mujeres, estableciendo niveles aun más altos de crecimiento personal que llevan inevitablemente a un hombre o mujer esclarecido, autorrealizado que se caracteriza por su apertura, bondad, espontaneidad y expresividad emocional.

Desde la década de los cincuenta, Carl Rogers, el "padre de la terapia centrada en el paciente", propulsó el concepto (que ahora está siendo nuevamente popularizado por John Bradshaw) del niño interior herido que puede ser "prohijado" o devuelto a su "yo mismo abierto" mediante la aceptación incondicional del terapeuta. Rogers consideró a la comunidad terapéutica "básicamente subversiva" porque promovía un modelo de humanidad más afectuosa y menos competitiva de cuanto en general es aceptado en la mayoría de las sociedades, con el poeta (¡o el terapeuta!) remplazando al general como hombre ideal. Rogers prontamente concedió que el "yo mismo cerrado", con valores tradicionales más rígidos, puede tener más rasgos de supervivencia en el mundo real. Y dijo que dudaba que la mayoría de las personas se sintieran seguras con el "yo mismo abierto". Rogers siguió promoviendo su posición antitradicional, dijo que esperaba que la gente dotara de nueva apertura y flexibilidad a todas las áreas de su vida.

Los altos niveles e ideales pueden ser maravillosamente motivadores: buscar desafíos, correr riesgos, obligarnos a hacer todo lo posible, así como elegir el camino más duro pero correcto en lugar del camino más fácil pero incorrecto. El mito de la perfectibilidad, sin embargo, establece niveles inalcanzables y nos expone al fracaso y al descontento.

¿Quién entre nosotros está actuando con todo su potencial, usando todo el talento, toda la inteligencia, siendo tan amable y compasivo como es posible, todas las veces? El mito de la perfectibilidad de que la terapia puede desencadenar todo el potencial personal crea un mercado ilimitado para la terapia. ¡Y más terapia! Los denodados esfuerzos por la perfectibilidad inevitablemente consiguen que uno se desencante con su propia falibilidad.

El interminable autoperfeccionamiento puede ser un esfuerzo frustrante, generador de perpetuo descontento en el futuro: "No estoy bien ahora, pero estaré bien cuando cambie esto, aprenda esto, etcétera." Hay límites para el cambio personal. Es como el caballo que sufre porque no es un pájaro: ¿por qué no ser el caballo más feliz que se puede ser?

Consideremos el mito de la perfectibilidad. Aceptemos como hipótesis de trabajo que se puede reconocer el temperamento natural y dejar de tratar de convertirse en una "persona mejor". En cambio, se puede intentar ser quien se es de una manera más general.

EL MITO DE LA ENFERMEDAD MENTAL

La angustia emocional es un signo de enfermedad emocional o mental. Este mito empezó a surgir en la década de los treinta, cuando los bien intencionados profesionales de la salud mental trataron de eliminar el estigma de la enfermedad mental. La gente que anteriormente había sido "insana" (un estado incurable) ahora estaba "mentalmente enferma" (tenía una enfermedad que podía curarse). Aun con el nuevo rótulo, era tal el estigma social que rodeaba a la enfermedad mental que sólo hombres y mujeres muy disfuncionales con definidas psicosis, fobias o neurosis era probable que buscaran la ayuda de los profesionales de la salud mental.

No fue hasta la década de los sesenta en Estados Unidos, con el surgimiento y la popularidad del movimiento del potencial humano y su adoración del crecimiento personal, que hombres y mujeres con dilemas cotidianos empezaron a buscar ayuda. Sus problemas no eran lo suficientemente debilitantes como para calificarlos como enfermos. En cambio, tenían problemas emocionales, perturbaciones del carácter o problemas de personalidad. A esos se los llamaba "problemas de la vida" que requerían guía antes que tratamiento.

Desde la década de los setenta, el péndulo ha oscilado hacia atrás a un modelo de enfermedad, ¡en gran medida por razones económicas! Dicho sencillamente, el seguro médico no cubre la psicoterapia que no sea considerada tratamiento médico. La mayoría no puede pagar el costo entero de la psicoterapia abonándolo de su propio bolsillo. Si el seguro no paga, la gente que no tiene graves problemas no pide entrevistas y los terapeutas no tienen pacientes.

¿Qué sucedió, entonces? ¿Acaso la profesión de la salud mental redujo humildemente sus honorarios? No. De manera poco sorprendente, se amplió la definición de enfermedad. Psiquiatras y psicólogos cambiaron sus criterios de normal/anormal y salud/enfermedad. Lo que antes era considerado una ansiedad humana normal se convirtió entonces en un problema afectivo. Un rasgo de la personalidad pasó a ser un problema de la personalidad. Los problemas requieren tratamiento y los aseguradores pagan el tratamiento.

La profesión de la salud mental, junto con la nueva industria de las clínicas para la adicción y la dependencia y los programas de veintiocho días para cada problema comercializable, han actuado en total interés propio. Han creado un enorme mercado para sus servicios inventando nuevas definiciones de salud mental que son tan abarcativas que no queda nadie sano. Es imposible no advertir las obvias ganancias económicas derivadas del número siempre creciente de vulgares dilemas emocionales que ahora se consideran enfermedades. Al convencer sutilmente a la gente de que tiene problemas y necesita un tratamiento, hemos producido un rampante consumismo terapéutico. Basta mirar los balances de los hospitales psiquiátricos que se especializan en el abuso de drogas. Por fortuna, muchos de esos programas están cayendo bajo un escrutinio creciente. En la década de los noventa, más consciente del costo, muchas compañías de seguros y juntas de revisión médica están llegando a la conclusión de que el tratamiento no debe costar 30.000 dólares por mes, ya que una de las cosas más importantes que hacen esos programas hospitalarios es introducir a los pacientes en programas gratuitos de doce pasos.

La mayoría de las perturbaciones ahora llamadas enfermedades están, en realidad, dentro de la variedad normal de las emociones y experiencias humanas. Somos muchos en la profesión terapéutica los que estamos de acuerdo en que la mayoría de los estados que llevan al sufrimiento no son enfermedades, perturbaciones ni problemas médicos que requieren tratamiento. La ansiedad es un estado normal, no una enfermedad, y otro tanto sucede con la tristeza. Por supuesto, cuando la ansiedad o la depresión se vuelven tan debilitantes que la persona ya no puede funcionar en el hogar o en el trabajo, esos sentimientos pueden entrar correctamente bajo el encabezamiento de perturbación. No obstante, como lo sabe todo terapeuta, hay muchas variaciones de miseria humana que son igualmente inhabilitantes y sin embargo ni siquiera son tratadas como perturbaciones. Un buen ejemplo es la angustia del divorcio.

Se puede preguntar: ¿qué hay del nuevo campo de la biopsiquiatría y de las drogas sintéticas que imitan las sustancias químicas cerebrales para corregir los desequilibrios químicos? ¿No son una prueba científica concluyente de perturbaciones o enfermedades emocionales? En absoluto. Mientras las perturbaciones graves como la esquizofrenia y la depresión severa pueden clasificarse correctamente como enfermedades, muchísimos de los que toman sedantes y antidepresivos no son enfermos ni anormales.

Hace poco tuve un paciente, Eugene, que había estado en tratamiento con diversos antidepresivos en diversos períodos en el curso de los años. Ese tratamiento le ayudaba a superar graves abatimientos. Cuando comenté que él parecía deprimirse a menudo, se mostró indignado. "Vea, yo tengo un problema afectivo. Ese es un hecho concreto en mi vida."

Le pregunté cómo lo sabía y me respondió que cada psiquiatra que le había recetado medicación se lo había dicho. Mi respuesta fue que sí, que parecía tener un temperamento que lo llevaba a períodos de melancolía o tristeza con mayor frecuencia de cuanto podía resultarle cómodo a cualquiera. Pero eso no significaba que él fuera un enfermo o que tuviera una perturbación, a menos que eso le hiciera sentirse más cómodo. Pareció animarse. "Sí, no me siento responsable de mi tristeza." "Bien", le dije, "no estoy diciendo que su mal humor sea culpa suya. Pero resignarse simplemente a tener una perturbación no le está ayudando. De hecho, parece condenarlo a no hallar nunca el modo [como un tratamiento breve] sin droga para tratar su temperamento natural. Usted toma medicación, se disipa la depresión, se siente mejor por unos pocos meses y luego vuelve la tristeza."

Le sugerí a Eugene que había una perspectiva diferente para sus emociones que podía ser más útil, aunque él eligiera volver a tomar medicación. "En estos momentos", le dije, "usted es víctima de la enfermedad emocional. Una víctima porque se siente totalmente fuera de control respecto de su propia naturaleza."

El mito de la enfermedad emocional nos está haciendo un flaco servicio a todos. Los sentimientos y los estados de ánimo humanos normales son definidos erróneamente como enfermedades. Ya estamos sufriendo; el rótulo de la enfermedad agrega sufrimiento. Alimenta nuestra sensación de vergüenza y deficiencia. Más destructivamente, clasificarnos como enfermos (si necesitamos que nos trate un médico) elimina nuestro sentido de responsabilidad respecto de nuestros estados de ánimo y emociones. Mi propósito es ayudar al lector a aprender nuevos modos para identificar sus emociones singulares y trabajar con ellas.

Reconsideremos el mito de la enfermedad mental desde una nueva perspectiva. Hallaremos que nuestro temperamento innato posee una variedad normal y amplia de emociones que hacen que la vida sea interesante. Enfermedad es un rótulo que tiene consecuencias contraproducentes.

El mito del pensamiento positivo

Creamos lo que sentimos mediante lo que pensamos. Creemos que "todo está en nuestra mente" y que la fuerza de la voluntad puede cambiar nuestras emociones. La versión sofisticada del mito dice que si se tiene una sensación dolorosa o incómoda, ha sido generada por una creencia negativa o irracional sobre uno mismo o el propio mundo. Cuando uno descubre y se libera de las creencias emocionales negativas, uno se libra de sentimientos dolorosos. La versión no sofisticada es crítica: "¿No te das cuenta de que todo está en tu cabeza, estúpido? ¿Por qué simplemente no lo superas? ¡Usa el cerebro! ¡Ejerce tu fuerza de voluntad!" La implicación es que nos estamos aferrando a los sentimientos por perversa obstinación, pero sabemos que eso está mal y debemos emplear la cabeza.

La percepción tradicional o la terapia de conversación se centran en el proceso de obtener nueva percepción, nueva perspectiva. Conversar sobre experiencias dolorosas, entendiendo y perdonando, por ejemplo, la incapacidad de nuestros padres de darnos amor incondicional, y elaborar y desprendernos de emociones dolorosas, conduce a nuevas maneras de pensar en nosotros mismos y nuestra vida. Una perspectiva nueva, más positiva, conduce a sentimientos diferentes, más positivos. ¿Cómo explica esta teoría por qué tanta gente que ha tenido años de psicoanálisis, años de terapia de grupo, dice con gran frustración: "Tengo una gran percepción de mi infancia. Pero aún soy proclive a la depresión [¿o a la ansiedad, o a ser irascible o hipersensible]?"

El mito del pensamiento positivo tiene poder porque en parte es cierto. El modo en que pensamos afecta al modo en que sentimos al respecto. Entender la relación entre nuestros pensamientos y sentimientos es un elemento crucial del autoconocimiento. La falsedad de ese mito deriva de la aseveración de que nuestros sentimientos son generados enteramente por nuestros pensamientos.

Desde la década de los sesenta, la psicología norteamericana ha estado dominada por la escuela de pensamiento cognitivo: el modo en que una persona piensa sobre su ambiente o lo percibe determina lo que siente. Si se está triste y se examina la impotencia que ello suscita, se comprende que esos pensamientos son irracionales y se disipa la tristeza, nuevos pensamientos crean nuevas emociones. Sin embargo, como veremos, los nuevos descubrimientos sobre la química del cerebro sugieren una teoría radicalmente diferente: que las emociones son desencadenadas biológicamente (no por el ambiente). Y que el intérprete del cerebro experimenta una emoción, luego asocia esa emoción con un conjunto de datos del ambiente para explicar la emoción. En otras palabras, las emociones pueden crear pensamientos.

Muchos de mis pacientes están en el mundo de los negocios y las cintas de casete motivacionales les resultan muy útiles. Descubren que los pensamientos positivos, la conversación positiva con uno mismo ("¡Eres un ganador!") y la visualización de sí mismos, por ejemplo, cerrando un trato, los mantiene centrados. Esas cintas les ayudan a enfrentar el rechazo y les permiten recuperarse de las frustraciones. Sin embargo, el pensamiento positivo no le sirve a todo el mundo.

Christina, una vendedora de una empresa de publicidad, vino a verme, llorosa y frustrada. A diferencia de otros vendedores de su empresa, las cintas motivacionales y los seminarios no le servían de nada. Además, se sentía tonta porque no podía "pensar bien". Se sentía muy ansiosa cuando realizaba visitas a los clientes. Cuanto más trataba de pensar positivamente y de alentarse, más conciencia cobraba de su ansiedad. Estaba cerrando tratos y le iba muy bien, pero deseaba librarse de la ansiedad. Pensaba que podía irle mucho mejor. "Realmente esto me está impidiendo avanzar", dijo.

Sugerí que dejara de desconocer su ansiedad y, en cambio,

que la aceptara como una compañía familiar. Le sugerí que, de hecho, podía haber estado contribuyendo a su éxito, que tal vez a los clientes les resultara más atractiva que la tradicional confianza agresiva del vendedor habitual. Probablemente vieran a Christina como más humana, sensible y accesible. Le sugerí que podía concentrarse en lo que hacía con la ansiedad cuando la sentía inicialmente. Su intento de sofocar la ansiedad la hacía sentirse peor. De modo que ahora, cuando iba a realizar una visita, cuando sentía signos físicos de ansiedad, como aceptaba su presencia y su inevitabilidad, se producía una desconexión entre su tensión y su turbación consciente y su inseguridad. Cuando abandonó el intento de suprimirla, gradualmente disminuyó la ansiedad en lugar de abrumarla.

Combatir nuestras emociones, usando la fuerza del cerebro o la fuerza de voluntad para superarlas, no es la respuesta para enfrentar sentimientos perturbadores. A menudo, eso sólo consigue intensificarlas. No obstante, me apresuro a agregar que, a medida que se siga leyendo, se puede emplear la inteligencia y la voluntad para entender el temperamento y, finalmente, hallar el deseado alivio emocional. Creer fuertemente en uno mismo ayuda a sentirse mejor.

Reconsideremos el mito del pensamiento positivo. El pensamiento positivo, la charla con uno mismo y la visualización pueden ser poderosos y útiles. Pero reconocer en lugar de negar los sentimientos humanos como la duda, la tristeza o la ansiedad puede conducir a una verdadera confianza antes que a las falsas expectativas.

Estos son los seis mitos contraproducentes más comunes que es posible tener sobre las emociones. Como hemos visto, nos han enseñado a juzgar, negar y suprimir nuestros sentimientos naturales. Han alimentado el entendimiento erróneo y han vuelto misteriosa y desconcertante nuestra vida emocional. De esa manera, nos han bloqueado soluciones posibles para la perturbación emocional. Se basan en falsos entendimientos de la verdadera fuente de nuestras emociones. Es importante dejar de lado esas antiguas ideas para abrir el camino a una nueva comprensión de nuestra vida emocional.

3

Psicobiología: un termostato emocional

Entender lo básico de la bioquímica del cerebro es el paso siguiente para resolver el misterio del porqué nos sentimos como nos sentimos. Los principales hallazgos nuevos que exploraremos en este capítulo son:

- Que las emociones son en gran medida de origen biológico, no aprendidas.
- Cómo la singular mezcla de neurotransmisores o mensajeros químicos de la "sopa cerebral" dicta en cualquier momento dado que uno se sienta alegre, deprimido, centrado, enojado o maravillosamente intuitivo.
- Cómo el típico nivel de exitación en el cerebro dicta el rasgo más crucial de la personalidad: que uno sea introvertido o extravertido.

En un pasado no tan lejano sabíamos tan poco sobre la biología de la conducta humana que suponíamos que todo el comportamiento humano era aprendido. Pero es mucho lo que se ha descubierto, desde la década de los ochenta, acerca del funcionamiento del cerebro y, más específicamente, sobre la química del cerebro y las estructuras que rigen nuestras emociones. De ese trabajo ha surgido un nuevo campo llamado psicobiología. Trata de:

- Estudiar cómo la química del cerebro (biología) afecta al modo en que pensamos, sentimos y nos comportamos (psiquis).
- Entender cómo interactúan el cerebro y la mente para causar la conducta.
- Saber cómo crean los estados del cerebro (metabolismo y química) estados mentales, todo desde fobias a enamorarse y a las funciones de la memoria.

Los psicobiólogos están descubriendo que nuestra biología subyacente funciona como un termostato interno, regulando nuestra vida emocional, y que las emociones tienen un origen más biológico, más sencillo que el origen más complejo, consciente e interpretativo que les hemos estado asignando. Los nuevos hallazgos señalan a la biología antes que a las respuestas aprendidas como la verdadera causa de nuestras emociones.

Consideremos la emoción que denominamos ansiedad. Los psicólogos tradicionales creen que se trata de una respuesta aprendida causada por traumas de la infancia o pensamientos defectuosos y, por lo tanto, un individuo puede desprenderse de ella mediante la psicoterapia. Los biopsiquiatras, por otra parte, que están dedicados a un modelo médico y de enfermedad, afirman que la ansiedad posee una clara base bioquímica y que por lo mismo es una enfermedad que debe tratarse con medicación.

Cada escuela tiene razón a medias y se equivoca a medias. Lo que queda fuera de esos dos campos profesionales es lo que veo como una nueva realidad emergente: nuestras emociones son en primer lugar biológicas e instintivas, y en segundo lugar, están influidas por nuestros pensamientos, juicios e interpretaciones. Es el enfoque integrado que respeta tanto la dimensión bioquímica como la psicológica la que revolucionará la psicoterapia en un futuro próximo.

LA DIVISION CEREBRO-MENTE

El cerebro humano ha sido llamado el órgano más complejo del planeta. Se estima que hay 100.000 millones de neuronas en el cerebro humano promedio y en su mayoría están en activa tarea en cualquier momento dado.

Antes de la década del los setenta, los científicos del cerebro y los de la mente estaban en ángulos opuestos. Los investigadores del cerebro trataban de entender el "hardware": el funcionamiento y la organización de las células, las redes nerviosas, los neurotransmisores químicos del cerebro, etcétera. También estudiaban cómo procesa el cerebro la entrada sensorial y almacena la información (memoria de corto y de largo plazo). Los científicos de la mente se centraban en la conducta mental: cómo la mente toma datos brutos, los interpreta y luego actúa según esa información: los procesos que modelan nuestra propia realidad personal interna y la conducta resultante.

Los científicos de la mente y los del cerebro hablaban dos idiomas diferentes. Por ejemplo, Amelia, una joven secretaria de un bufete de abogados, adquirió una fobia repentina por los altos edificios. Los científicos del cerebro hubiesen sugerido que su problema era bioquímico. Los científicos de la mente —el psiquiatra o el psicólogo— hubiesen empezando a sondear el incidente traumático en la infancia de Amelia. Los dos hubiesen errado el objetivo. La psicobiología une ambas disciplinas.

Entender un trauma emocional

Durante la hora del amuerzo, Amelia está caminando por el centro de la ciudad, cerca de su oficina, cuando de pronto se siente aterrorizada. No se está produciendo ningún acontecimiento externo inquietante. Es un acontecimiento interno en la química de su cerebro. El cerebro de Amelia está experimentando la repentina descarga de una sustancia química. Se sabe que esas variaciones en la bioquímica del cerebro nos suceden a todos. Tal vez se produzca una variación como una reacción a un estímulo en el mundo exterior, o tal vez por ninguna razón perceptible.

En el caso de Amelia, la actividad repentina de una sustancia química liberada por el estrés crea un sentimiento que su mente interpretativa no registra simplemente como un "eructo" bioquímico. Se apresura a hallar un conjunto de datos alrededor de los cuales tejer una historia: me estoy sintiendo de esta manera porque... Ve los altos edificios y decide atribuirles el fuerte sentimiento: ¡los edificios están causando ese sentimiento, que es terror!

El cerebro de Amelia almacena el recuerdo. La próxima vez que se encuentra en el centro de la ciudad, va al mismo lugar. Su memoria cobra vida y desencadena el temor que ella sintió la primera vez. Vuelve a sentirse asustada y esta experiencia es almacenada en su memoria. Después de sufrir el tercer ataque de terror en el centro de la ciudad, Amelia abandona el empleo y consulta con su médica clínica, que le dice que probablemente se trate de una fluctuación bioquímica y le da una receta para un sedante. Cede la ansiedad de Amelia, lo que confirma el diagnóstico de la médica de que la fobia fue causada por una fluctuación bioquímica.

El problema es que a Amelia aún la asusta ir al centro. Sus ataques de terror están firmemente almacenados en su memoria. La experiencia posee ahora una dimensión psicológica así como una dimensión bioquímica. Recuerda cuánto se asustó y está dispuesta a todo con tal de evitar sentirse así de nuevo. Como una piedra arrojada a un lago, su terror por los edificios altos forma círculos más y más grandes y ahora incluye las multitudes, los embotellamientos del tráfico, toda clase de congestión humana.

Esa joven antes independiente (aunque un tanto ansiosa) empieza a ocultarse en su casa. Se deprime y engorda siete kilos por la mala comida que engulle frente al televisor. El novio rompe con ella, los amigos y su familia se preocupan. Como es secretaria de un bufete y todas las grandes firmas de abogados están en el centro de la ciudad, rápidamente empieza a tener problemas económicos porque no puede trabajar.

La química de Amelia produjo un cambio en su perspectiva mental. Ahora, al desencadenarse, su memoria asustada crea a su vez sentimientos de temor. Aquel "eructo" en su bioquímica inició una reacción en cadena de acontecimientos y respuestas que minaron su confianza y tuvieron enormes consecuencias en su vida.

En realidad, Amelia sufrió una perturbación de pánico, un inesperado desplazamiento en los neurotransmisores del cerebro que crearon un agudo momento de ansiedad. En el caso de haber ingresado en psicoterapia, hubiese podido pasarse años explorando el significado simbólico de los edificios altos sin llegar a ninguna parte. Muchos ataques de pánico no explicados conviene tratarlos con antidepresivos (no sedantes), que modulan los neurotransmisores e impiden el pánico.

Incidentalmente, hay fobias y vagos temores que pueden estar relacionados con experiencias pasadas, incluida la infancia. Por cierto que no intento dar a entender que todas las emociones sean la simple expresión de variaciones químicas. Pero puedo asegurar que en estos momentos hay millones de personas en psicoterapia buscando las raíces en la infancia de perturbaciones emocionales que en realidad nada han tenido que ver con la infancia.

Es tonto ser simplista o reduccionista en nuestro pensamiento. La médica convencional que le dio la medicación ansiolítica a Amelia no hizo nada por encarar el modo en que la fobia había alterado su perspectiva general y su confianza. A la inversa, el terapeuta convencional que sondeara la temprana infancia de Amelia habría estado transitando por un callejón sin salida y enseñando inadvertidamente a Amelia a verse como a una persona con una personalidad perturbada. El enfoque integrado que reconoce tanto la dimensión bioquímica como la psicológica del problema de Amelia conduce a su ayuda real.

Si yo hubiese estado tratando a Amelia, habría reconocido la necesidad de medicación por un período relativamente breve, hasta que sus ataques de pánico fueran menos frecuentes. Luego la habría ayudado a entender por qué tuvo esos ataques (su temperamento biológico subyacente), cómo esos estados biológicos inexplicables habían creado su aprensión, y cómo habían hecho que su apresión abarcara otras áreas de su vida. Amelia habría podido vencer gradualmente el temor que ahora había sido aprendido en respuesta a su ataque de ansiedad original. Para la gente como Amelia, vencer el temor se torna bastante fácil cuando se desprenden de su creencia secreta de que poseen una personalidad defectuosa.

La experiencia de Amelia demuestra que esas complejas interacciones mente-cerebro tienen implicaciones enormes en cuanto al modo en que se percibe el mundo, cómo se siente y se piensa y en el comportamiento. Veamos los orígenes bioquímicos de esos procesos.

COMUNICACIONES BIOLOGICAS: NEUROTRANSMISORES

La estructura básica del sistema nervioso humano (que incluye el cerebro) es la neurona. Las neuronas difieren en tamaño y forma, pero el modelo básico es el mismo. El propósito de la neurona es transmitir información. Dendritas y axones son parte de una neurona. Los mensajes se reciben a través de las dendritas y son transmitidos a lo largo de los axones. Las neuronas están próximas entre sí, pero no se superponen. El axón de la neurona 1 casi hace contacto con la dendrita de su vecina, la neurona 2. ¿Cómo atraviesa la información la brecha, o sinapsis?

Cuando el axón de la neurona 1 es estimulado en grado suficiente, se liberan mensajeros químicos o neurotransmisores desde pequeños puertos en los extremos del axón (o transmisor). Los neurotransmisores viajan a través del "mar" sináptico hasta la dendrita (o receptor) de la neurona 2. Cuando el neurotransmisor llega al sitio del receptor de la neurona 2, la información química se convierte en energía eléctrica y la información se entrega a la neurona 2 en diminutos pulsos como ondas. Si bien hemos descubierto mucho sobre esos procesos electroquímicos, aún se debe descifrar el código del modo en que esos miles de millones de pulsos químicos y eléctricos se traducen en ideas, memorias o recordatorios como "Comprar un cartón de leche descremada durante el regreso a casa".

Piénsese en el nivel de actividad molecular que comienza cuando un dedo toca una estufa caliente. El mensaje viaja a través de miles de millones de neuronas hasta el cerebro, donde se procesa la información, y el mensaje luego vuelve a través de miles de millones de neuronas para decirle al dedo que reaccione. ¡No sorprende que uno esté agotado al final del día! El flujo y el reflujo de los neurotransmisores es un proceso continuado que crea una sopa química en el cerebro con una infinita variedad de sabores.

La bioquímica de los estados de animo

Durante el siglo pasado, el estudio de las enfermedades mentales se había centrado en la historia psicológica de los pacientes. El problema es que establecer relaciones de causa y efecto en psicología es muy difícil. El esquizofrénico que cree ser Napoleón puede tener la misma historia de infancia que el hermano, que lleva una vida feliz y normal. Esa intriga en cuanto a qué causa la enfermedad mental llevó a la búsqueda de un desencadenante biológico, es decir, algo que estuviera más allá de las experiencias aprendidas y la dinámica familiar.

Muchos de los descubrimientos de las drogas para tratar la enfermedad mental se produjeron por accidente, décadas antes de que se poseyeran los medios técnicos para sondear el cerebro. Fue un proceso ciego de ensayo y error. Los médicos sencillamente probaban en los pacientes mentales cada sustancia que podían obtener y mantenían un registro de los resultados.

Un ejemplo es el clorpromazine (Thorazine), que vació los hospitales mentales en las décadas de los cincuenta y los sesenta. Originalmente fue sintetizada en Alemania en 1900, por químicos de las tinturas que estaban tratando de inventar colores más vívidos para las telas. En 1949, un cirujano francés notó que parecía tener un efecto tranquilizador sobre los pacientes que debían ser sometidos a operaciones quirúrgicas. Los médicos empezaron a probarla en pacientes mentales para ver qué sucedía. En los años siguientes, el Thorazine permitió que millones de esquizofrénicos se fueran del hospital a su casa. No era una cura, pero los pacientes se mantenían más racionales durante una parte mayor del tiempo. Cesaban las alucinaciones y las voces.

Otro descubrimiento accidental fue el uso del litio, una sal común, para tratar la depresión maníaca o perturbación bipolar, la tendencia a pasar de los estados muy exaltados a los depresivos. Un médico australiano, J. F. J. Cade, hipotetizó, a fines de la década de los cuarenta, que los fluidos corporales deficientes podían ser la causa de esa perturbación. Al experimentar con fluidos diferentes, administró carbonato de litio a algunos pacientes y descubrió que se reducían sus estados maníacos y de esa manera se calmaban. Sin saber exactamente cómo actúa, los científicos especulan que el litio altera el balance de calcio-sodio entre las neuronas del cerebro. No obstante, la dosis correcta parece nivelar espectacularmente los estados de ánimo de los maníacos depresivos.

Los éxitos con el litio y el Thorazine desencadenaron un estallido de experimentación. Así se inició una revolución de orientación biológica en el tratamiento de la enfermedad mental. La efectividad de esas drogas también reveló mucho sobre la química del cerebro y la variedad de emociones que se experimentan.

Ansiedad

Se piensa que la ansiedad tiene como causa una superproducción de ciertas sustancias químicas relacionadas con el estrés. El sistema nervioso autónomo genera adrenalina y otras sustancias que llevan a la respiración difícil, los temblores, la transpiración y otras respuestas. Una clase de drogas ansiolíticas o sedantes llamadas "benzodiazepinas" reduce la ansiedad estimulando el neurotransmisor GABA (ácido gamma-amino butírico). Al parecer, GABA actúa como agente inhibidor, afectando al sistema nervioso autónomo.

Depresión

Los antidepresivos modernos actúan incrementando la cantidad de norepinefrine o serotonina en el sistema nervioso. La depresión está relacionada con una actividad disminuida de esas dos sustancias químicas. La teoría biológica más común de la depresión se denomina "hipótesis del monoamino". Los neurotransmisores como el norepinefrine o la serotonina son llamados monoaminos. En la actualidad, dado que las drogas antidepresivas que estimulan o facilitan el "flujo" o transmisión de esas sustancias químicas parecen "levantar" a la gente de sus estados depresivos, se hipotetiza que la depresión debe de estar causada por una deficiencia en esas sustancias químicas.

Adicciones

Hay creciente evidencia biológica de que ciertos individuos poseen realmente personalidades adictivas. Regulan sus emociones con sustancias cuya necesidad pronto domina su vida. Los que abusan de las drogas tratan desesperadamente de regular sus estados de ánimos y emociones. Nuevas teorías sugieren que pueden tomar instintivamente drogas u otras sustancias para compensar las deficiencias o la superproducción de ciertas sustancias químicas del cerebro. Por ejemplo, la cocaína puede ser especialmente adictiva para aquellos proclives a la depresión, porque se sabe que estimula el neurotransmisor, norepinefrine, cuya deficiencia se cree que es una de las "causas" biológicas de la depresión.

UMBRALES DE EXCITACION: TERMOSTATOS EMOCIONALES

¿Por qué difiere la gente en su intensidad emocional? Con la mayoría de los psicólogos, me he sentido impresionado con los nuevos hallazgos en psicobiología. Es obvio que la efectividad de las drogas que alteran el estado de ánimo, como los sedantes y los antidepresivos, nos obliga a rever las emociones y sus orígenes. Si esas drogas químicas alteran las emociones, se sigue naturalmente que deben afectar a los procesos biológicos básicos innatos del cerebro. Cada uno nace con variadas cantidades de esas sustancias químicas, de modo que algunos son inherentemente propensos a ciertas emociones. La bioquímica de la excitación ofrece algunas respuestas atractivas. El concepto de excitación ha estado en danza por un siglo y se lo define vagamente como una activación generalizada y difusa del sistema nervioso central: cuán despiertos o activos nos sentimos, desde el estado de coma a la excitación extrema.

Todos estamos familiarizados con las sensaciones físicas que acompañan a nuestras emociones. Las sensaciones son ejemplos de excitación: la transpiración y el rápido ritmo cardíaco del temor, la sensación de falta de sentimientos o de muerte cuando rechazamos o perdemos algo que apreciábamos. Obviamente, si uno siempre ha sido "excitado" por el sexo opuesto, está familiarizado con la excitación sexual. No es sólo una estructura corporal la implicada en la excitación.

En el cerebro, la excitación o actividad cortical puede medirse mediante un EEG (electroencefalograma). La excitación también puede expresarse en actividad autónoma periférica incluido el ritmo cardíaco, la presión sanguínea, la transpiración, la tensión muscular. La excitación no es necesariamente consciente, se puede no tener conciencia de ese proceso fisiobiológico cuando se está produciendo. Despiertos o dormidos, estamos casi siempre en un estado de excitación fisiológica.

La excitación puede desencadenarse internamente, por actividad espontánea en el cerebro, o externamente, por experiencias en el ambiente, incluidas las interacciones con otras personas. La mayoría de nosotros estamos familiarizados con la excitación desencadenada por situaciones externas. Nos excitan las situaciones inquietantes: la lucha o la respuesta de la huida, donde las hormonas del estrés nos predisponen a huir del peligro o a encararlo.

Niveles de excitación y zonas de satisfacción

Cada uno posee un umbral predecible de excitación emocional. Alguna gente es más intensa que otra en sus respuestas emocionales. Eso se verifica bien sea que la intensidad se desencadene de manera externa (como un peligro definido) o interna (como sentirse ansioso sin una razón discernible). Se sigue que hay una variedad de excitación o de zona de satisfacción que es típica o habitual para cada persona, una variedad determinada por la biología básica.

Creo que cada persona posee un grado de excitación emocional que le resulta cómodo o tolerable. Cuando se pasa de esa zona de satisfacción a un nivel de excitación que es demasiado alto o bajo (tan desagradable o poco familiar) uno se siente incómodo y, como en muchos procesos biológicos, instintivamente se obedece a leyes homeostáticas. Se hace algo, instintivamente, para volver a la zona de satisfacción.

El yo mismo biológico o natural funciona como un termostato interno. Si se posee un umbral bajo, la excitación se activa fácilmente y las emociones se desencadenan con igual facilidad. Si es alto, la excitación se activa menos fácilmente, y las emociones pueden no impulsarse en grado suficiente y la persona está entumecida, rígida, aburrida.

El termostato interno está en automático: no es necesario pensar en él, ya que se autorregula. Típicamente está activo, haciendo constantes ajustes para mantener a la persona dentro de la zona de satisfacción. Esa autorregulación se produce todo el tiempo, se tenga conciencia o no de ello, hay un flujo y un reflujo perpetuos de sustancias químicas del cerebro. La excitación y su típico nivel o rango de variabilidad es la fuente de las emociones normales. Todo el mundo tiene una amplia variedad de actividad química y decir "desequilibrio" es tan anormal como decir que sólo los hombres que miden entre un metro sesenta y cinco y un metro setenta y cinco de estatura son normales. Las variabilidades químicas no son indicaciones de enfermedad emocional sino el flujo y el reflujo normales de los neurotransmisores o mensajeros químicos sanos.

¿Por qué una emoción particular?

¿Qué hace que la excitación se exprese como una emoción particular? ¿Por qué, cuando dos personas se ven amenazadas, una reacciona con una furiosa confrontación y la otra con miedo y retirada? Es obvio que la gente difiere no sólo en los niveles de excitación sino también en su elección biológica de emociones. ¿Por qué alguna gente es propensa a la sensibilidad y al temor, alguna a la melancolía o la tristeza, algunas a la expresividad exterior como la ira y aún otras buscan el peligro, el desafío y la aventura? El paso final en mi entendimiento fue desarrollar la teoría de que cada uno posee un temperamento emocional subyacente, los que podrían constituir incluso un número finito de tipos emocionales básicos.

4

Temperamento: el pronosticador del estado de ánimo

Hace dos mil años, Hipócrates y el médico Galeno dividieron a la gente en cuatro tipos de temperamento. Carecían de todo entendimiento de la ciencia como la conocemos ahora, es decir, ninguna ciencia de la conducta o psicológica. Su teoría de los humores decía que cada persona tenía una preponderancia de fluidos o humores corporales que determinaban su temperamento emocional. Si la sangre era el fluido principal, se decía que la persona poseía un temperamento sanguíneo u optimista. Si la bilis amarilla era el fluido principal, se decía que esa persona era colérica o proclive a la ira. Si predominaba la flema, era probable que la persona fuera poco excitable, calma. Y si la bilis negra era el fluido principal, la persona era melancólica o depresiva. Esa teoría, y variaciones de la misma, sobrevivieron hasta el siglo XIX. Si bien la fisiología real estaba totalmente equivocada, la teoría perduró porque los tipos de personalidad que describía eran muy familiares.

En la década de los veinte Ernest Kretschmer, un psiquiatra suizo, decidió que la psiquis estaba relacionada con el temperamento. Creía que había una vinculación entre el tipo de cuerpo y la probabilidad de perturbaciones mentales. Tomó fotografías de miles de personas y especuló sobre sus personalidades. Acuñó los términos ectomorfo para el tipo nervioso delgado, mesomorfo para el tipo atlético y agresivo y endomorfo para el tipo pesado y alegre. Sus teorías se han mantenido como parte del pensamiento popular.

Al mismo tiempo, el psiquiatra vienés Carl Jung estaba desarrollando su famosa teoría de la personalidad de la introversión y la extraversión. Jung caracterizaba a los introvertidos como vueltos hacia adentro. Eran tímidos, reservados en su comportamiento y de mente racional. La extravertida era una persona de acción: gregaria, ambiciosa y romántica. En 1929, la teoría de Jung inspiró un artículo fascinante que preveía descubrimientos en la ciencia del cerebro cincuenta años más tarde. "A Chemical Theory of Temperament", de William McDougall, prominente psicólogo norteamericano, presentaba la hipótesis de que un fluido del cerebro causa la extraversión: cuando se obstruye o bloquea el flujo, la consecuencia es la inhibición o la introversión.

En la década de los cincuenta, los psicólogos norteamericanos Stella Chess y Alexander Thomas realizaron estudios a largo plazo con niños y teorizaron sobre rasgos de temperamento heredados, innatos, que parecían ser genéticamente dominantes. Identificaban rasgos tales como el nivel de actividad, las tendencias al enfrentamiento o a la retirada, el umbral de sensibilidad y la perturbabilidad. Chess y Thomas desafiaron la ira del establishment psicológico de aquella época al atreverse a afirmar que su investigación indicaba que al menos parte de qué y quiénes somos no es el resultado del ambiente sino de características innatas que interactúan con fuerzas ambientales para modelar nuestra personalidad.

Desde la década de los sesenta Hans Eysenck, un psicólogo inglés, ha realizado un caudal de investigaciones sobre la introversión y la extraversión y su vínculo con la excitación. La introversión es volver hacia adentro la energía y la atención, hacia la introspección y la autoconcentración. La extraversión es volverse hacia afuera, atendiendo a los objetos, la gente y los objetivos. Eysenck cree que el introvertido tiene niveles sumamente altos de excitación cortical interna o del cerebro, por lo cual típicamente evita la estimulación externa y se vuelve hacia adentro. El extravertido tiene un umbral típicamente bajo de excitación, desea estímulos que aumenten su excitación, de modo que está conectado con objetivos y estímulos externos. Eysenck, de manera poco sorprendente, descubre que la mínima está relacionada con la ansiedad y que demasiado poco está vinculada con la depresión. El y sus colegas han realizado cientos de estudios acerca de esa dimensión introvertido/extravertido (una combinación de nivel de actividad y nivel de emoción) y descubrieron que es un factor clave en la determinación de la personalidad.

Arnold Buss, psicólogo de la Universidad de Texas, dividió el temperamento en rasgos tales como emotividad, actividad, sociabilidad e impulsividad, que parecen intuitivamente exactos. Jerome Kagen, de Harvard, es otro investigador que se convenció de la naturaleza innata de ciertos rasgos que vemos en la infancia. Ha estudiado las maneras en que algunos niños, del nacimiento en adelante, se ven mucho más activos y agresivos que otros que parecen poseer una timidez y una reserva innatas.

TEMPERAMENTO Y GENETICA

Cada uno de nosotros posee un plano genético compuesto por unos 100.000 genes. Por largo tiempo hemos aceptado el hecho de que las predisposiciones a muchas enfermedades físicas tales como diabetes, afecciones cardíacas y cáncer de pecho son genéticas o heredadas. También hemos sabido por simple observación que rasgos tales como la inteligencia, la capacidad musical e incluso la enfermedad mental tienden a darse en la familia. Pero hasta hace poco descuidamos explorar la base heredada de la personalidad, que ahora se denomina genética de la conducta, el estudio de cómo los genes determinan el comportamiento, es decir, cómo se siente, se piensa y se actúa.

La ideología psicológica moderna acentuaba la influencia de la temprana experiencia infantil en la modelación de la personalidad: "Billy es tímido porque sus padres le aislaron." Se pensaba que Billy era una pizarra en blanco y que lo que aprendió de niño escribió su historia. Si Billy tiene un problema, se pensaba, probablemente sea culpa de los padres. Pero percibíamos que podía haber otra respuesta.

Cada padre ha tenido la experiencia de observar cómo evoluciona un niño desde la infancia de maneras que parecen milagrosas y únicas. Como por algún conjunto de imperativos ocultos, el niño adopta una personalidad casi como si nosotros no tuviéramos peso alguno sobre él. Tan pronto como traemos a esa personita a casa desde el hospital, empieza a revelar su personalidad embrionaria. Algunos bebés son tímidos, un tanto pasivos, y podemos alegrarnos por su personalidad apacible. Otros parecen excitables y activos, nos hacen sentir un poco preocupados y muy agotados, pero interpretamos esa conducta como fuerte: tenemos a un sobreviviente en nuestras manos. Quién y qué deseamos que sea nuestro hijo, en buena medida parece fuera de nuestro control.

La investigación está confirmando nuestras sospechas de que buena parte del temperamento es innato. En un estudio reciente de la investigación sobre el papel de las características de conducta heredadas, Robert Plomin, un psicólogo que trabaja en genética de la conducta, estimó que tanto como el 50 por ciento del estilo de nuestras características de personalidad es heredado. (En gemelos idénticos, puede ser tan alto como el 70 por ciento.) Este hallazgo apoya la obra de otros investigadores que estudian rasgos básicos como la emotividad, el nivel de actividad, la impulsividad y la sociabiliad usando estudios de gemelos y de familia. Empleando complejos análisis de los datos, concluyen que muchas de nuestras predisposiciones elementales tienen base genética y son innatas.

Estudios de gemelos idénticos

Los gemelos idénticos que fueron criados aparte son los sujetos del sueño de los investigadores en casi todo aspecto de la conducta humana. Los gemelos idénticos (monocigóticos) se desarrollan a partir del mismo óvulo fertilizado y por lo mismo comparten el plano genético exacto. Se sigue que toda diferencia es el resultado de la crianza (ambiente) antes que de la naturaleza (heredada).

Thomas Bouchard, un famoso investigador de la genética de la conducta de la Universidad de Minnesota, ha encontrado a 100 parejas de tales gemelos y, desde la década de los setenta, ha hecho viajar a muchos de ellos a Minnesota para someterlos a extensivas pruebas. Las semejanzas son casi increíbles. Dos de ellos eran hermanos gemelos que se encontraron por primera vez a los treinta años. Quedaron sorprendidos al descubrir que el otro llevaba bigote, estilo de peinado, gafas de aviador, hebilla grande en el cinturón y llavero grande semejantes. Se descubrió que los dos bebían la misma marca de cerveza e incluso compartían el hábito de aplastar las latas cuando las habían terminado. Notablemente, los dos eran bomberos voluntarios y ambos se ganaban la vida instalando equipos de seguridad. Por extraño que pueda parecer esto, la investigación de Bouchard indica que son comunes las semejanzas tan sorprendentes.

Otro caso famoso llegó a los titulares de los periódicos de todo el mundo. Ese fue el caso de los dos Jim, gemelos idénticos que habían sido adoptados por diferentes familias cuando tenían pocas semanas de vida. Los padres adoptivos bautizaron coincidentemente Jim a cada bebé. A la edad de treinta y nueve años se encontraron mediante registros del tribunal y se reunieron por primera vez en Dayton, Ohio, en 1979.

- Ambos tenían tendencias nerviosas, se comían las uñas y fumaban un cigarrillo tras otro.
- Los dos se habían casado con una mujer llamada Linda, se habían divorciado y se habían vuelto a casar con una mujer llamada Betty.
- Cuando eran niños, los dos habían tenido un perro de nombre "Toy".
- Uno de los Jim había bautizado a su primer hijo James Alan; el otro había bautizado a su primer hijo Alan James.
- Los dos vivían en Ohio y pasaban sus vacaciones anuales en la misma playa de 300 metros cerca de St. Petersburg, Florida.
- Los dos eran buenos en matemática y malos deletreando.
- Ambos han tenido dos ataques cardíacos.

- Los dos sufren de hemorroides.
- Ambos sufren dolores de cabeza por tensión.
- Los dos tienen los mismos problemas para dormir.

Los sujetos fueron criados en ambientes enteramente diferentes, por padres de niveles de ingresos diferentes, con diferente logro educacional y con estilos distintos en la crianza de niños. A pesar de oportunidades ambientales y expectativas radicalmente diferentes, los rasgos de temperamento innatos resultaron ser tan dominantes que los gemelos terminaron llevando vidas casi paralelas.

Vemos que modelos del funcionamiento del cerebro y de química del cerebro con base genética modelan espectacularmente nuestro temperamento y por lo mismo nuestra personalidad. La genética de la conducta es el primer cuerpo de investigaciones que nos dice que además de nuestra identidad consciente, tenemos un yo mismo natural físico o biológico que es innato y heredado.

No estoy sugiriendo que la biología sea destino. La influencia ambiental, las opciones morales que definen nuestro carácter y la variedad de oportunidades que nos presenta la vida, todo nos hace lo que somos. Cuando subrayo los determinantes biológicos o genéticos de nuestras emociones, y afirmo su primacía, deseo que el lector sepa que hay aún vasto espacio para la modificación y orquestación conscientes y deliberadas de las emociones, pero sólo cuando los esfuerzos se basan en las nuevas verdades sobre las emociones.

EXCITACION MAS TENDENCIA A LA ACCION

Como lo discutí en el capítulo 3, sabemos que la intensidad de nuestras emociones tiene una base genética. Diferimos en la medida de la excitación que sentimos. Pero, como ya indiqué, el temperamento está formado por dos partes: la excitación más algo instintivo que determina cómo se expresa esa excitación. La pieza faltante es lo que denomino tendencia a la acción, la predisposición innata e instintiva a expresar la excitación de una manera particular. Para mí, la tendencia a la acción se entiende mejor en términos de la dimensión del temperamento más investigada e intuitivamente más precisa, la introversión/extraversión, es decir, si uno está orientado hacia adentro o hacia afuera.

Como sucede con muchos procesos biológicos, hay un movimiento instintivo hacia la homeóstasis o el balance. Si nos volvemos desusadamente subexcitados o sobreexcitados, algo sucede en la química de nuestro cerebro que nos vuelve al nivel habitual de excitación. Creo que la tendencia a la acción es lo que nos devuelve a nuestra zona de satisfacción o a nuestro nivel característico de excitación.

Por favor, observad la carta. Se puede ver la relación entre emotividad (nivel de excitación) y tendencia a la acción (expresada aquí como introvertido/extravertido). Como se puede observar, los cuatro tipos de temperamento corresponden a cuatro predisposiciones emocionales principales: ansiedad, tristeza, enojo y deseo o impulsividad.

EL TIPO DE TEMPERAMENTO

Cuando mis observaciones se fueron cristalizando en el curso de los años, finalmente identifiqué claras semejanzas y diferencias entre mis pacientes. Surgieron cuatro tipos emocionales. Estos son grupos amplios y hay diferencias individuales dentro de cada grupo, pero las semejanzas superan las diferencias.

Como se puede ver en la carta, la excitación más la tendencia a la acción determinan el tipo de temperamento. Primero, está el nivel característico de excitación interna, es decir, alto o bajo. Segundo, está la tendencia a la acción, es decir, la dirección instintiva de la expresión emocional: hacia adentro o afuera, introvertida o extravertida. Combinando excitación y dirección, surgen cuatro tipos posibles. Cada uno de los cuatro cuadrantes representa un tipo. Cuanto más alejado se está en el cuadrante (es decir, lejos del centro donde se cruzan las dos líneas) más claramente se es ese tipo.

Por favor, no se debe intentar adivinar el tipo propio todavía. Se debe mantener la mente abierta hasta que se haya leído del capítulo 5 al 8. Mi objetivo aquí es presentar el concepto. Cuando se lee cada descripción, se debe tener presente que cada tipo posee un nivel particular de excitación y una particular tendencia a la acción. Mientras se lee, es posible volver a la carta.

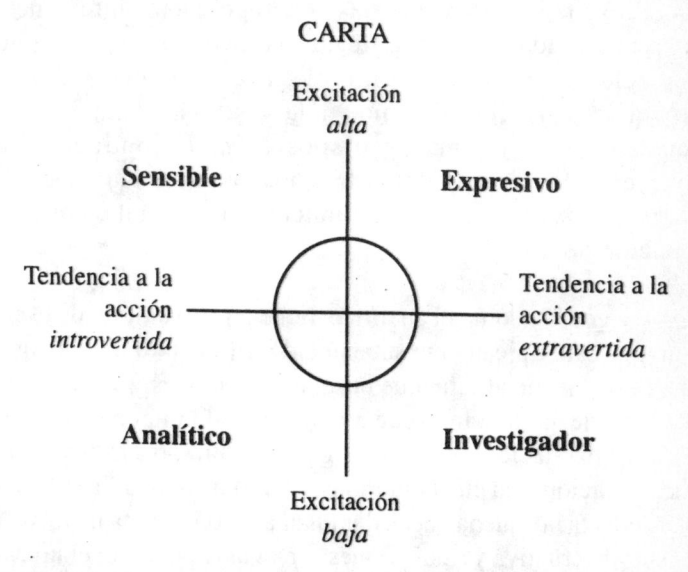

CARTA

Excitación
alta

Sensible　　　　　**Expresivo**

Tendencia a la acción *introvertida* ——— Tendencia a la acción *extravertida*

Analítico　　　　　**Investigador**

Excitación
baja

Sensible: Tiene un bajo umbral de excitación, en otras palabras, se excita fácilmente. De manera típica, la persona se siente excitada la mayor parte del tiempo. La pueden haber considerado introvertida. Tiende a ser tímida, cauta. Evita tanto como puede los estímulos externos para no excitarse más. Es proclive a sentirse nerviosa o ansiosa. El termostato emocional suele estar tratando de bajar el nivel de excitación, es decir, elevar el umbral. Es muy sensible a otra gente, a toda clase de estímulos externos como el ruido, el color y el movimiento. Los sensibles se inclinan a ser compasivos, emocionalmente vibrantes e intuitivos.

Analítico: Tiene un alto umbral de excitación que hace que esté en un estado de subexcitación. Tiende a volverse hacia dentro y cavilar sobre sus sentimientos y lo que puede hacer con ellos. Esa autoconcentración trata de excitar sus sentimientos. Tiene una inclinación a la melancolía y a la preocupación. Los analíticos pueden volverse deprimidos o marcadamente obsesivos. Pero cuando están dentro de su zona de satisfacción, están centrados en el sentido positivo: son atentos, conectados, conscientes.

Expresivo: Tiene un umbral bajo de excitación y se siente sobreexcitado la mayor parte del tiempo. Su instinto es descargar esa tensión hacia afuera, expresivamente. Es algo parecido al extravertido. En el extremo, puede tornarse irritable y proclive al enojo y a la hostilidad. Cuando está cómodo, esa misma predisposición lo conduce a la expresividad de una naturaleza más apasionada. Los expresivos pueden ser muy dinámicos, en especial en una situación de trabajo.

Investigador: Como el analítico, tiene un alto umbral de excitación. Está típicamente subexcitado. El instinto le dicta que se vuelva hacia afuera, que busque sensaciones y actividades de alto riesgo que le exciten. Cuando se le imponen sus deseos de excitación, se siente ciegamente atraído a la búsqueda de sensación, sea en el amor o en el trabajo. Cuando está mal dirigida, la búsqueda puede dar lugar a una conducta impulsiva o autodestructiva y a adicciones. En el lado positivo, el investigador puede hallar desafío, acción, drama y aventura, de los que deriva enorme satisfacción.

Los que están en los bordes de los dos cuadrantes pueden ser tipos mixtos, aunque uno suele ser dominante. Los que están cerca del centro (donde las dos líneas se intersecan y están contenidas dentro del círculo) pertenecen a una categoría que yo caracterizaría como emocionalmente tranquila o rara vez angustiada emocionalmente.

Como es obvio, cuanto más se aleja uno, mayores son las probabilidades de tener problemas psicológicos. Así, un sensible con un alto nivel de excitación que es muy introvertido puede terminar teniendo que tomar sedantes para todo problema de ansiedad. Según mi propia experiencia clínica y mi investigación, el 30 por ciento de la población pertenece a la categoría de los que están más tranquilos. Pero, como los lectores tienen algunas preocupaciones por sus emociones, bastantes como para comprar este libro, ¡en su mayoría probablemente no entren en esa categoría! (Y bien, ¡tampoco yo!)

Otro 20 por ciento de la población pertenece a un cuadrante u otro, pero cerca de los bordes. Tienen un temperamento predominante, pero hay veces en que podrían sentir como otro temperamento. Su tarea es ser honestos consigo mismos sobre la intensidad y la naturaleza de sus respuestas emocionales. Pueden ser un tipo disfrazado: parecen de una manera pero en realidad son de otra. Sin embargo, aun cuando no pueden distinguir entre los dos tipos, pueden aprender a modular y a manejar con éxito sus emociones siguiendo simplemente el consejo de este libro según el tipo al que se parecen en un momento particular.

Debo hacer notar que hay ciertos tipos fronterizos cuya composición emocional corresponde a los fenómenos clínicos que ven con frecuencia los terapeutas. Por ejemplo, el analítico/investigador (muy bajo nivel de excitación y sin una tendencia a la acción definida) corresponde al tipo maníaco-depresivo altamente emocional, que se desplaza entre estados de búsqueda de sensaciones altamente activos y estados de tristeza y abatimiento. El sensible/expresivo es otro tipo fronterizo con un alto nivel de excitación, que se desplaza entre el retiro ansioso y los ataques de enojada expresividad. El nivel de excitación del sensible/analítico es moderado. Esa persona es típicamente muy introvertida, propensa a los cambios entre la melancolía y la ansiedad.

LA CLAVE PARA LAS ZONAS DE SATISFACCIÓN

Cada temperamento tiene predisposiciones emocionales que pueden conducir a dificultades. Cada uno posee cualidades positivas y una tarea o estrategia muy específica que permite a la gente tratar los aspectos difíciles de su temperamento, una tarea que, como se verá, también sirve para expandir la zona de satisfacción.

Cuando se lea la Parte II, al remitirse a la carta de la página 73 se verá que la tarea de una persona le aleja de los extremos de su tipo y le acerca al centro de la carta, al área de la comodidad. La tarea no sólo se relaciona con la tendencia a la acción de la persona sino que también implica cambiar su nivel de excitación. Por ejemplo, la tarea del sensible le aleja de ser hipersensible y socialmente temeroso para ser más confiado y estar menos excitado. Para el investigador, su tarea le lleva de la búsqueda de sensaciones a ser más sereno y reflexivo.

TEMPERAMENTO Y RELACIONES

ROMANCE Y AMOR

¿Qué crea la química entre dos personas? ¿Por qué dos desconocidos en una gran fiesta se encuentran entre la multitud? Se puede creer que la atracción es elusiva, misteriosa, incluso inexplicable. Pero sin duda se sabe cómo es la química, cuando se dice: "¡Me siento muy bien con él!" o "Es maravilloso estar con ella."

Percibimos que algunos tipos de personas se ven atraídas entre sí y otros tipos tienden a repelerse. Nos encantan los consejos románticos de las columnas de horóscopos. No sorprende que el temperamento tenga un papel tan importante en las relaciones amorosas. Todo el mundo está familiarizado con la teoría de que los opuestos se atraen. Lo que se puede no saber es por qué eso es verdad. El propósito principal de la atracción puede muy bien ser la autorregulación emocional. Sé que esto no suena romántico, ¡pero uno se siente maravillosamente cuando sucede!

En mi trabajo con parejas, lo que permite predecir la compatibilidad o el conflicto es cómo le hace sentir uno al otro. Insto a mis pacientes solteros a formularse sólo dos preguntas acerca de la persona con la que están saliendo: ¿Cómo se siente cuando está con esa persona? ¿Y cómo le hace sentir esa persona acerca de usted mismo? Si la gente respetara este sentido intuitivo, podría hacer elecciones mucho más prudentes.

Creo que el temperamento resuelve el misterio de la química romántica. La atracción física sola puede ser huidiza: se puede evaporar en los primeros minutos de una conversación si se descubre que no hay nada en común. La química duradera va más profundamente: es una sensación de comodidad unida a la promesa. Uno se siente magnífico porque se ve aceptado y está excitado.

En mi práctica clínica con hombres, mujeres y parejas y en mis conferencias y discusiones con grupos de solteros, he determinado que hombres y mujeres se relacionan entre sí sobre la base de una realización de sus emociones y zonas de satisfacción. Nos sentimos atraídos por personas que no nos apartan de nuestra zona de satisfacción emocional. Pero eso es sólo la mitad de la ecuación. Si un hombre hace que una mujer se sienta demasiado cómoda, es probable que él se convierta en un amigo, no en un amante, porque la otra parte de la ecuación química es la excitación. El debe agregar algo nuevo, debe expandir la zona de satisfacción de ella.

Las distinciones a las que me estoy refiriendo subrayan una de las primeras leyes de las relaciones. No gravitamos necesariamente hacia aquellos que sólo nos tranquilizan, o que encajan perfectamente en nuestra zona de satisfacción emocional. Nos relacionamos con personas que presentan conductas y emociones que anhelamos.

MATRIMONIO

Hay un dicho antiguo: "Cuando una mujer se casa con un hombre, ella espera que él cambie. Cuando un hombre se casa con una mujer, espera que ella no cambie. Los dos se decepcionan." Presento esta cita no para ilustrar la locura de tratar de cambiar a la persona que amamos, sino para destacar la locura de tratar de cambiar a una persona convirtiéndola en otra que no es y la locura de negar nuestro propio temperamento para adecuarnos a las expectativas de alguien.

Un concepto clave que surge del conocimiento de los tipos de temperamento es lo que denomino ósmosis. Las emociones de otra gente "entran" en nosotros, las absorbemos. Nuestros límites son permeables, lo que significa que así como los acontecimientos externos pueden desencadenar emociones en nosotros, otro tanto puede suceder con las emociones de otra gente. Consideremos el "contacto alto": una persona está fumando marihuana y riéndose y una persona sobria "capta" el alto. Como la risa, también son infecciosos los estados de ánimo malos como la depresión.

Este concepto se refiere directamente a la cuestión de la codependencia. Ciertos tipos pueden relacionarse con otros de una manera muy extrema como modo de regular sus propios estados de ánimo. Lamentablemente, "usar" las emociones de otra gente, si bien es un hecho natural y común, tiene su propio conjunto de riesgos. Cuando adoptamos el hábito de usar las emociones de otros, podemos perder de vista nuestro yo mismo natural. Con el tiempo, ya no podemos discriminar entre lo que se desencadena interna y externamente: se han derrumbado nuestros límites emocionales. El investigador, por ejemplo, puede estar tan perdido en el hambre de apego y tan temeroso del abandono que puede perderse de vista a sí mismo.

Las parejas pueden zozobrar cuando ignoran el temperamento del otro. Una mujer puede sorprenderse cuando sus provocaciones durante el desayuno suscitan el enojo del esposo. Un hombre puede sentirse irritado cuando su novia no consigue salir de su depresión durante un paseo de fin de semana. El choque de los estados de ánimo es en una buena medida la razón de que la intimidad sea tan difícil. Pero es probable que los estados de ánimo de su pareja nada tengan que ver con usted: está siendo ella misma, pasando por emociones desencadenadas internamente. ¡Se debe aprender que las emociones del otro nada tienen que ver con uno!

Por ejemplo, el esposo que es un expresivo puede no ser abusivo adrede con usted. Su temperamento es parte del motivo de que usted esté con él, en primer lugar: él proporciona un nivel de intensidad y pasión que la atrajo. Cuando viene una pareja a verme para explorar modos por los cuales resolver sus peleas, me abstengo de explicaciones simplistas como: "Ustedes necesitan comunicarse más." En cambio, pongo el foco en la identificación de sus verdaderos temperamentos. Cuando tienen una comprensión genuina de quiénes son y quién es su pareja, intentamos arreglos que enriquezcan a cada persona en lugar de hacerla sentir comprometida. A la mayoría de los maridos y las esposas eso les resulta tranquilizador. Saben que la esperanza real y el progreso en un matrimonio se basa en la aceptación mutua.

Hasta los asuntos amorosos pueden entenderse observando el temperamento. Si usamos a otra gente para regular los estados emocionales, tendemos a buscar en otra parte cuando nuestra pareja no puede proporcionar esa fuerza catalítica emocional. Es muy probable que el esposo investigador ande por ahí: desea la emoción de un nuevo romance, hasta el peligro de ser descubierto. Una mujer que es una analítica puede buscar un amante como medio para salir de una depresión. Ella se está automedicando con la distracción. Es poco probable que esas soluciones desafortunadas las empleen las personas que tienen conciencia de las opciones disponibles para hallar una zona de satisfacción sin ser destructivos.

La sexualidad es otra área común de choque y decepción. Hacer el amor no es sólo una expresión de afecto e intimidad, ni tampoco un alivio para la tensión (¡como declaran tantas parejas malhumoradas!). El sexo es uno de los medios principales por los cuales regulamos nuestros estados emocionales. Es un activador de la excitación. El sexo puede ser amenazador (sobreexcitante) a veces, o bienvenido (excitante, liberador). Cuando se está en sintonía con el termostato interior, se sabe qué efecto tendrá el sexo sobre uno. Cuando se está cómodo con los ritmos emocionales y se entienden los de la pareja, es mucho menos probable que el sexo sea un campo de batalla o una fuente de decepción.

EL TEMPERAMENTO EN EL LUGAR DE TRABAJO

Somos tan apasionados respecto del trabajo como acerca del amor, algunos aún más. Estoy convencido de que el temperamento es un determinante principal de la satisfacción, el éxito y el fracaso en el ámbito del trabajo. Creo que la clave para entender el fenómeno del estrés y el agotamiento laboral es el temperamento. Puedo señalar a dos individuos que trabajan uno al lado del otro, haciendo la misma tarea, durante el mismo número de horas, con idéntico estrés e inconvenientes. Pero un hombre es un desastre y el otro se está divirtiendo. La diferencia suele ser su conciencia del temperamento emocional y la medida en que aceptan ese factor en sí mismos y en los otros.

Hemos dedicado tanto tiempo al estrés que no nos hemos dado cuenta de que hoy sabemos poco más de cuanto sabíamos hace veinte años. Estrés es un término señuelo en la portada de muchas revistas y se lo incluye en las advertencias sobre las afecciones cardíacas. Sin embargo, alguna gente, como los investigadores, prosperan con el estrés. Otros, como los sensibles y los analíticos, pueden sentirse abrumados por el estrés excesivo.

En el mundo de trabajo de hoy día, de manera creciente vemos señales de decaimiento emocional. La gente parece exhausta, emocionalmente recargada y emocionalmente desapegada. El agotamiento, cuando el costo emocional de nuestros esfuerzos es mayor que las recompensas, lleva a un abatimiento emocional. En esencia, el agotamiento es un resultado de la química cerebral recargada. Es una consecuencia directa del autoengaño o de la negación del propio temperamento.

La conciencia de la propia composición emocional es esencial al elegir la carrera correcta. En toda la línea, dicta el estilo de trabajo, incluido cómo se delega responsabilidad y cómo se maneja a otros. Muéstrenme a un jefe que pueda manejar sus estados de ánimos y les mostraré a alguien que también entiende el estado de ánimo de sus subordinados.

Lamentablemente, cuando realizo seminarios para ejecutivos y directivos, descubro que la gran mayoría posee un entendimiento bastante anémico de su propio temperamento. Además, tratan a sus subordinados como si fueran todos iguales. Rara vez se preguntan: "¿Cuál es la composición emocional de mis subordinados? ¿Por qué tengo tanta dificultad con ellos?"

No tienen conciencia del modo en que los temperamentos armonizan o chocan entre sí. Pero la mezcla tal vez sea la faceta más esencial de una buena organización. Manejar a un grupo o una compañía no tiene que ver sólo con las habilidades para el liderazgo, sino más específicamente con la obligación de un líder de reconocer la naturaleza de cada individuo y de extraer lo mejor de cada persona. Por ejemplo, el jefe expresivo puede ayudar a su asistente sensible a sentirse menos intimidado diciéndole: "Eh, no soy más que yo. Cuando me enfade, no se lo tome como algo personal."

El temperamento también es crucial en la ambición. Cuando hablamos de impulso o motivación en una carrera, habitualmente pensamos en términos de una disposición mental, un modo de pensar que la resolución consciente es lo que determina la ambición. Pero también hay una dimensión emocional. Nuestras emociones influyen en nuestra energía tanto mental como física. Cuando hablamos de impulso y motivación en el trabajo, en realidad estamos haciendo una declaración sobre la intensidad y la dirección de nuestras emociones.

Cada grupo, organización, incluso el ejército, tiene vulnerabilidades que le impiden obtener los mejores resultados. Es la identificación y la comprensión de las vulnerabilidades lo que lleva al éxito, se trate de identificarlas en los empleados o en uno mismo. Extraer lo mejor de alguien significa entender también qué limita lo mejor para que se verifique. Una cadena es sólo tan fuerte como su eslabón más débil. Se pueden entender las vulnerabilidades aprendiendo sobre el temperamento, tanto del propio como del de aquellos que nos rodean. Mi promesa en este libro es que, mediante la identificación de su temperamento, el lector aprenderá a eludir sus vulnerabilidades emocionales, maximizar sus potencialidades y llevar una vida laboral en una zona de satisfacción nueva y más amplia.

NUESTRO OBJETIVO: RESPETAR NUESTRO TEMPERAMENTO

Nuestro temperamento es en última instancia un pronosticador del tiempo: predice cómo se revelan nuestras emociones en el curso del tiempo. No sólo nos dice por qué nos sentimos como nos sentimos sino que también puede predecir cómo nos sentiremos en todos los ámbitos críticos de la vida, incluidos el trabajo y las relaciones amorosas. El temperamento predice los dolores de la vida, así como sus dichas. Nos dice dónde y cómo hallar alivio emocional y paz interior. Nuestra personalidad naturalmente evoluciona a medida que vamos pasando por las experiencias de la vida, pero las elecciones que hacemos, las reacciones que tenemos, todas están modeladas por factores innatos. Aún tenemos libertad de opción, pero una mayor libertad deriva de una vívida conciencia de nuestro yo mismo natural, y del coraje de aceptar y respetar nuestro temperamento.

El respeto de nuestro temperamento crea una autoimagen honesta y esa honestidad forma la base para la confianza. Una cosa es la cháchara sobre la formación de autoestima para sentirse momentáneamente más confiado, pero nuestras emociones no mienten y no se permiten ser víctimas de la prestidigitación mental: son demasiado poderosas para eso. Prometo al lector que de cualquier tipo que sea, se embarcará en un viaje de autodescubrimiento que resultará liberador.

A MEDIDA QUE SIGA LEYENDO

Como ya mencioné anteriormente, muchos de nosotros pensamos que somos de un tipo de temperamento y en realidad somos de otro debajo de nuestro "disfraz" aprendido. Por ejemplo, la persona que es tímida y sensible puede haber aprendido a superar (es decir, negar) su timidez y puede creer realmente que es de un tipo de temperamento diferente. Lea cada capítulo sólo para descubrir más sobre usted mismo y sobre aquellos que están en su vida personal y laboral.

En la conclusión de cada capítulo, haga la prueba. Hágalo aunque esté convencido de que es de un tipo particular. Realizando todas las pruebas, puede descubrir que, si bien lo que domina es un temperamento, también posee rasgos de otro temperamento. Esta información es esencial para aprender a modular las emociones.

SEGUNDA PARTE

Reconocer el tipo emocional innato

5

Sensibles:
de la ansiedad al coraje

Sherry es ejecutiva de comercialización en la industria del software de computación, tan competitiva y rápidamente cambiante. Es jefa de un departamento de dieciséis personas, se encuentra diariamente con otros jefes de departamento competentes e invariablemente sale bien parada. Ama y odia al mismo tiempo su trabajo.

Conocí a Sherry cuando vino a verme por lo que describía como una prematura crisis de la mitad de la vida. A los treinta y tres años, ya se sentía agotada. Lloraba y se sentía mentalmente exhausta, temerosa de rezagarse y de que ya no se la considerara una buena trabajadora en su industria.

Me habló de su infancia y su adolescencia, su timidez, hipersensibilidad, incomodidad en las situaciones nuevas, signos todos del sensible. Sus padres la habían impulsado a que fuera más extravertida, reprendiéndola y provocándola cuando se mostraba temerosa. En consecuencia, Sherry se había obligado a ser extravertida y a mostrarse segura a pesar de sus sentimientos interiores, que eran todo lo opuesto.

Como adulta, aún se siente nerviosa cuando está con un grupo de gente, aunque se lanza de cabeza entre la multitud. Cuando le pregunté cómo se sentía en las situaciones de estrés,

Sherry enumeró los signos fisiológicos de la sobreexcitación del sensible: agitación, sonrojo, transpiración y dificultad para respirar. Confesó que secretamente se veía como temerosa antes que animosa.

La primera vez que la vi, Sherry llevaba tomando el antidepresivo Prozac por tres meses. No me sorprendió que su médico se lo hubiera recetado: cuando fue a su consulta, tenía todos los signos clásicos de una depresión agitada, incluidos despertarse temprano, pérdida de apetito, olvidos, un creciente desinterés en las actividades que una vez habían sido excitantes y estimulantes. Le dije a Sherry que le habían recetado Prozac porque había llegado a lo que parecía un estado depresivo debido a su agotamiento. Fue por eso que la medicación pareció ayudarla por un breve tiempo. Pero también le sugerí que lo que denominaba depresión era en realidad un subproducto o una reacción secundaria de un dilema más básico: la ansiedad. Le expliqué que la ansiedad continuada puede causar una especie de seudodepresión, que la hace sentir abatida y agotada.

"No estoy agotada, estoy deprimida", insistió ella. "¿Cómo puedo estar agotada cuando me acuesto a las diez casi todas las noches?" Le expliqué que estaba agotada por toda una vida dedicada a negar quién era y a combatir su temperamento. Cuando describí lo que pensaba que era su temperamento real o subyacente —el del sensible— Sherry reconoció de mala gana las cualidades interiores, pero rápidamente agregó que estaba superando esos rasgos. Ella era realmente una triunfadora. "Soy muy agresiva, asumo los riesgos como desafíos. ¡No los rehúyo!", afirmó.

Esas cualidades también eran parte de su identidad, pero le expliqué que estaba negando predisposiciones más básicas. Había creado una vida caracterizada por una gran ambición y la presión por el trabajo. Su renuencia a respetar sus verdaderas emociones la había arrojado a un estado crónico de sobreexcitación que se estaba revelando, al fin, en el agotamiento. Si se disponía a dejar de lado la negación, Sherry vería que ser sensible no excluía la afirmación, la ambición y el impulso, pero que esos rasgos debían integrarse con su estilo emocional más básico. No era su temperamento el que la estaba agotando, sino su negación. A medida que fue entendiendo su temperamento, descubrió que reconocerlo de ninguna manera sería un obstáculo para sus ambiciones, antes bien, ampliaba su capacidad para obtener lo que deseaba.

Mi paciente Alan es un hombre tímido y reservado que generalmente se siente cómodo consigo mismo. A veces, lamenta en secreto no ser más fuerte, pero prudentemente ha hecho que su tendencia natural a evitar las confrontaciones sociales vaya en su favor antes que en su contra.

Atraído por la industria del cine, después de haber sido un fanático del cine en la adolescencia, Alan decidió ser abogado de la gente del espectáculo. No obtiene asuntos nuevos mediante la actividad social. Sobresale en la elaboración de contratos increíblemente complejos que su firma arregla entre actores y estudios de cine. Su papel requiere poca participación social, aparte de trabajar con su personal más inmediato, lo que se adecua exactamente a su temperamento.

Conocí a Alan cuando entró en terapia matrimonial con su esposa, Elana. Ella no se sentía feliz porque pensaba que "Con toda su inteligencia y su talento, él no está desarrollando todo su potencial." Lo que quería decir Elana era que Alan debía tener más éxito y, francamente, debía ganar más dinero. Dinámica y vivaz, Elana parecía la contraparte perfecta para Alan. El había percibido que ella traería sociabilidad a su vida y compensaría su reserva natural. Mientras él era lento para hacer amigos, ella se relacionaba de inmediato. Mientras él tenía dificultad para ser agresivo en su trabajo, ella era el poder detrás del trono, aconsejándole respecto de cuándo y cómo hacer juegos de poder y obtener el crédito (y la porción de ganancia) que merecía. Ella era sensata y su consejo servía, según concedía Alan.

Pero transcurridos tres años de matrimonio, Alan empezó a sentirse cada vez más frustrado con los intentos de Elana de modelarlo y convertirlo en otra persona, a los que se resistía. "Debo hacer las cosas a mi propio ritmo", insistía él. Mientras comían en un restaurante, él le había dicho de pronto a la esposa con voz airada: "¡Debiste haberte casado con Ted Turner!", en respuesta al comentario intencionado de ella de que el esposo de una amiga suya acababa de ser nombrado socio de una firma legal competidora.

Alan se sentía insuficiente ante las críticas de Elana. Su

ansiedad y su autoconfianza minada le hacían huir de su esposa, tanto emocional como físicamente. Ambos estaban en crisis, se hablaban de mal modo, se acosaban verbalmente, convenían treguas sólo para volver a discutir horas más tarde. En público se mostraban como una pareja feliz mientras que en privado empezaban a hablar de divorcio.

Durante el curso de la terapia, Elana reconoció que estaba instando a su esposo a negar quién era. Reconoció el temperamento natural de él y cómo su zona de satisfacción emocional difería de la suya. Le sugerí a Elana que se centrara en aceptar al esposo, en amarlo y satisfacer sus necesidades de apoyo y seguridad. Elana dijo que movería cielo y tierra por salvar su matrimonio. Admitió que la perturbación en su matrimonio estaba empezando a asustarla.

Las relaciones, así como la autoestima, deben construirse sobre una base de honestidad y aceptación. Se debe aceptar quién es uno, quién es la otra persona, saber lo que no es posible cambiar en uno mismo y tal vez algo más importante, ¡saber lo que no se debe cambiar!

EL TEMPERAMENTO SENSIBLE

Ser sensible, o fácilmente excitable y muy dado a reaccionar, es una bendición mixta. Del lado positivo, el tipo de temperamento sensible es perceptivo, comprensivo, incluso espiritual y sensual. Los sensibles tienen conciencia de cada matiz del estado de ánimo de la gente que los rodea. La persona sensible es emocionalmente más intensa que otras que carecen de antenas tan finas.

Los sensibles a menudo sienten demasiado y llegan a sentirse abrumados. Están predispuestos a la ansiedad. La vida puede ser demasiado intensa, demasiado dolorosa, hay demasiados altibajos. La gente inclinada a la sensibilidad emocional a menudo se siente susceptible, muy tensa, nerviosa, ansiosa.

El sensible es el tipo de temperamento más común. Muchos de los lectores son sensibles, aunque no lo reconozcan. Es no sólo el tipo emocional más común sino también el tipo de mayor autoaborrecimiento y negación. ¿Quién desea admitir que es proclive a sentirse ansioso y asustado?

Como sensible, cada vez que se niega e incluso se desprecia la propia naturaleza, se es una bendición para la profesión de la salud mental y la industria de las drogas, legales e ilegales. Cuando el sensible está demasiado incómodo con sus emociones, bebe, toma drogas o asiste a infinitas terapias y grupos de recuperación. Se pasa la vida entera en busca de alivio para la ansiedad, que para él significa tratar de modelar otra personalidad, actuando como si fuera socialmente más seguro, como si no sintiera tan profundamente como siente. Algo de lo que hace puede servirle, pero los sensibles pagan un enorme tributo de dolor en el camino.

De todos los pacientes que entran en mi consulta, los que menos necesitan estar ahí son los sensibles. Cada terapeuta ve al sensible y en realidad desea decirle: "Usted está bien como está". Los sensibles no son deficientes ni disfuncionales, simplemente son más emotivos que la mayoría de la gente. La naturaleza del sensible podría verse como una ventaja. ¿Acaso la gente no desea ser más sensible, más consciente? Sin embargo, es probable que el sensible desee cambiar su piel delgada por un grueso cuero de un momento para el otro.

Como se es tan vulnerable a las opiniones de la otra gente si se es sensible, el peor temor es el rechazo. Al sensible le interesa muchísimo lo que piensa de él otra gente, y es probable que trate de ser lo que otra gente desea que sea y que diga lo que cree que la gente desea oír. En situaciones como una reunión social, el sensible está incómodo porque hay demasiadas personas a las cuales impresionar. Su necesidad de que gusten de él y lo acepten modela poderosamente todo lo que hace. El sensible puede devastarse emocionalmente por el rechazo romántico, el divorcio o el despido de un empleo.

Como es propenso a sentirse turbado por el rubor, la transpiración o los nervios frente a otros, tiende a evitar llamar la atención. Es un temperamento impulsado por la seguridad y se siente más cómodo con lo familiar. Cuando está en su propio ámbito se siente más relajado y se muestra más abierto a los demás. Tiende a estar en su casa y a construir su vida en torno de unos pocos amigos y de la familia. Cuando se siente criticado o inseguro, puede mostrarse excesivamente necesitado, dependiente, sensible, triste. A la inversa, cuando está seguro del amor y el respeto de alguien, es un amigo generoso, una pareja dedicada, un magnífico empleado o jefe.

La conducta de la infancia y de la niñez temprana proporciona importantes claves en cuanto a su tipo de temperamento innato. Puede ser muy útil preguntarles a la madre y al padre cómo era el sensible. Como infante, probablemente fuera muy sensible al ambiente físico. Los sensibles no son los bebés más fáciles. Es probable que la madre recuerde que demandaba muchísima atención y amor, que le calmaran mucho físicamente. Los sensibles suelen exhibir una exagerada necesidad de apego. Está preparado bioquímicamente para ser tenso y temeroso y puede haber necesitado muchísimo aliento para sentirse seguro.

Puede haber sido un niño cortés y obediente, tímido y reservado, que prefería quedarse cerca del hogar. Tal vez recuerde haber tenido un mejor amigo por vez antes que un grupo de compañeros de juego. Tal vez recuerde que cuando era adolescente le resultaba incómoda la sociabilidad y puede haber pertenecido a un grupo de adolescentes descontentos y desapegados. Puede haber experimentado con las drogas, ya que son una gran tentación para el adolescente sensible que desea calmar sus sentimientos. Si sus necesidades de seguridad y apego no fueron satisfechas en la infancia, el sensible adulto puede estar luchando con la necesidad y la inseguridad emocional. Si fueron satisfechas sus necesidades de seguridad, el sensible es más afortunado, es más probable que sea un adulto interesado por lo que le rodea y animado.

MENSAJES DESORIENTADORES

Es probable que desde la temprana infancia, el sensible haya sido distanciado de sus verdaderos sentimientos mediante mensajes y consejos desorientadores de los padres, maestros y otros niños. Es probable que le hayan dicho: "No hay de qué tener miedo... mira... Kathy no está asustada." "Deja de mostrarte tímido." Cuando fue mayor, es probable que le hayan dicho que se volviera "más duro". Es posible que haya sido provocado o burlado por su sensibilidad, de modo que el sensible aprendió a odiarla y a ocultarla.

Es importante entender que el consejo desorientador que prácticamente todos hemos recibido acerca de nuestras emociones conduce a un profundo autoaborrecimiento. Como adulto, es probable que el sensible haya buscado alguna forma de enseñanza de la afirmación para superar las ansiedades sociales. La enseñanza de la afirmación —formación de confianza, juego de rol, práctica de confrontación, modos de defenderse solo— se basa en la idea de que uno aprendió modos de conducta de adaptación malos y todo cuanto se debe hacer es aprender otros mejores. Pero cuando se advierte que se sigue sintiendo angustia y nerviosidad interiores idénticas una vez completado el curso de afirmación, la incapacidad para cambiar los sentimientos se convierte en una confirmación de los peores temores. Algo no anda bien en el sensible: debe ser deficiente, cobarde, inepto.

Supongamos que fue a la consulta de un terapeuta. El sensible y su terapeuta pueden haber dedicado un año, o años, a explorar en la infancia las causas de la sensibilidad y la predisposición a la ansiedad. Todo eso no hizo mella en el modo en que el sensible aún respondía a la vida, pero ahora tiene una falsa realidad. Puede resentirse con los padres que causaron la conducta disfuncional y heridas al niño interior. Y puede llevar esos vínculos, que en términos de causar las respuestas emocionales pueden ser falsos, a su vida de hoy. "Estoy intimidado por mi mujer porque se parece tanto a mi madre dominante." O "Mi jefe me pone nervioso porque me recuerda a mi padre desaprobador y dominante."

Es verdad que el sensible puede haber aprendido por las experiencias tempranas y estar trasladando esas reacciones aprendidas a las figuras contemporáneas de su vida. Pero es más probable que haya respondido a las personalidades de la infancia tanto como a las actuales porque su temperamento está programado biológicamente para responder de una manera particular. Nuevamente, no es culpa del sensible ni de sus padres, es sólo el modo en que el sensible está programado. Redescubrir el verdadero carácter emocional requiere superar la negación y los disfraces aprendidos de toda la vida.

¿Cuál es la recompensa por desprenderse de esas capas y máscaras? La verdadera autoaceptación.

EL YO MISMO NATURAL DEL SENSIBLE

Bajo umbral de excitación

Los sensibles tienen un bajo umbral de excitación. El sensible se excita fácilmente y reacciona mucho a la estimulación externa. Del lado positivo, es sensible, emocionalmente vivo y capaz de comprender a otros. Lamentablemente su excitación, que se desencadena con facilidad, suele ser interpretada internamente como ansiedad con todas sus connotaciones negativas. Cuando es suave, esa excitación es experimentada como una incomodidad vaga. Cuando es moderada, como tensión o ansiedad. Cuando es intensa, como angustia, incluso terror.

Tendencia a la acción: introvertido/evitación del daño

La excitación fisiológica (interpretada como amenaza) prediciblemente hace que el sensible se aparte del desencadenante de la excitación, para evitar la amenaza percibida. Cuando se aleja, disminuye la excitación, por lo que el sensible se siente aliviado. Esta secuencia de reacciones —excitación más evitación— caracteriza al temperamento del sensible.

Todos poseemos un mecanismo de evitación del daño, que es de adaptación y nos protege del peligro: se lo denomina mecanismo de lucha o de huida. De cara al peligro percibido, nuestro cuerpo se prepara para correr como el demonio o para plantarse y luchar como el demonio. Pero si se es un sensible, la huida o la evitación del daño es la tendencia a la acción dominante respecto de la dinámica de la conducta, coloreando las opciones, experiencias y respuestas de la vida cotidiana.

Hay muchos estudios sobre niños que los identifican como sensibles por sus respuestas tempranas. Cuando son sobreexcitados por otra gente, o por situaciones nuevas, instintivamente se apartan. Son niños tímidos y reticentes. En un estudio de Alexander Thomas y Stella Chess donde observaron a niños jugando y relacionándose con adultos, identificaron a un 15 por ciento de los niños como "lentos para entusiasmarse". Eran emocional y físicamente más contenidos que otros niños.

En muchos sentidos, el sensible es el introvertido clásico. En estudios de actividad cerebral de introvertidos, los investigadores descubrieron que esas personas, al parecer tranquilas y reservadas, típicamente se encuentran en un estado de alta excitación cortical o cerebral: son todo menos plácidos por dentro. Su excitación interna normal es alta. De manera poco sorprendente, los estímulos externos que no afectarían a otro tipo de temperamento, descolocan al introvertido. Debido a su nivel típicamente alto de excitación y su bajo umbral, el sensible se siente fácilmente recargado y abrumado.

Vemos que la instintiva tendencia a la acción del sensible es apartarse o evitar todo lo que desencadena la excitación. Sin embargo, la solución para ese problema es lo opuesto al instinto de huir.

LA BIOQUÍMICA DEL SENSIBLE

Sugerí que la química cerebral de cada tipo de temperamento está típicamente regida o dominada por un neurotransmisor particular. Y el principal dilema emocional del sensible es la ansiedad. Cuanto más sabemos sobre las drogas ansiolíticas y cómo funcionan, más podemos elaborar y especular sobre la bioquímica de la ansiedad y la bioquímica del sensible. Para los sensibles, la investigación señala la importancia del neurotransmisor o mensajero químico GABA (ácido gamma-aminobutírico).

Las drogas ansiolíticas son efectivas porque copian o imitan los receptores de GABA. El grupo de sedantes llamados benzodiapinas inhiben los receptores de GABA. Haciendo que esos receptores sean menos reactivos, con menores probabilidades de "absorber" GABA, fluye más GABA a través de las neuronas. Los sedantes abren las compuertas para que fluya GABA.

Cuanto más GABA está fluyendo, menos probable es que el sistema nervioso autónomo se ponga en acción, es decir, la persona no se pone ansiosa. Por el contrario, cuanto menos GABA está fluyendo, se experimenta más ansiedad. Cuando se presenta un estado de GABA mínimo, primero se excita el sistema nervioso central, luego el sistema nervioso autónomo, que desencadena señales familiares tales como transpiración, respiración más pesada y tensión física. Esos son los signos delatores del sensible. Se sigue, entonces, que el sensible proclive a la ansiedad posee niveles de GABA más bajos que el promedio.

Como todas las drogas ansiolíticas, el alcohol es un depresor o sedante del sistema nervioso central. Como las drogas ansiolíticas, el alcohol incrementa la cantidad de GABA en el cerebro, que es por lo cual resulta tan bueno al principio. La investigación sobre el alcoholismo compara el vínculo de GABA con la bioquímica del sensible. Los estudios del alcoholismo indican que los hijos de los alcohólicos nacen con niveles inferiores de GABA. Están biológicamente predispuestos a sentirse tensos. Son proclives a beber para poder incrementar la cantidad de GABA en el cerebro, para aflojar la tensión y sentirse mejor, más felices, al menos inicialmente. Sean conscientes de ello o no, esos alcohólicos que nacen con niveles bajos de GABA se están medicando, usando el alcohol para compensar factores heredados en su bioquímica cerebral.

Del mismo modo, es probable que el sensible se vuelva al alcohol para quitarle aspereza a la vida. En términos bioquímicos, se está agregando alcohol a la "sopa del cerebro" para compensar las deficiencias de GABA.

EL DON DE LA SENSIBILIDAD

Alison escribe libros para niños. Trabaja en un estudio en medio de su jardín. Es sumamente feliz con su marido y sus dos jóvenes hijas. Alison está agradecida por su carrera floreciente y su familia, en especial cuando piensa en su propia infancia, donde había dolor y temor.

Alison desea que uno crea que su éxito deriva de su capacidad para captar la capacidad de sorpresa y la inocencia de un niño. Si bien ese puede ser su modo de explicar su estado mental durante el acto creativo, algo más impulsa su generoso talento. Alison es capaz de aprovechar los aspectos positivos de su temperamento, en especial su comprensión.

Como niña y adolescente, era sumamente emocional. Cuando se producían acontecimientos felices, ella se sentía más que feliz, estaba en éxtasis. Cuando se sentía temerosa o nerviosa frente a situaciones nuevas, como el primer día de la escuela o cuando debía hacer el comentario oral de un libro ante la clase, Alison se ponía a llorar y vomitaba. Cuando contaba ocho años, sus padres preocupados buscaron el consejo de un psicólogo infantil y vigilaron sus estados de ánimo. Trataron de enseñarle respuestas "apropiadas" y solían decirle: "Cálmate", "No te pongas mal", "Sé valiente... estoy aquí contigo", lo que ayudaba a Alison. Y no permitiéndole que faltara a la escuela cuando tenía el estómago nervioso, insistiendo con firmeza en que fuera a fiestas y tomara lecciones de danza, Alison logró perder la sensibilidad y finalmente se sintió cómoda en situaciones que la habían aterrorizado.

Los padres de Alison ayudaron a expandir la variedad de experiencias que ella podía manejar: ayudaron a su hija a expandir su zona de satisfacción emocional. De igual importancia, le daban amor y aceptación de manera consistente. El mensaje de los padres era: "Eres nerviosa. Aprendamos a enfrentar el problema." Alison siempre supo que podía acudir a ellos en busca de tranquilidad y seguridad.

En consecuencia, Alison reconoció y respetó sus emotividad desde la infancia. Aceptaba ser diferente de los otros chicos. Como adulta, eligió una carrera que podía realizar en la seguridad y la familiaridad de su propio hogar, que requería poca interacción con extraños. Conscientemente se casó con un hombre más sociable. Tienen un magnífico matrimonio porque aprecian sus diferencias.

Si Alison hubiese tenido padres diferentes, habría podido ser llevada a atenuar su don: su naturaleza afinada y tensa. En esencia, habría destruido las mismas cualidades que la convierten en una escritora creativa. Si los padres de Alison hubiesen alentado su autonomía e independencia, si hubiesen cedido a su tendencia a retirarse, habría podido convertirse en una adulta temerosa, indecisa e insegura. Afortunadamente, Alison recibió la seguridad y el acicateo balanceados que necesita el sensible.

El sensible que se siente seguro y apreciado puede utilizar sus dones especiales de percepción, comprensión y emotividad para tener éxito en casi todos los campos, del dueño de un negocio que se forma una clientela leal con su calidez y su interés, al directivo medio que obtiene lo mejor de su personal escuchando y alentando a la gente, al escritor, el ingeniero, el inventor o el artista que toma aliento de su creatividad intuitiva para hallar nuevas soluciones, nuevas conexiones, nuevas maneras de ver y expresarse. La clave para aprovechar los amplios dones es entender los requerimientos del temperamento del sensible.

EL LADO OSCURO DEL SENSIBLE: LA ANSIEDAD

Cuando se experimenta demasiada excitación, a menudo se diagnostica que el sensible tiene un estado de ansiedad: aprensión o temor como estado emocional crónico. En grados que varían, la ansiedad se revela por temblores, tensión muscular, inquietud, transpiración, boca seca, sentimientos agitados, dificultad para respirar y exaltación. Otros síntomas son concentración en las dificultades, hipervigilancia del propio ambiente y dificultades para dormir.

Pero me apresuro a agregar que llamar al sensible persona ansiosa no le hace justicia. Sin embargo, así es como se describen a sí mismos muchos de ellos. Cuando sienten demasiado, son instados por médicos, especialistas en salud mental y otros a tomar un sedante. O se les dice: "Está demasiado nervioso, demasiado tenso, demasiado emocional." La gente puede ser comprensiva, pero también espera que el sensible se controle o se haga más fuerte.

Al sensible no le sirven sugerencias condescendientes como "No esté tan nervioso." El mito de que podemos estar libres de ansiedad es falso y causa muchísimo daño. Las sugerencias de relajarse pueden ayudar a quebrar el circuito de ansiedad para otros tipos de temperamento, pero cuando le fallan al sensible, él termina sintiéndose peor. Se siente mal por sentirse mal.

La ansiedad sin una buena razón es vista como una mala adaptación. Los mitos de la normalidad y la uniformidad le dicen al sensible ansioso que algo no anda bien en él. Para muchísimos hombres y mujeres, ser un sensible significa toda una vida de sentirse levemente deficientes. Si tienen éxito, piensan que lo lograron a pesar de no funcionar del todo bien.

La intensidad de ser sensible puede resultar terriblemente agotadora. Recuerdo haber hablado con Joan, una joven paciente mía que es una maestra de escuela cariñosa y perceptiva. Se sentía infeliz porque a menudo se pone nerviosa en presencia de los hombres. Cuando le pregunté si preferiría no sentir nada, en realidad consideró la posibilidad por un momento largo, largo. ¡Quedé sorprendido!

"¿Cómo pudo considerar siquiera no sentir nada?", le pregunté. Explicó que sus emociones le cuestan demasiado, que era mucho su dolor y que estaba harta de ser una "mujer nerviosa". Le dije que pensaba que estaba olvidando todas las cosas buenas derivadas de su temperamento, y que se estaba comparando con otros, lo reconociera o no.

"¿Cómo sería si todos sintieran tan intensamente como usted?", le pregunté. Lo pensó por un momento y dijo: "Tal vez eso fuera más fácil." Entendió qué quería significar. La mayoría de nuestras emociones toman su color positivo o negativo no por sus cualidades fisiológicas, sino por los juicios de valor que aprendemos a hacer respecto de ellas.

Ataques de pánico y fobias

Aun cuando el ambiente exterior no sea amenazante, los sensibles son proclives a la inquietud interior. En el extremo, tienen ataques de pánico que parecen proceder de la nada. No es posible vincular esa ansiedad en flotación libre con nada. Los sensibles pueden estar sentados, leyendo un buen libro o mirando televisión y, de repente, entra en su conciencia una incomodidad vaga y corrosiva. De manera vana o temerosa empiezan a preguntarse qué la desencadenó. Al hacerlo, complican y prolongan la incomodidad: siempre podemos hallar algo por lo cual preocuparnos.

La causa de esa angustia es simplemente que se produce una caída repentina en el umbral de excitación. Eso es puramente biológico y no puede explicarse. No mata ni causa un ataque cardíaco, pero de todos modos es inquietante. Sin aviso previo, los sensibles sienten de pronto un incremento en la excitación: respiración dificultosa, transpiración, mareos. Se centran en esos síntomas, aumentándolos de esa manera. Ahora inquieta todo lo que pueda asociarse con el comienzo del ataque de pánico. El sensible se siente impulsado a evitar esa situación. Por ejemplo, una mujer que experimenta un ataque de pánico en la autopista puede generar una fobia a las autopistas. Los sedantes la tranquilizan, pero de todos modos no desea conducir en la autopista.

EL SENSIBLE DISFRAZADO

He descrito un cuadro bastante predecible de los sensibles. Prefieren las veladas tranquilas en el hogar con la familia a las ruidosas fiestas o los clubes nocturnos. Son leales antes que crueles, seguidores antes que líderes, solitarios antes que participantes de grupos sociales. Prefieren un trabajo que sea estable y seguro. No van de un puesto a otro ni luchan por llegar a la cima a expensas de otra gente. Y por cierto no se convierten en vendedores... ¿o sí?

El hecho es que los sensibles pueden eludir las reglas. Muchos sensibles ignoran sus temores y conducen, arriesgan, practican la sociabilidad y compiten con los más duros y extravertidos del grupo. Es muy probable hallar al sensible comportándose de una manera que los terapeutas denominan contrafóbica, precipitándose hacia aquello que temen.

La ambición puede ser perfectamente natural para el sensible, su temperamento no dicta una vida de timidez pasada en las sombras. Si parte de una base de autoaceptación, puede ser un líder dinámico. Pero el sensible contrafóbico inconsciente desvía una enorme energía creativa hacia el enmascaramiento de secretos temores, autoaborrecimiento y negación.

Desearía tener un centavo por cada sensible que se convierte en una potencia en su profesión en virtud de sus ambiciones y sueños, y sin embargo es presa de la hipersensibilidad y los trastornos emocionales. Cuando los sensibles buscan ayuda por estrés, agotamiento, depresión o confusión de la mitad de la vida, a veces les pregunto: "¿Por qué no considera la posibilidad de cambiar de profesión, de abandonar, de descender, de reunir todo su dinero e irse al campo?" Invariablemente responden: "¡De ninguna manera! Sólo deseo sentirme más cómodo haciendo lo que hago."

Nueve de cada diez de esos sensibles ambiciosos desean de la terapia que yo les muestre cómo desechar los aspectos negativos de su temperamento y guardar los positivos. Están actuando con el mito del control, simplemente desean elegir sus emociones. Y están habituados a conseguir mucho de lo que desean. A menudo encuentro una resistencia obstinada cuando les digo que puedo ayudarles a aprender a manejar su vida emocional, pero sólo si están dispuestos a entender, aceptar e integrar lo bueno con lo malo.

Les explico que, como sensibles, si aprenden el funcionamiento de su temperamento —qué desencadena sus emociones— pueden sentirse más cómodos en su presionadas carreras, y tal vez lograr más éxito con menos esfuerzo y angustia. Pueden superar las barreras y desarrollar todo su potencial.

EL ABISMO DEL GENERO

La mujer sensible puede ser amada y admirada por su ternura. El sensible masculino puede ser despreciado por flojo. La mujer es recatada, el hombre es modesto. La mujer es dedicada, el hombre es dependiente. La mujer es femenina, el hombre es débil. Según la política de género del que está juzgando, puede existir un criterio doble cuando se trata de sensibles. Con este tipo de temperamento, más que una brecha hay un abismo de género.

Así, es probable que el varón sensible sienta una crónica autoestima baja. Tiene más probabilidades que la mujer sensible de aceptar los mitos de lo bueno y lo malo y el control. Lo más probable es que comience a disfrazar su verdadero temperamento a una edad temprana. Si bien puede ser cierto que criticamos al hombre que parece carecer de sentimientos como bloqueado o excesivamente "macho", el hombre que es sensible y emocional a menudo es considerado blando. Incluso aquellos que valoran al varón sensible, muy en lo profundo pueden juzgarlo débil, en especial si es sensible sin una causa: su arte, su escritura, su causa social, su grupo de recuperación. La palabra que persigue al sensible varón es débil.

A la mujer sensible, en contraste, se la entiende, perdona e incluso admira por su compasión, por su naturaleza emocional. Está bien que una mujer comente que es asustadiza o emocional. No sólo las mujeres están condicionadas socialmente para aceptar su naturaleza más emocional sino que la investigación bioquímica demuestra que son hormonalmente más emocionales que los hombres.

Esa aceptación cultural permite que la mujer sensible se acepte más a sí misma que el varón sensible. No se juzga a sí misma tan duramente por ser ansiosa o vulnerable. Pero no es ningún secreto que las mujeres, así como los hombres, deben competir y defenderse en un mundo cada vez más agresivo. El número de mujeres que integran ahora la fuerza laboral está dando lugar finalmente a cierta "feminización" de las reglas del juego, es decir, en algunos contextos hay más aprobación para un estilo emocional expresivo. Pero con independencia del contexto o del desafío, la tarea del sensible, varón o mujer, es aprender a expandir su zona de satisfacción emocional de modo que la tendencia innata al retiro no se interponga en sus sueños.

EL SENSIBLE EN LAS RELACIONES

QUÍMICA ROMÁNTICA

Como hemos discutido en el capítulo 4, la química romántica es una ecuación de dos partes. Somos atraídos por personas que no nos sacan de nuestra zona de satisfacción emocional y nos sentimos cómodos con ellas. La otra parte de la ecuación química es la promesa de que una pareja nos ayude a expandir nuestra zona de satisfacción. Los sensibles se sienten atraídos por personas que les hacen sentir no sólo cómodos sino también excitados. Por ejemplo, para el sensible y ansioso, una pareja romántica deseable es la que le haga sentir no sólo no amenazado sino más animado y espontáneo. Si se es sensible, el deseo profundo es tener una pareja que amplíe la vida, complemente la propia naturaleza y le aporte confianza.

Se podría pensar que el sensible elige a alguien tranquilizador, modesto y reservado, una persona segura, tal vez como el sensible mismo, otro sensible. Sin embargo, ¡rara vez es esa la clase de persona de la que se enamora el sensible! La mayoría de los sensibles eligen amigos, amantes y cónyuges que son extravertidos, sociables, tranquilos y animados. Estar con otros sensibles sólo complica los propios temores. Lo que es peor, si se es un sensible al que secretamente le disgusta su modo de ser, en ningún caso se admira a un gemelo emocional.

Dos sensibles —como dos de cualquier temperamento— pueden extraer lo peor del otro, exacerbando lo menos positivo del temperamento de cada uno. Cuando un sensible se siente ansioso, la pareja sensible, consciente de cada indicio emocional, lo nota de inmediato y el resultado son ansiedades en duelo. Así, hay verdad en el dicho de que los opuestos se atraen. En realidad, un sensible puede preferir a un investigador, que es estimulante y aporta vivacidad. Si se es sensible, tal vez se desee hallar a alguien valiente que extraiga esa misma cualidad en uno. Por esta razón, la química ideal para el sensible es una combinación de una persona tranquilizadora y catalizadora del valor.

Para el sensible, cada asunto es serio. No puede soportar la inseguridad de las citas. Es lento para entusiasmarse con alguien. Se comporta de manera cortés y reservada hasta sentirse seguro del interés de la pareja potencial. Necesita afecto y aceptación para abrirse. Una vez que se abre, es atento, a veces con demasiada intensidad, demasiado pronto. El temor al rechazo y la necesidad de seguridad y certidumbre puede llevarlo demasiado rápidamente al compromiso. Puede pensar que ha ahuyentado a potenciales parejas en el pasado por actuar demasiado rápidamente.

Como sensible, con su necesidad de hogar, familia y estabilidad, puede ser una pareja ideal. El sensible cónyuge que se siente aceptado y seguro es fiel y dedicado. Se siente más cómodo cerca del hogar, con la familia y unos pocos amigos. Puede confiar en que su pareja tome la iniciativa en su vida social.

Conflicto en las relaciones

La sensibilidad emocional y la capacidad para comprender del sensible pueden causar serios problemas en un matrimonio. El sensible es muy susceptible a la codependencia, es decir, perderse en la pareja: se siente formando parte de la pareja y pierde contacto con sus propios límites. El peligro es que el sensible puede tener tanto temor de disgustar a su pareja que compromete sus propios objetivos y valores. Sus propias necesidades quedan silenciadas mientras que prevé cada necesidad de la pareja. Los sensibles se esfuerzan mucho por mantener unido un matrimonio, a menudo a sus propias expensas: es fácil aprovecharse de una pareja sensible.

En ausencia de aceptación, el sensible puede volverse muy infeliz con casi cualquier pareja. La vida se convierte en una situación peligrosa permanente. Se torna imposible vivir con el sensible, ya que todo cuanto dice o hace la pareja desencadena una reacción excesiva. El sensible se siente herido, triste, susceptible y malhumorado. Puede suscitar sermones con su pasividad y resistencia. Todo cuanto necesita el sensible es que lo tranquilicen.

Lamentablemente, como sucede con todos los tipos emocionales, hay sensibles que han abandonado el amor. Tal vez haya sido traicionado, abandonado, y sienta que carece de ánimo para intentarlo de nuevo. Ahora el sensible es su único compañero de confianza propio, ya no busca zonas de satisfacción en otros, sólo quiere que lo dejen en paz. No puede confiar más en la devoción de una pareja. Estar con alguien no es tranquilizador, sino amenazante. Todo cuanto significan las relaciones para el sensible es conflicto, discordia y separación. Por amable y tranquilizador que sea alguien, el sensible no consigue confiar en su compromiso. Está más en riesgo respecto de esos sentimientos que cualquiera de los otros tres tipos de temperamento. Prometo que cuando el lector obtenga un conocimiento activo de su temperamento y de cómo orquestar sus altibajos emocionales, tendrá la autoconfianza emocional para arriesgarse a amar a alguien otra vez.

Amistades

El sensible establece amistades de manera más lenta y cauta que los otros. Receloso de posibles amenazas, el sensible requiere implícitamente que los otros demuestren que son dignos de confianza. Cuando se establece la confianza, el sensible puede ser más firme y leal que los otros. Cuando se ha establecido un vínculo de compañerismo, a menudo no hay ninguna evidencia real de que uno sea un sensible: tales emociones no se suscitan por la sensación de seguridad.

El padre sensible

Como sensible, es probable ser un padre cariñoso y atento, ya que el sensible construye su vida en torno del hogar y la familia. Pero puede descubrir que es hipersensible a las necesidades de sus hijos. Debe alentar la autonomía y la independencia en sus hijos, que, dada su herencia genética, es probable que también sean sensibles. Debe estar en constante guardia para no sobreproteger a los hijos debido a sus propias preocupaciones ansiosas, y para no asustarlos con sus propios temores. Un equilibrio de seguridad y acicateo es el estilo parental que más le conviene al sensible.

EL SENSIBLE EN EL TRABAJO

Los sensibles a menudo piensan que tienen éxito a pesar de su naturaleza. Dado que la agresividad es tan altamente considerada como rasgo crucial del éxito, el sensible a menudo cree secretamente que le va bien a pesar de sus temores interiores. Se debe recordar que, librado a sus propios recursos, el sensible es una tortuga: su impulso visceral es retirarse a su caparazón. Las entrevistas laborales, las frías llamadas telefónicas de venta y pedir un aumento de sueldo le resultan un tormento.

En el ámbito laboral, el sensible contrafóbico ambicioso puede tener tanto éxito como cualquiera, pero es el más vulnerable, de los cuatro tipos, a las demandas y presiones de una carrera esforzada. Su bajo umbral de excitación es reiteradamente atacado, salvo en los empleos de poca responsabilidad y menos estresantes. Lo que es más, cuando el sensible se instala en una rutina cómoda, es probable que salga de inmediato de ella, porque típicamente ha aprendido a igualar el estrés con el progreso, lo que explica por qué los sensibles a menudo sufren de tensión y ansiedad crónicas.

El empleado sensible

El empleado sensible trabaja mejor en una atmósfera donde hay poca renovación de personal. Mantiene una reserva cortés hasta que conoce a la gente y está seguro de su respeto. Se siente más cómodo con un trabajo y una rutina definidos. Sensible a las emociones de sus colegas, ayuda a formar una atmósfera familiar y lealtad de personal comprendiendo y aconsejando a los colegas acerca de sus problemas personales y sus aspiraciones.

Temeroso de la evaluación negativa de los otros, puede trabajar largas horas para cumplir con las fechas establecidas. Nuevamente, su temor a la confrontación y su tendencia a ser modesto pueden hacerlo tomar una posición secundaria respecto de otros empleados. Cuando se le critica en un contexto general de respeto y aprecio, es abierto a la crítica y se esfuerza para mejorar. Pero sufre estrés emocional, incluso problemas físicos, si debe soportar a un jefe que le critica dura e injustamente: es capaz de marcharse de un momento para el otro para escapar de tal ambiente de trabajo. Pero si trabaja en equipo con un jefe o un gerente que le ofrece la combinación correcta de tranquilidad y acicateo, se desempeña de manera creativa y confiada.

El jefe sensible

Si el jefe es un sensible, es probable que haya llegado a ese puesto obligándose a salir de su zona de satisfacción, mediante una conducta agresiva que va en contra de sus tendencias innatas. O tal vez se haya apegado a un mentor que lo haya llevado por la escalera detrás de sí. En cualquier caso, una vez que está en una posición en que puede formular algunas de las reglas, se rodea de un equipo de gente leal a la que conoce y en la que confía. Es probable que tenga en su equipo a uno o dos subordinados más desenvueltos en los que pueda delegar las tareas más sociales. Conscientemente o no, el jefe sensible casi sin excepción tiene un asistente como mano derecha que es cálido, agradable con los extraños, vivaz, incluso agresivo, alguien que se siente cómodo haciendo lo que incomoda al jefe sensible.

El sensible se siente más cómodo en su propio ámbito, su oficina. En las reuniones, prepara la agenda con anticipación pero deja las presentaciones y el debate a los otros. Evita hablar en público cuando es posible y, cuando se torna inevitable, escribe, ensaya bien, teme al discurso durante días previos y se aferra a las notas. Por supuesto, como cualquier otra situación que produce ansiedad, el sensible que debe dar frecuentes charlas a grupos llega a insensibilizarse y por último se desempeña bien al hablar en público.

El sensible disfrazado en el trabajo

Barbara es jefa de departamento en una oficina del gobierno estatal. Exteriormente es fría y tranquila a tal punto que sus colaboradores la han apodado la "reina de hielo". Nadie hubiese podido imaginar que fuera tan emocionalmente sensible bajo ese exterior, pero lo era. Barbara es una de los millones de sensibles que disfrazan su sensibilidad y, con cuidado, imitan una fría conducta profesional.

Ella entró en terapia por conflictos de relación. Me di cuenta de que trabajaba en exceso y estaba un tanto agotada. Su cansancio y su depresión, de manera poco sorprendente, estaban bloqueando sus salidas. Barbara se sentía impaciente si no sentía una química inmediata o se ponía sumamente ansiosa cuando le gustaba un hombre y temía que su interés no fuera correspondido. Pasaba días y noches infernales aguardando que los hombres le telefonearan: "¡Hombres con los que sólo he salido una vez... me estoy volviendo loca por meros extraños!", me confió.

Mi prescripción para ella fue que actuara exhibiendo su vulnerabilidad y sus temores tanto en las citas como en la oficina, comportándose de una manera más auténtica. Sugerí que empezara a comunicar una sensación de autoaceptación. Le aseguré que eso sería contagioso y no socavaría su autoridad. Lo hizo, al principio en forma ansiosa y temerosa, y le encantó descubrir que, cuando se derritió su aspecto gélido, sus colaboradores se derritieron también. Pensaba que manejaba mejor a su personal y experimentaba menos estrés durante la jornada laboral.

Anteriormente siempre había declinado las invitaciones de sus colaboradores para ir a una piscina después del trabajo. Temía que descubrieran cuán vulnerable y ansiosa era debajo de su máscara profesional. Ahora empezó a ir y se hizo amiga de un grupo de sus parejas y floreció su vida social. El mensaje importante es que Barbara no cambió por dentro. El cambio fue que empezó a comportarse de una manera más auténtica.

CAMINOS FALSOS PARA EL ALIVIO EMOCIONAL

En su búsqueda de alivio emocional, los sensibles son proclives a crear caminos falsos particulares, incluido evitar toda situación provocadora de ansiedad, el abuso de drogas y llegar al entumecimiento emocional. Creo que lo peor que puede hacer un sensible es establecer una zona de satisfacción demasiado estrecha, limitando la vida a una variedad de intereses, actividades y esfuerzos que son tan seguros que él nunca se siente sobreexcitado. Si eso le suena cierto al sensible, se está prohibiendo algunas de las complejidades más compensadoras de la vida. Tengo conciencia de que este es un juicio de valor. No todo el mundo debe convertirse en un gran navegante psicológico, explorando siempre nuevos territorios, siempre sondeando lo desconocido. Lo que digo es que elegir la seguridad y la satisfacción debe ser una opción y no la única solución percibida para la sensibilidad emocional.

Muy a menudo hay sensibles que, desde muy jóvenes, deciden que su temperamento los ha sentenciado a una elección particular. La persona tímida, por ejemplo, puede llegar a pensar: "No soy una persona para estar con la gente". Si el sensible es así, debe comprender que no es la gente la que le asusta sino la novedad de la gente con su poder potencial para herirlo mediante la crítica y el rechazo. Puede haber decidido que no es una persona social sólo sobre la base de sentirse sobreexcitado en situaciones nuevas, de modo que aprende la pauta de conducta del retiro. Esa es una mala situación: se protege, pero está aislado.

ALCOHOL Y DROGAS

Tal vez el método más común de autorregulación para el sensible sea ingerir alguna sustancia que momentáneamente eleve su umbral o calme parte del dolor de un umbral demasiado bajo. El alcohol probablemente sea el más común de todos los agentes tranquilizadores para el sensible. Por su efecto sobre el neurotransmisor GABA, eleva un poco el umbral de excitación y suaviza el tono negativo de esa excitación. Tranquiliza al sensible... o parece tranquilizarlo. En realidad, todo lo que hace es bajar el tono de la ansiedad. El efecto inicial sobre el sensible es muy positivo: se vuelve más sociable y desenvuelto. Pero, en última instancia, el alcohol puede deprimirlo, hacerle sentir fuera de contacto consigo mismo, e incluso provocar el arrepentimiento el día después de haber sido el alma de la fiesta. Ese sentimiento inicial de bienestar puede ser muy grato para el sensible. Se sigue que, como consecuencia directa del temperamento, los sensibles corren un riesgo de alcoholismo mayor que el promedio.

El efecto tranquilizador del alcohol también viene en la forma de pastillas, de las que hay toda una variedad. Sin embargo, las drogas ansiolíticas no actúan de manera tan efectiva como sus propagandistas desean hacer creer.

Pueden elevar momentáneamente el umbral, pero también pueden congelar el umbral, es decir, el sensible puede pasar a la dependencia del efecto de la pastilla para sentirse mejor, o para sentir menos, y se puede perder la capacidad para manejar el umbral por sí mismo. Cuando la gente usa sedantes diariamente por un largo período de tiempo, a menudo llega a pensar que es deficiente, mental o emocionalmente, incapaz de enfrentar la vida sin su muleta química. Se sienten inhabilitados y se debe reconocer el daño a su autoestima.

Por otra parte, ser dependiente de una droga particular no sería tan perjudicial si las drogas fueran más avanzadas, es decir, si no tuvieran efectos secundarios, pero muchas son más tóxicas y adictivas de cuanto hacen saber las empresas que las fabrican o los médicos. No estoy en contra de las drogas en todos los casos, pero sí creo que se debe saber qué producen y cómo actúan. Se debe comprender que se están usando sustancias químicas para alterar una actividad química interna que probablemente esté bien. No hay una enfermedad que requiera medicación para curarla.

Por supuesto, hay excepciones. Algunos sensibles tienen umbrales de excitación tan bajos que sufren una ansiedad crónica cotidiana. Para esa gente, pueden ser válidos y apropiados los tratamientos de corto plazo con ansiolíticos. La medicación modera sus dolorosas reacciones emocionales a un nivel tolerable en el cual pueden beneficiarse con la psicoterapia.

En suma, es muy poco lo que se aprende con el uso de drogas. Exploraré más las drogas en el capítulo 12. En este punto, sólo puedo decir que son tan benignas como se creía que era el alcohol hace muchas décadas. Hay muchos efectos secundarios graves por el uso crónico de sedantes, y uno de ellos es la posible adicción. Creo que puede ser útil usarlos por unas pocas semanas para aliviar la angustia aguda. Cuando el período es mayor, los peligros suelen superar los beneficios. Les doy esta advertencia en especial a los sensibles, ya que su problema de hipersensibilidad se ve afectado de manera espectacular pero ilusoria por el alcohol y las drogas.

Entumecimiento

¿Qué sucede cuanto el sensible se comporta de manera ciegamente contrafóbica, lanzándose a experiencias que lo abruman? ¿Qué ocurre cuando se ignoran las señales del umbral de excitación que emite su yo mismo natural, y se actúa como si se pudiera, por fuerza de voluntad, convertirse en otro? Es posible hallarse viviendo en un estado de sobreexcitación crónica y agotadora, sin hallar nunca satisfacción y provocando un gran caos interno. O se puede quedar emocionalmente entumecido.

Los sensibles que se someten continuamente a demasiados estímulos se habitúan a la sobreexcitación. Con el tiempo, están cada vez más entumecidos a sus sentimientos internos y se mitigan las emociones. En lugar de sentir demasiado, ahora el sensible no siente nada, está como anestesiado. Parece deprimido, pero es algo que va más allá de la depresión. Ya no tiene acceso a sus sentimientos.

El entumecimiento explica los casos extremos de gente apagada que todos hemos conocido. Clínicamente, se les conoce como gente alexitímica, lo que significa que tienen dificultad para identificar sus emociones. Ya no tienen conciencia de lo que sienten.

Hace poco vinieron a verme Greg y Liz, una pareja de poco menos de treinta años. Casados desde hace seis años y con un hijo, Liz constantemente le exigía a Greg que fuera más expresivo en su lenguaje y emociones. Ella se sentía sola y aburrida con la conducta estoica y chata de él. "Es un aburrido crónico", se quejaba Liz. Greg dijo que en realidad no era que no tratase de cooperar, se esforzaba por ser más vivaz y compartir su vida interior con la esposa, pero le resultaba difícil y lo confundía. Se me hizo claro, en el curso de varias sesiones, que Greg era un sensible que había perdido todo sentido de su vida interior.

Desde su graduación en la escuela secundaria se había planteado más y más desafíos en su carrera que requerían (creía él) un exterior duro. A los veintiocho años era gerente de ventas de una gran compañía electrónica, un trabajo insólito para un sensible, y le iba muy bien. Pero la negación de su temperamento le estaba exigiendo un enorme precio emocional. Fingía una personalidad extravertida diez horas por día en el trabajo y para el momento en que volvía al hogar estaba tan agotado que no podía darles nada ni a la esposa ni al hijo. Había cerrado su interior y no estaba disponible, ni siquiera para sí mismo.

EXPANDIR LA ZONA DE SATISFACCION: INSENSIBILIZACION

Se puede vivir más cómodamente como sensible. Nótese que digo vivir más cómodamente, porque tratar de eliminar las emociones perturbadoras es lo que crea problemas y es la razón de que muchos sensibles no busquen ayuda. La clave para agrandar la zona de satisfacción como sensible es modificar la tendencia a la acción, que es retirarse del peligro potencial. Utilizando la insensibilización, en donde se experimenta el pensamiento o la situación inquietante y se le quita su poder, el sensible puede condicionarse para tener un umbral de excitación más brillante. Cuanto más se enfrentan las situaciones amenazantes, más se eleva el umbral y se tiene una zona de satisfacción mayor. Eso debe hacerse de manera consciente, sistemática y cuidadosamente orquestada.

Exploraremos este proceso en detalle en el capítulo 10.

SENSIBLES: LIBERACION DE LOS MITOS TOXICOS

Reformulemos los mitos psicológicos tóxicos específicos para los dilemas de temperamento del sensible:

1. *El mito de la uniformidad*: No todos somos iguales. Algunos respondemos con más ansiedad que otros a las mismas situaciones y eso está bien. La gente cuya confianza se envidia probablemente tenga emociones desagradables de tanto en tanto, igual que uno.

2. *El mito de lo bueno y lo malo*: El temor y la ansiedad no son ni buenos ni malos. Aceptar la presencia de grados variados de ansiedad libera de la vergüenza de las emociones malas.

3. *El mito del control*: Vencer o eliminar nerviosidad o ansiedad es una tarea fútil, la ansiedad es una respuesta normal a las situaciones de la vida. Manejar la ansiedad es librarse de una valiosa amenaza biológica y psicológica para el bienestar. En lugar de subyugar la ansiedad, hay que hacer de ella una amiga ocasional con la cual se está en términos de conversación.

4. *El mito de la perfectibilidad*: Nadie es valiente todo el tiempo. El coraje no tiene que ver con vivir sin temor, sino lo que cada uno hace frente al temor. Desear algo, correr riesgos, es someterse a la posibilidad de nerviosidad y ansiedad. El sensible debe darse un descanso y aceptar que es inevitable la nerviosidad en el curso de la vida.

5. *El mito de la enfermedad mental*: La nerviosidad no es un signo de enfermedad mental. Es una parte normal de los desafíos de la vida. Tampoco aquellos que deciden tomar medicación para eliminar o sedar la nerviosidad indeseada están necesariamente enfermos. Un suplemento químico puede ofrecer alivio, pero como se verá en el capítulo 11, puede costar más de cuanto se piensa.

6. *El mito del pensamiento positivo*: Con independencia de cuanto se crea que es posible eliminar la nerviosidad mediante el convencimiento, no desaparece. No se puede emplear fuerza de voluntad para librarse de la ansiedad frente a detonantes que simplemente causan nerviosidad.

Lista para la identificación del sensible

Califique las afirmaciones siguientes poniendo una "X" en la línea en blanco junto a la respuesta que le describe mejor:

1. Cuando conozco gente nueva, me lleva un tiempo sentirme cómodo al conversar con ellos.
   —— 1 Nada cierto
   —— 2 Rara vez cierto

—— 3 Algo cierto
　　　—— 4 Siempre cierto

2. A menudo me obligo a hacer cosas y luego me siento abrumado.
　　　—— 1 Nada cierto
　　　—— 2 Rara vez cierto
　　　—— 3 Algo cierto
　　　—— 4 Siempre cierto

3. Soy tímido.
　　　—— 1 Nada cierto
　　　—— 2 Rara vez cierto
　　　—— 3 Algo cierto
　　　—— 4 Siempre cierto

4. Me preocupo por el futuro y siempre preveo lo peor.
　　　—— 1 Nada cierto
　　　—— 2 Rara vez cierto
　　　—— 3 Algo cierto
　　　—— 4 Siempre cierto

5. Me siento perturbado y hasta mal en situaciones nuevas.
　　　—— 1 Nada cierto
　　　—— 2 Rara vez cierto
　　　—— 3 Algo cierto
　　　—— 4 Siempre cierto

6. Tengo dificultad para aceptar las críticas y suelo retirarme de la fuente.
　　　—— 1 Nada cierto
　　　—— 2 Rara vez cierto
　　　—— 3 Algo cierto
　　　—— 4 Siempre cierto

7. Lloro durante las películas (felices y/o tristes).
　　　—— 1 Nada cierto
　　　—— 2 Rara vez cierto
　　　—— 3 Algo cierto
　　　—— 4 Siempre cierto

8. Trato de evitar las confrontaciones.
    —— 1 Nada cierto
    —— 2 Rara vez cierto
    —— 3 Algo cierto
    —— 4 Siempre cierto

9. Fácilmente puedo entender cómo se sienten los otros cuando me describen sus experiencias.
    —— 1 Nada cierto
    —— 2 Rara vez cierto
    —— 3 Algo cierto
    —— 4 Siempre cierto

10. Tengo dificultad para controlar y manejar mis emociones.
    —— 1 Nada cierto
    —— 2 Rara vez cierto
    —— 3 Algo cierto
    —— 4 Siempre cierto

11. Me sobresalto fácilmente.
    —— 1 Nada cierto
    —— 2 Rara vez cierto
    —— 3 Algo cierto
    —— 4 Siempre cierto

12. Me resulta difícil relajarme.
    —— 1 Nada cierto
    —— 2 Rara vez cierto
    —— 3 Algo cierto
    —— 4 Siempre cierto

13. A menudo me siento aprensivo y no puedo identificar las causas de mis preocupaciones.
    —— 1 Nada cierto
    —— 2 Rara vez cierto
    —— 3 Algo cierto
    —— 4 Siempre cierto

14. Mis emociones tienden a ser intensas y extremas.
    —— 1 Nada cierto

—— 2 Rara vez cierto
—— 3 Algo cierto
—— 4 Siempre cierto

15. Me siento incómodo en situaciones en que soy el foco de la atención.
    —— 1 Nada cierto
    —— 2 Rara vez cierto
    —— 3 Algo cierto
    —— 4 Siempre cierto

16. He empleado alcohol o sedantes para que me ayudaran a relajarme.
    —— 1 Nada cierto
    —— 2 Rara vez cierto
    —— 3 Algo cierto
    —— 4 Siempre cierto

17. Deseo constante seguridad en mis relaciones.
    —— 1 Nada cierto
    —— 2 Rara vez cierto
    —— 3 Algo cierto
    —— 4 Siempre cierto

18. La seguridad (en relaciones, empleos, etc.) es muy importante para mí.
    —— 1 Nada cierto
    —— 2 Rara vez cierto
    —— 3 Algo cierto
    —— 4 Siempre cierto

19. A menudo niego cuando me siento ansioso por algo.
    —— 1 Nada cierto
    —— 2 Rara vez cierto
    —— 3 Algo cierto
    —— 4 Siempre cierto

20. La gente me ha dicho que soy excesivamente sensible.
    —— 1 Nada cierto
    —— 2 Rara vez cierto

───── 3 Algo cierto
───── 4 Siempre cierto

21. A veces me avergüenza mi sensibilidad.
    ───── 1 Nada cierto
    ───── 2 Rara vez cierto
    ───── 3 Algo cierto
    ───── 4 Siempre cierto

22. Me siento más cómodo cuando estoy con antiguos amigos y conocidos.
    ───── 1 Nada cierto
    ───── 2 Rara vez cierto
    ───── 3 Algo cierto
    ───── 4 Siempre cierto

23. Tengo mucha conciencia de mis sensaciones físicas.
    ───── 1 Nada cierto
    ───── 2 Rara vez cierto
    ───── 3 Algo cierto
    ───── 4 Siempre cierto

24. Cuando enfrento circunstancias nuevas o insólitas, a menudo transpiro, se me seca la boca, siento que mi corazón late rápidamente y experimento temblores.
    ───── 1 Nada cierto
    ───── 2 Rara vez cierto
    ───── 3 Algo cierto
    ───── 4 Siempre cierto

25. Dependo de mis amigos más de cuanto ellos parecen necesitarme.
    ───── 1 Nada cierto
    ───── 2 Rara vez cierto
    ───── 3 Algo cierto
    ───── 4 Siempre cierto

26. Cuando me molesto, los malos sentimientos tienden a durar por un largo tiempo.
    ───── 1 Nada cierto

—— 2 Rara vez cierto
—— 3 Algo cierto
—— 4 Siempre cierto

27. A menudo me ocupo de pequeños acontecimientos o detalles que otros considerarían poco importantes.
—— 1 Nada cierto
—— 2 Rara vez cierto
—— 3 Algo cierto
—— 4 Siempre cierto

28. Encarar problemas agota toda mi energía.
—— 1 Nada cierto
—— 2 Rara vez cierto
—— 3 Algo cierto
—— 4 Siempre cierto

29. Cuando me encuentro con obstáculos, a menudo cambio mi estrategia o mis intenciones originales.
—— 1 Nada cierto
—— 2 Rara vez cierto
—— 3 Algo cierto
—— 4 Siempre cierto

30. Aun cuando estoy con amigos, a menudo me siento solo o poco importante.
—— 1 Nada cierto
—— 2 Rara vez cierto
—— 3 Algo cierto
—— 4 Siempre cierto

Asegúrese de haber respondido cada uno de los ítems. Calcular la puntuación sumando los números junto a las respuestas que se han marcado. Registrar la suma aquí: ——.

90 y más: un sensible definido
80-89: muchas características de sensible
70-79: algunas características de sensible
70 y menos: pocas de esas características tienen
    un papel importante en su temperamento.

6

Expresivos: del enojo a la liberación

Ken, de treinta y cuatro años, es el editor de una publicación de negocios pequeña pero importante. Su más reciente reunión de personal estuvo a punto de ser la última. Cuando tuvo noticia de que entre la comunidad de negocios se comentaba que había pifiado un artículo de fondo al interpretar mal el informe anual de una empresa, Ken estalló. Arrojó unos archivos a través de la mesa de conferencias, con los que por poco golpea a un periodista. Luego empezó a gritar: "¡No puedo creer que no lo haya revisado!", se quejó a su secretaria. Tras dirigirse a otras tres personas con gritos abusivos, Ken empezó a pasearse alrededor de la mesa de conferencias, agitado y furioso.

Dos minutos más tarde, aunque al personal le pareció una eternidad, se encogió de hombros, se rió y dijo: "Bien, tendremos que darnos prisa con el número próximo y hacerlo muchísimo mejor." Luego trató de motivar a su personal con una charla, que cayó en oídos consternados.

Esa misma tarde, el propietario de la revista llamó a Ken a la sala de conferencias. Sin irse por las ramas, le dijo que sería despedido si seguía con esas andanadas. Ken dijo: "Sí, reaccioné de manera excesiva hoy, pero mi personal sabe que ese es mi estilo. No se molestaron mucho, de todos modos." "Se equivoca", le dijo el propietario. "Tres de sus colaboradores me dijeron que están hartos de su temperamento y que están dispuestos a marcharse."

Cuando Ken salió del trabajo ese día se reunió con Charlene, la mujer con la que había estado saliendo durante el último año. En el restaurante, él empezó a contarle el asunto, aunque esta vez con el ingenio por el cual es famoso. Ken quedó muy sorprendido cuando, en lugar de participar en su embrollado relato o de tratar de calmarlo como era su costumbre, Charlene levantó una mano para interrumpir su reconstrucción del drama. "Tienes un problema serio con el enojo y será mejor que veas a alguien por ese asunto. Haces lo mismo conmigo. Crees que porque eres una persona inteligente se te perdonará todo... pero no es así."

Cuando vino a verme con Charlene, Ken ya no sentía remordimientos. Pintó un cuadro halagador de sí mismo. "Vea, doctor, soy un bandido. Es por eso que me pagan mucho, fue así como levanté esa revista. Mi gente sabe que soy duro y responden a la dureza porque también soy un tipo que les elogia y les defiende. Era la misma clase de tipo en la universidad, era el capitán del equipo de béisbol y mi personalidad no ha cambiado nada."

Charlene se volvió a mí con una mirada de inteligencia. "Eso es exactamente lo que temo: él siempre ha sido así y nunca cambiará." Ken se ablandó: "Realmente pido disculpas. ¿No crees que sea abusivo, verdad?" Charlene asintió con la cabeza. "Sí, a veces me apremias a mí y a otra gente. Pero la mayoría de las veces, eres más agotador que abusivo, como un niño con sus berrinches. Y no estoy segura de poder manejar eso."

Por primera vez Ken pareció preocupado, hasta asustado. La posibilidad de perder a Charlene fue la motivación que necesitaba para observar su temperamento y su personalidad con mente abierta. Ken es un expresivo, proclive a ventilar las frustraciones emocionales y el enojo.

Como Ken, Ellen también posee una personalidad problemática. Como dice su mejor amiga: "Se ama a Ellen o no se la soporta." Los amigos de Ellen la ven como vivaz, encantadora y terrible. Según lo expresó un amigo: "Es la persona más leal que conozco, pero al mismo tiempo es capaz de sentirse herida y de enojarse por una bagatela."

Ellen estuvo entre el público en una de mis conferencias. Indiscutiblemente, era la persona más abierta entre los presentes y formuló las preguntas más interesantes. Era una conferencia sobre matrimonio y solución de conflicto. De manera poco sorprendente, Ellen argumentaba en favor de la corrección del enojo en el matrimonio. Semanas más tarde, hizo una cita conmigo para una consulta privada.

Su dinámica emocional muy pronto se me hizo aparente. Ellen había sido excitable y temperamental desde que era una niña, era claramente su naturaleza. Si bien había ido a un buen número de terapeutas en el curso de los últimos años con la esperanza de volverse "más blanda", su manera emocional nunca había cambiado.

Como tantos expresivos, en secreto Ellen se sentía incómoda con sus reacciones emocionales. Siempre pensaba que si sólo podía ser más amable y reservada, sería una persona mejor. No era que no se justificaran sus estallidos. Sus heridas eran reales: una amiga íntima la traicionó, su marido no cumplía con su parte en el arreglo marital, sus hijos se habían vuelto díscolos y difíciles de tratar, un médico la hizo aguardar una hora en la sala de espera. Pero ella tenía conciencia de que "Nadie entre la gente que conozco pierde tan fácilmente los estribos como yo." Su carácter era contraproducente a veces. Muchas amistades y proyectos se habían deshecho porque, como lo expresaba Ellen, "A veces no tengo la fuerza de voluntad para contar hasta diez y contener la lengua."

Cada vez que tenía esos estallidos, después se sentía avergonzada. Creía que de alguna manera no había logrado el nivel de madurez que debía tener. Después de todo, preguntaba: "¿No es un aspecto de la madurez la capacidad para contener las emociones?" "¿Por qué no tengo más fuerza de voluntad para poder enfriarme antes de hablar?", se decía.

EL TEMPERAMENTO EXPRESIVO

Los expresivos son complicados e intrigantes, pueden fascinarnos o agotarnos con su emotividad. El expresivo es demostrativo, rápido para reaccionar con los otros. No temen al intercambio o el choque interpersonal. Contener las emociones es algo que les resulta ajeno: es casi un imperativo biológico que sus intensos sentimientos sean descargados o expresados.

Como el sensible, el expresivo siente demasiado. Pero el expresivo es extravertido. Su expresión de energía emocional puede variar de los momentos de irritabilidad a la confrontación cara a cara. Pero caracterizarlo simplemente como enojado no le hace justicia: el expresivo no es unidimensional. Es más justo decir que es proclive a variadas intensidades de expresividad emocional: de la dicha a la ira, de la sopa a la nuez. Los expresivo se frustran fácilmente y es probable que se descarguen impulsivamente sobre cualquier persona o cosa que esté a mano. Como el enojo resulta tan inquietante a los otros, los expresivos a menudo se siente avergonzados y llenos de autoaborrecimiento después de expresar su enojo. Prometen contar hasta diez la próxima vez, pero esa promesa puede resultarles difícil de cumplir. No siempre es el enojo el que halla expresión, es obvio que la energía explosiva de ellos puede manifestarse como espontaneidad y pasión.

Los padres del expresivo pueden recordar que de niño era proclive a los berrinches, que era combativo, dado a las confrontaciones y que rara vez dejaba pasar molestias menores sin reaccionar. Como recordaba la madre de una de mis pacientes: "No dejaba pasar nada. Ella siempre estaba enojada, o gritándole a alguien, o llorando." Es probable que el expresivo haya requerido muchísima atención y disciplina. Puede haber sido tachado de hiperactivo o tal vez simplemente vivaz, bullicioso y lleno de vida.

La etica y el expresivo

He descrito a dos expresivos, Ken y Ellen, que son en esencia bondadosos, cariñosos, aunque su temperamento rápido a veces sugiera otra cosa. Pero hay otro tipo de expresivo que parece aceptar su temperamento aunque no se hace responsable de él.

Raymond es un ejecutivo del cine. Vino a verme porque su esposa, Stephanie, deseaba divorciarse. Ella había contratado a un abogado después de pedirle a Raymond que se fuera de casa. Stephanie dijo que él abusaba verbalmente de ella y que se sentía emocionalmente descuidada. Cuando describió la conducta de él, yo estuve de acuerdo en que era abusiva y sexista. El se había casado con Stephanie porque era más joven, muy atractiva y lo respetaba. Sin embargo, en el año en que habían estado casados, él la humillaba, en privado y frente a otra gente, por su falta de educación y sofisticación.

Raymond esperaba que yo convenciera a su esposa para que "recuperara la sensatez" y detuviera las acciones del divorcio. Hallé a Raymond brillante, abierto y expresivo. También me pareció ofensivo su aire de superioridad. Se lo dije en la primera sesión y realmente lo exasperó. "Un minuto, compañero", gritó. "Se supone que usted debe apoyar y..." Le interrumpí: "No, un momento. Se supone que debo decir la verdad tal como la veo." Le dije que su conducta me parecía comprensible desde una perspectiva bioquímica, pero que eso no justificaba que tratara mal a su esposa. También le dije que sospechaba que tenía algún residuo de hiperactividad o de déficit de atención de cuando era niño. Eso les sucede a un tercio de todos los niños hiperactivos.

Pareció sorprendido. "Sí, yo era hiperactivo de niño. Pero no es el tema ahora. Estoy en una industria creativa y es así como actuamos." Se veía a sí mismo como a un "enfant terrible", un artista talentoso pero atormentado al que se debían perdonar las pataletas temperamentales. Respondí que pensaba que su conducta era indefendible. Raymond se puso furioso con mis afirmaciones y se retiró de la sesión.

Tres meses más tarde, me llamó por teléfono. Su esposa había seguido adelante con el divorcio y a él le habían despedido en la reorganización de un estudio. "Está bien, estoy apaleado", dijo por teléfono. "¿Me quiere recibir?" Acepté verlo, pero a condición de que dejara su arrogancia a la puerta. Para su crédito, fue capaz de hacerlo y empezamos a trabajar.

Raymond había sido un niño difícil, diagnosticado como hiperactivo pero muy brillante. Sus padres estúpidamente permitían sus ataques de gritos y que tratara mal a niños más pequeños que él. En mi opinión, pifiaron mucho con él. Siempre disculpaban su conducta: "Es hiperactivo. No puede evitarlo." Sospecho que, secretamente, pensaban que la inteligencia del hijo y la prominencia social de ellos le situaban por encima de las reglas más básicas de conducta simple, decente y considerada. Siguieron estropeando a Raymond aun cuando él estaba en una importante universidad.

A diferencia de Ken y Ellen, que sentían un gran remordimiento por sus excesos, Raymond tenía muy poco remordimiento. Estallaba con la gente, la maltrataba y la humillaba toda vez que tenía ganas. Y, como tantos otros bravucones, se aseguraba de rodearse de subordinados que no pudieran devolverle el ataque. Admitía que se restringía con sus pares o superiores de la industria del espectáculo.

Mi diagnóstico fue que Raymond carecía de compasión. Le dije que estaba abierto a la terapia, en esos momentos, porque había perdido a la esposa y el trabajo, pero que era probable que volviera a la antigua conducta cuando obtuviera otro puesto importante y llevara a otra mujer bonita sentada a su lado en su coche deportivo caro. Mi prescripción fue que siguiera en terapia y aprendiera a modular su temperamento. Mi otra sugerencia fue que ofreciera un mínimo de diez horas por semana a una agencia local que envía gente a los hogares de pacientes moribundos de SIDA para hacerles compañía. Si Raymond no podía aprender compasión en su tarea de voluntario, no aprendería nunca. Sólo han pasado tres meses, pero Raymond sigue con la asignación y se está abriendo su corazón.

Ellen, Ken y Raymond ilustran la propensión del expresivo al enojo, a la impulsividad y a la necesidad de darle curso a lo que sienten por dentro. Ellen y Ken fueron criados bien, pero los padres de Raymond fueron descuidados con él, en mi opinión. Esa gente airada no es marcadamente disfuncional o autodestructiva. Su vida parece estar en actividad, si bien no en todas las áreas. Todos tienen éxito en algún campo de su vida, pero la incapacidad para manejar su temperamento está minando su vida.

MENSAJES DESORIENTADORES

Cuando se es un expresivo, es probable que hasta donde se pueda recordar, se hayan oído muchísimos mensajes inductores de culpa que nunca hayan ayudado realmente a entender las propias emociones. De una u otra manera, se oyó decir que uno era malo porque era proclive al enojo, a la confrontación o ejercía un autocontrol insuficiente. Como adulto, si se buscó terapia tradicional, seguramente habrá encontrado a quién echarle la culpa de sus problemas. Tal vez le hayan dicho que alguien abusó de él de niño o que nunca llegaba el amor de los padres y que debía hacer una escena para hacerse notar. Luego el consejo terapéutico le dijo que enfrentara a aquellos que lo decepcionaban, que era importante sacar fuera los sentimientos para validarlos.

Lamentablemente, esos mensajes se basan en la noción de que si se enfrenta a aquellos que lo hieren a uno, uno se cura y nunca volverá a estar enojado. Los terapeutas estúpidamente pueden proporcionarle objetivos al expresivo mientras lo ayudan a entender su historia. Ahora puede empezar a creer que su pareja es semejante a un padre con el que el expresivo estaba enojado, o que un jefe se parece a una persona dañina del pasado. Esas teorías pueden desorientar al expresivo. Se basan en un modelo de conflicto aprendido que muy probablemente nada tenga que ver con la causa por la cual él es proclive a la irritabilidad.

Muchos consejos sobre el enojo se basan en un modelo hidráulico de las emociones: que se posee una cantidad finita de enojo que debe ser descargada de una vez para siempre. El consejo se basa en el malentendido como causa de ese temperamento, que si se lo aclara la persona se siente bien. Esos falsos mensajes dan circunstancias y personas a las cuales culpar y sirven para reforzar el enojo como hábito. Sin embargo, el enojo no es culpa de los padres, ni de la sociedad, ni del mismo expresivo. La culpa la tiene el modo en que está constituido el expresivo.

EL YO MISMO NATURAL DEL EXPRESIVO

BAJO UMBRAL DE EXCITACIÓN

El expresivo tiene un umbral bajo de excitación, está crónicamente sobreexcitado. En consecuencia, como el sensible, siente demasiado. Le llegan cosas que otra gente ni siquiera nota. Posee un fusible corto y reacciona mucho.

Tendencia a la acción:
extravertido/confrontación

A diferencia del sensible introvertido, cuya tendencia a la acción es evitar el daño y la retirada, el expresivo es un extravertido. Cuando se activa su excitación, toma la forma de una expresividad hacia afuera inmediata. Cuando siente demasiado, su tendencia a la acción es expresar la emoción hacia un objetivo. El enojo o la agresividad es el resultado de la combinación de alta excitación más esa tendencia a la acción extravertida.

En mi opinión, hay amplia evidencia científica de que la conducta que describí respecto de Ken, Ellen y Raymond no está totalmente bajo el control de ellos, no es culpa de ellos, ni tiene su origen en experiencias de la temprana infancia: es innata, biológica y bioquímica. De hecho, es fundamental e instintiva. Estamos familiarizados con la muy básica respuesta fisiológica de lucha o de huida a los peligros percibidos. Ese es el mecanismo de supervivencia elemental de la mayoría de las especies vivas y explica no sólo la tendencia a la acción de retirada del sensible sino también la tendencia al enfrentamiento del expresivo.

Se debe recordar que estoy describiendo una respuesta instintiva. Es obvio que, con una provocación suficiente, cualquier tipo de temperamento puede sentirse enojado. Pero la gente de la que estoy hablando es aquella para la cual la irritabilidad y el enojo son emociones predominantes cuando superan los límites. Si alguien obstaculiza nuestra marcha en el tráfico, todos podemos sentirnos enojados, pero el expresivo lo siente con mayor intensidad y se enoja más que la persona que no es expresiva.

Desencadenantes internos y externos

Los desencadenantes del expresivo pueden ser de dos tipos. Un acontecimiento externo, como el imbécil que está detrás y toca bocina, o un acontecimiento bioquímico interno, un "eructo" bioquímico. Cuando se excitan internamente, los expresivos a menudo no saben por qué se sienten excitados. Sólo se sienten excitados y entonces, como si fuera automáticamente, se sintonizan con un objetivo particular. En ausencia de una provocación obvia e inmediata, empiezan a buscar un objetivo: es la función interpretativa de la mente en acción, buscando algún acontecimiento externo para justificar los sentimientos internos, "Estoy irritado porque..." A menudo, el objetivo es el último acontecimiento o persona irritantes que recuerdan. Se encuentran rastreando mentalmente antiguas heridas.

Tal vez se haya tenido esa sensación, en cuyo caso es posible ser un expresivo. Por ejemplo, el expresivo se despierta irritado y no sabe por qué. Para la mayoría de las personas, la irritabilidad disminuye hasta una posición neutral, pero al expresivo le sucede otra cosa. Reflexivamente, se ve llevado a buscar en su memoria alguna herida o frustración recientes. Halla un objetivo conveniente y muy pronto está conscientemente preocupado con ese objetivo. Se concentra y crece el enojo. Cuando agota ese objetivo, tal vez lee el periódico y encuentra otro objetivo. Pone la radio y, al enterarse de un alza en los impuestos, halla otro motivo. Cada vez que enfoca hacia afuera, se eleva su umbral por un momento y él siente mejor debido a la liberación momentánea, luego vuelve a descender hasta la próxima provocación.

En términos teóricos, la expresión instintiva de la energía de alta excitación conduce al logro de la liberación. En cuanto el expresivo se fija en el objetivo externo, decrece momentáneamente la excitación. Su problema es que al seguir enfocando el objetivo se estimula y su satisfacción se evapora rápidamente. Su umbral vuelve a caer y sigue sintiéndose enojado, a veces aún más intensamente. Ahora tiene la sensación: "No puedo desprenderme de mi enojo."

La bioquímica del expresivo

Hay creciente evidencia que confirma la base biológica de las predisposiciones emocionales del expresivo. Esa evidencia procede de una variedad de áreas de investigación, de la genética de la conducta a la psicofarmacología.

El enojo es agresión, claro, y sabemos que ciertas tendencias a la agresión son heredadas. Por ejemplo, los estudios hallan niveles más altos de hormona masculina testosterona en los hombres agresivos que en hombres más serenos. Y los niveles de testosterona, altos o bajos, parecen ser familiares. Otra investigación que está proporcionando indicaciones reveladoras acerca de la bioquímica del expresivo se centra en el nivel de actividad, la hiperactividad, y en la enzima MAO (oxidasa monoamino).

Estudios separados realizados por Chess y Kagen sobre la naturaleza del niño indican que algunos niños son más activos y agresivos que otros. Creo que hay una alta correlación entre un nivel de alta actividad y el temperamento del expresivo. En un subgrupo de niños activos, tachados de niños irascibles, los investigadores hallaron niveles inferiores de MAO en su sangre. MAO es una enzima que regula los neurotransmisores vinculados con la emoción, incluida la serotonina. Los niveles más bajos de MAO conducen a niveles inferiores de serotonina y los niveles más bajos de serotonina están relacionados con la impulsividad, un rasgo relacionado con el enojo.

Otros estudios de bebés irascibles e irritables también señalan niveles bajos de MAO. Además, los niveles de MAO son heredados. Los estudios de personalidades agresivas y criminales también muestran bajos niveles de MAO. No deseo sugerir que el bebé irascible vaya a convertirse en un criminal, pero hay una clara cadena de evidencia de que el enojo está determinado en parte por la herencia y altamente relacionado con los niveles bajos de MAO.

Recientes hallazgos de la investigación también indican niveles bajos de MAO en la bioquímica del problema de déficit de atención (ADD), también llamado hiperactividad, en los niños. Esos niños se frustran y se distraen fácilmente y son proclives a la impulsividad y al enojo. Una teoría del enojo sostiene que toda frustración o interrupción de la conducta de una persona conduce al enojo o la agresión. En el pasado, se pensaba que los niños superaban la hiperactividad para el momento en que llegaban a la adolescencia. La investigación más reciente demuestra que un tercio o más de todos los niños diagnosticados como ADD llevan sus predisposiciones emocionales y de conducta a la edad adulta. Aun como adultos pueden ser proclives a la irritabilidad (por ejemplo, Raymond), muestran una baja tolerancia para la frustración, tienen dificultades para concentrarse y fácilmente se enojan. No son mala gente llena de enojo. Se distraen con facilidad y están emocionalmente recargadas. Su frustración se expresa como irritabilidad.

Los sedantes no actúan con los niños hiperactivos. En cambio, las únicas drogas que han resultado efectivas son los estimulantes, por ejemplo el Ritalin. El uso de un estimulante para calmar a un niño "hiper" siempre resultó desconcertante para los padres. Intuitivamente, parece no tener sentido usar un estimulante para calmar a alguien. En la actualidad, los investigadores están descubriendo que la parte del cerebro que controla la atención y la capacidad para distraerse o la impulsividad está regida por MAO. Si los niveles de MAO son demasiado bajos, entonces la persona es hiperactiva, si se eleva el nivel de MAO, la persona tiene mayores probabilidades de concentrarse y de estar más tranquila. Algunos científicos creen que los estimulantes como el Ritalin calman a los niños hiperactivos estimulando la actividad MAO, permitiéndoles desacelerar, enfriarse y concentrarse más. Y el Ritalin estimula áreas del cerebro que (vía MAO) controlan la atención, de modo que el niño está más tranquilo, menos frustrado y distraído.

EL DON ESPECIAL DEL EXPRESIVO: LA EXPRESION APASIONADA

Si bien puede parecer que yo esté acentuando el enojo como la emoción dominante de los expresivos, sus sentimientos también son apasionados. Los expresivos responden a la vida con una energía libre de las inhibiciones y restricciones que tenemos la mayoría. Su propensión a la reacción emocional les hace más vivaces y enérgicos.

Mientras otros pueden ser apagados, aburridos y predecibles, los expresivos nunca son así. Ellos presentan la posibilidad de lo inesperado, por lo cual es probable que se les busque socialmente. Se les ve como "reales" en comparación con hombres y mujeres que están enmascarados y que controlan tanto sus emociones que rara vez se sabe qué sucede dentro de ellos. Muchos expresivos ven su temperamento como una ventaja, ¡aun cuando dediquen más tiempo a disculparse que otros! Se ven a sí mismos viviendo la vida antes que derrotados por ella.

Sara posee y maneja un restaurante. Como muchos expresivos, Sara tiene una gran personalidad. Crea el ruido, la actividad, la energía emocional de tres personas promedio. Está en movimiento perpetuo conversando con los clientes, dirigiendo a los empleados, ocupándose de la caja, buscando platos especiales en la cocina. Parece ser una extravertida casi total, en constante interacción con otra gente. Si no está conversando, está riéndose o gritando.

Y Sara tiene el temperamento rápido del expresivo. En más de una oportunidad los clientes la han oído estallando con el chef (que es su esposo) en la cocina, o dándole un castigo verbal a un proveedor por llevarle un producto o una carne que ella considera inferior. Pero sus estallidos son seguidos rápidamente por intensas disculpas y abrazos. Si bien la comida de su restaurante es magnífica, es la pasión y la generosidad emocional de Sara las que han creado una clientela fiel. Logra que la gente se sienta viva, atendida. Se alegra de que uno vaya y desea que uno lo pase muy bien. Su expresividad emocional alienta a la gente, además. Su apasionada relación con la vida roza a cuantos la rodean.

EL LADO OSCURO DEL EXPRESIVO: ENOJO

Algunos buenos libros describen el enojo y exploran maneras de atenuarlo, pero ninguno intenta definir un claro temperamento para el cual el enojo sea la respuesta más predecible a la excitación interior. En la mayoría de los estudios del enojo, los investigadores no separan a la gente en tipos emocionales para determinar si la catarsis (expresión) o la restricción del enojo es una estrategia mejor para cada tipo emocional diferente. Creo que mi teoría empieza donde terminan esos estudios. La gente que se siente mejor expresando su enojo es lo que yo llamo expresiva. Para ellos, la catarsis no sólo es beneficiosa sino necesaria. Es mi convicción que su química cerebral les ha dado una predisposición bioquímica innata para la alta excitación. Y su genética de conducta heredada dicta una tendencia a la acción que consiste en centrarse en un objetivo fuera de ellos. Mis años de experiencia y de observación clínica me han demostrado en un paciente tras otro que los expresivos que no expresan su energía emocional, que la contienen o la suprimen, terminan emocionalmente entumecidos, hostiles, contraproducentemente pasivos-agresivos o agotados y deprimidos de manera crónica.

Las actitudes culturales y sociales hacia el enojo y lo que se debe hacer al respecto han variado enormemente en las últimas décadas. En las décadas de los sesenta y los setenta, la gente que expresaba abiertamente sus sentimientos recibió cierta aprobación en las revistas y publicaciones populares de psicología. Se instaba a la gente a ponerse en contacto con sus sentimientos y a expresarlos. La expresión del enojo no era sancionada en tanto no se hiriera a nadie, lo que, por supuesto, dependía de quién hacía el juicio. La descarga y la expresividad eran vistas como positivas y se aceptaba una teoría hidráulica de las emociones, la creencia de que hay una cantidad finita de materia emocional y que, si se la reprime, nos mata, tanto física como psicológicamente.

En la década de los noventa predomina una teoría opuesta. La investigación más reciente indica que expresar ciertas emociones las refuerza y se crea el hábito de esa emoción. Si estamos hablando de una emoción "negativa" como el enojo, entonces se lo considera un hábito malo. Por ejemplo, si se estalla de enojo por un neumático pinchado o por perder las llaves, de esa manera se aumenta la probabilidad de tales estallidos en toda situación frustrante, por trivial que sea. Esa ideología corriente fomenta la represión de las emociones "negativas" como el camino hacia la vida buena y saludable.

Hace casi veinte años, Ray Rosenman exploró los efectos del enojo y la hostilidad en los problemas cardíacos, el famoso estudio sobre las personalidades del tipo A y el tipo

B. Se decía que la personalidad del tipo A era proclive a la enfermedad cardíaca inducida por el estrés debido a una conducta emocionalmente intensa, impulsiva, impaciente y de fácil frustración. La persona del tipo B era más serena, paciente, plácida y no agresiva. A la gente del tipo A se la alentaba a volverse más como la del tipo B.

En los años que siguieron desde entonces, las actualizaciones de aquel estudio señalaron que, para la gente del tipo A, el problema no es el enojo como tal. Antes bien, es la hostilidad (el enojo crónico y sumamente controlado). El enojo es a la hostilidad como un estallido a los dientes apretados. Lo importante es que esos estudios de seguimiento descubrieron que la rígida represión de los sentimientos de enojo no sólo llevaban a la hostilidad sino a una variedad de problemas físicos, incluidos los ataques cardíacos. También notaron que la personalidad del tipo A que es crónicamente hostil también sufre de autoaborrecimiento interno: se odia a sí misma por estar dominada por una emoción tan "fea". Es obvio que el mito del manejo y el mito de las emociones buenas y malas —"Debo contener estos sentimientos vergonzantes"— pueden tener consecuencias fatales para el expresivo.

Mi opinión es que el temperamento no obedece a ningún contexto social. Ignorar la verdad de un temperamento particular equivale a decirle a la gente que lo oculte, lo odie, lo niegue y que suprima su personalidad. No estoy sugiriendo un permiso amplio para expresar todo lo que se desee. Los expresivos tienen la responsabilidad moral de modular su expresión emocional. De ninguna manera les estoy instando a buscar ciegamente la catarsis como el único modo por el cual pueden ser honestos con su temperamento. Mientras la química cerebral y la genética de la conducta les predispone a ciertas emociones, cómo, dónde y cuándo se elige dar curso a las propias emociones es una cuestión moral y de conducta, no biológica. Felizmente, hay técnicas bastante simples para descargar esa enegía emocional sin hacerse mal a sí mismo o a los otros. Las discutiremos al final de este capítulo y en la parte III de este libro.

LA BRECHA DEL GENERO

Los expresivos son tratados de manera muy diferente en nuestra sociedad según su género. El enojo suele ser visto por los otros como un indicador de fuerza. El expresivo varón es aceptado mucho más fácilmente que la mujer. Su nivel de energía, cuando adopta la forma del enojo, es sancionado tradicionalmente como apropiado al género. Desde la época de "los hombres son hombres", aun la conducta problemática es considerada comprensible (salvo cuando es criminal) y como parte de la psicología influida por la testosterona. Aun ahora, en la era del varón más sensible, se considera que el expresivo exhibe una conducta razonable... para un hombre.

La mujer expresiva es vista superficialmente como desprovista de femineidad cuando esta condición es definida como blandura y receptividad. La mujer expresiva por cierto no parece blanda y es agresiva por naturaleza y tiene más probabilidades de ser vista negativamente, en especial por los hombres. La mujer con alta energía y mucha pasión tradicionalmente ha sido controlada por los hombres porque temen su fuerza. En consecuencia, aun cuando la mujer expresiva es más apasionada que enojada, más vivaz que irritable, de todos modos puede haber repercusiones negativas. Por fortuna, cada año nos acercamos más a ideales de conducta independientes de los géneros.

EL EXPRESIVO EN LAS RELACIONES

Química romántica

Teniendo presente la idea de que la química romántica se presenta cuando alguien no sólo nos hace sentir cómodos sino que también promete expandir nuestra zona de satisfacción, es probable que los expresivos se sientan atraídos por alguien que pueda tolerar su expresividad emocional y su volatilidad, pero que también sirva como una influencia tranquilizadora. Dado que es probable que el expresivo se sienta avergonzado de su temperamento irascible, necesita una pareja que no le haga sentir intenso, o fuera de control, y que acepte y respete su naturaleza apasionada.

Extrañamente, a los expresivos les va mejor en el mundo de los solteros de cuanto es posible pensar. Dado que se los ve como vivaces e incluso excitantes, son más magnéticos que la gente cautelosa y reservada. Además, los expresivos típicamente tienen suficiente autocontrol como para suprimir sus ataques de irritabilidad o temperamento durante el cortejo, un período para mostrar la mejor conducta. Cuando el expresivo comienza a salir con una persona nueva, se siente mejor cuando esa persona acepta su naturaleza y perdona toda desfavorable expresión de enojo.

Pocos expresivos son simples personas irascibles o peleonas. Si bien sus parejas pueden ser vistas como las víctimas de su expresividad, es igualmente probable que ellos se vean a sí mismos como recipientes de una relación excitante. Ese es un hecho que se suele descuidar en la mayoría de las sesiones de terapia matrimonial, ya que al concentrarse en el enojo, se olvida la pasión y la intensidad que pueden formar parte de lo que une en la relación.

Se destaca el individuo dinámico que dice lo que piensa. Los que tienden a ser tímidos o carecen de intensidad se sienten atraídos por esa personalidad enérgica. Se produce una especie de modelación o imitación. Como me comentó Charlene acerca de Ken, su novio: "Me gusta aun cuando estalla. Admiro su coraje y su disposición a arrojar la cautela a los vientos. No le teme a la vida ni a los desafíos. Saber que se puede vivir de esa manera hace que la vida me resulte más excitante." Decidir ir de vacaciones de un día para otro o comer un bocado para salir rápidamente a ver una película eran cualidades que ella adoraba en Ken. Cuando Charlene se sentía preocupada por algo, él lo percibía y respondía. Solía decirle: "Vayamos a conversar sobre ese asunto a un restaurante."

Charlene cree ser más espontánea y menos inhibida como consecuencia de estar con Ken. Entiendo que Charlene aprecie a Ken, pero también entiendo que el modo en que ella lo ve a él es la causa de que tantos expresivos piensen que no deben ajustarse a las reglas. Perciben que son admirados y que el resto soportará casi todo lo que hagan. Esa no es siempre una idea tan buena. Hay un punto donde se torna muy delgada la línea entre dinamismo y conducta dictatorial.

Lo que es importante que acepte la pareja de un expresivo es que ha firmado un contrato para un viaje que es tormentoso además de regocijante. Si bien he enfocado algunas de las áreas más problemáticas que interfieren en las buenas relaciones, deseo que el lector sepa que el expresivo puede aprender a manejar sus zonas de satisfacción como cualquier otro tipo de temperamento. En realidad, las relaciones pueden ser más vivas, más vibrantes e intensas cuando el expresivo aprende a manejar su expresividad.

Conflicto en las relaciones

Con frecuencia los expresivos encuentran parejas pasivas que les admiran y no cuestionan su autoridad: una clásica división de papel dominante-sumiso. Esa clase de relación disminuye a ambas partes, pero suele ser común para el expresivo. Puede tener la satisfacción de darles curso a sus sentimientos sin ser suprimido o castigado por hacerlo.

Una de las relaciones problemáticas comunes en la terapia matrimonial se presenta cuando un sensible se ha unido a un expresivo. Por ejemplo, Diana, enfermera y sensible, se casó con Bart, vendedor de programas de ordenadores y expresivo. Diana se sintió atraída por la excitación de estar con alguien que era emocionalmente tan valiente. Le encantaba la agresividad social de él y su naturaleza demostrativa. Inicialmente, Diana podía tolerar toda la exuberancia emocional de Bart, aun los ocasionales estallidos airados, porque se sentía segura en el amor de él. "Pensaba que estaríamos juntos para siempre y que debía aprender a aceptarle para bien o para mal", recuerda ella. Cuando él se enojaba, ella se sentía emocionalmente excitada de una manera casi sexual. Pero a medida que el matrimonio siguió adelante, las expresiones de amor de Bart muy a menudo eran remplazadas por momentos de enojo o de irritación. Con el tiempo, esas expresiones no se compensaban con expresiones de amor o de aprecio.

Un expresivo como Bart puede llegar a tomar a su esposa por descontado, que es cuando se estropea la relación.

Cuando el cónyuge es un sensible, le resulta excesivo tener que soportar sentirse poco amado e inseguro. Diana me dijo que se sentía abrumada, ansiosa y temerosa la mayor parte del tiempo. Lo que al principio parecía pasión y excitación se había convertido en tediosa perturbación en el mejor de los casos y escualidez emocional abusiva en el peor de los casos.

Cuando trabajo con una pareja que incluye a un expresivo, me esfuerzo por abreviar el relato de todas las acusaciones y voy directamente a las cuestiones de temperamento. Le digo a la esposa que está viviendo con una persona cuya naturaleza le obliga de tanto en tanto a darle curso a algunos sentimientos. Y que los expresivos instintivamente buscan objetivos para su conducta excitable. Esa naturaleza apasionada es en parte lo que atrajo inicialmente a la pareja.

"¡Pero yo no acepté esto!", objetan muchas parejas. Les informo que a medida que continúa el matrimonio es natural que afloren más a menudo las expresiones negativas, en parte como consecuencia de sentirse seguros y aceptados por la propia pareja. Eso es semejante a no provocar a un amigo hasta que se le conoce bien, porque uno no se siente lo bastante seguro en la amistad para arriesgarse a la desaprobación, de modo que se comporta al principio de la mejor manera.

"Era divertido, estimulante estar cerca de él. Ahora todo lo que hace es quejarse y humillarme": así suele ser. Mi estrategia es concentrarme en los temperamentos implicados antes que en la causa de la disputa. He descubierto que si se enfoca el contenido de los conflictos en el matrimonio, la pareja puede ver a un terapeuta por años sin que sus relaciones mejoren realmente. El terapeuta se convierte para ellos en un negociador pagado. En cambio, creo que es más productivo que la pareja se entienda mutuamente y que acepte el temperamento del otro. El esposo de la mujer expresiva debe ante todo ver que su esposa no desea ser cruel. El esposo es sólo un objetivo conveniente. Se debe recordar el antiguo dicho: "Lo que a ti te vuelve loco, mantiene cuerdos a otros." En otras palabras, el expresivo simplemente está usando las discusiones como un modo de regular su estado emocional.

El paso siguiente es conseguir rápidamente que el expresivo halle otras opciones para su conducta. Debe cambiar su foco u objetivo. Los expresivos son buenos para hallar excusas, no porque sean mentirosos sino porque su mente interpretativa ha estado hallando objetivos y razones para su enojo biológico durante toda su vida: es un hábito inculcado tan automático como respirar. Yo limito las racionalizaciones: no pueden continuar las excusas si el expresivo desea hallar diferentes dimensiones para sus emociones.

Como le expliqué a Diana, Bart seguirá siendo expresivo toda su vida. La tarea de ella, si desea mantenerse feliz y cómoda, será distanciarse y no personalizar los estallidos de Bart. El secreto de toda buena relación se basa en el entendimiento y la aceptación del temperamento subyacente de la pareja. Esto es especialmente difícil para la pareja del expresivo, porque los estallidos son duros de aceptar. Aunque el entendimiento los hace más fáciles.

AMISTADES

Eric se frustraba constantemente con la gente que le rodeaba. Se decepcionaba y se enfurecía, se sentía herido y se enfurecía o le ignoraban y se enfurecía. Venía a verme y deseaba hallar el modo de reprender a la gente, o de ponerla en su lugar, o de compartir sus sentimientos en la esperanza de hacer que la gente actuara "bien". Yo le decía: "¿Y si no hiciera nada? ¿Y si aceptara las cosas como son y lo dejara así?"

Por supuesto, no podía aceptar eso: le sonaba cobarde. Entonces yo le dije: "Supongamos que su naturaleza es tal que su irritación se desencadena fácilmente. ¿Por qué no hablamos de maneras de dar curso a ese vapor y no complicar sus amistades con confrontaciones, escenas, culpas, acusaciones, etcétera?" En cuanto contempló la posibilidad de desentenderse de los desencadenantes de su enojo, su foco se desplazó a él mismo. Quedaba con su excitación, su umbral bajo y la tarea de manejarlos. Al principio protestó, pero después de intentarlo, se sintió motivado a hacerlo, ya que descubrió que estaba rompiendo un modelo que le había hecho sufrir.

Algunas de las complicaciones que surgen en las relaciones del expresivo con otros pueden alterarse si él asume la responsabilidad de su naturaleza. Al hacerlo, empieza a sentirse más esperanzado, porque el alivio emocional ahora está bajo control y él se vuelve menos volátil.

Claro, a veces es importante compartir una queja con un cónyuge o un amigo, hacerle saber a alguien que uno se siente enojado o herido o frustrado por algo que ha hecho la otra persona. Pero, en mi experiencia profesional, he descubierto que hay muchísimas relaciones que florecen, perduran y se mantienen bien sin recurrir a esa excusa levemente velada para ventilar (o descargar).

El padre expresivo

El padre expresivo puede ser visto como dominante, pero no con tanta frecuencia como podría creerse. Los expresivos no son crueles ni malos sino expresivos, y sus hijos pueden tenerles miedo a veces, pero de todos modos se sienten amados. En cambio, se puede afirmar que los hijos siempre saben dónde están. El padre expresivo no se enmascara ni se da a la charla estéril antes que a las emociones.

EL EXPRESIVO EN EL TRABAJO

Ambición y carrera

En la economía dura de la década de los noventa son epidémicos los niveles incrementados de tensión, ansiedad y enojo. Es imperativo para todo el que desee mantener su empleo, que quiera conservar pacientes o clientes, que entienda su propio temperamento y el temperamento de clientes y colaboradores. Ningún otro factor es tan crítico para el éxito o el fracaso que llevarse bien con la gente, ser agradable, digno de confianza. Dado que ahora estamos viendo el fin de la lealtad de la empresa y de la seguridad del empleo, la reputación y las relaciones que se tienen con la gente del propio campo son las únicas seguridades para el empleo. El empleado expresivo tiene aun más motivación que un jefe para sintonizar su yo mismo natural, dado que su irritabilidad puede no ser tolerada.

Es importante recordar que el temperamento más común es el sensible. El tipo de temperamento que puede causar mayor angustia emocional al sensible es el expresivo. Yo diría que más del 50 por ciento de los conflictos que tiene el expresivo en el trabajo se originan en esa combinación combustible.

En el mundo laboral, el expresivo a menudo se convierte en una de dos personas: el líder dinámico o una fuente de problemas para sí mismo y para quienes le rodean. Cuando los expresivos tienen dificultades emocionales, suele ser porque no han manejado su energía de manera adaptable y positiva. Dada su composición emocional, los expresivos disponen de muchísima energía. Pero cuando se desconcentran o quedan envueltos en provocaciones o en la frustración, típicamente pierden su tiempo, se sienten víctimas de injusticias percibidas y desestabilizan su equipo de trabajo. El denominador común entre los dos senderos que toman, por supuesto, es su agresividad. Ser agresivo es una virtud en toda sociedad competitiva, pero ser agresivo de manera resistente y pasiva sólo ocasiona problemas.

El empleado expresivo pasivo-agresivo

Cuando realizo asesoramiento de dirección, a menudo encuentro al empleado expresivo pasivo-agresivo, que se resiste sutilmente, es obstinado y enfurece a sus colegas. Típicamente, de niño, aprendió a desconocer su temperamento. Aprendió a ver el enojo como malo, algo que se debía suprimir. Es la supresión lo que le crea problemas, no el enojo. Como adulto, cada vez que siente la excitación interna, es tan controlado en su expresión que todo lo que hace es resistir antes que mostrarse expresivo. El remedio es que se vuelva a conectar más plenamente con su yo mismo natural, que aprecie su agresividad y aprenda a expresarla de manera constructiva y asertiva.

El jefe expresivo

El expresivo que se siente cómodo siendo dominante y se convierte en un líder también puede crear su propio problema, pero no tanto como el expresivo pasivo-agresivo. Según se dice, el expresivo no sufre de úlceras, sino que las provoca. Son vistos como líderes por la gente porque son francos y su expresividad se destaca como un faro. El problema en el trabajo del expresivo es que puede caer en el hábito de criticar y quejarse de los colaboradores sin equilibrar esas expresiones con algo constructivo. Entra en el hábito del enojo y pronto se descarga como un cañón suelto, con reiteradas explosiones de ira e impaciencia. Esos estallidos emocionales confunden a la gente que trabaja con él. "¿Cuándo debo tomarle en serio y cuándo debo ignorarle?", se preguntan. Si se es expresivo, no se debe ignorar el propio efecto sobre los colaboradores o empleados.

El enojo reprimido surge luego como hostilidad, que es la emoción más difícil que un subordinado puede percibir en un jefe. La hostilidad es tan penetrante y amplia que puede significar casi cualquier cosa para un empleado. El empleado suele acabar pensando que el jefe no lo quiere y se vuelve paranoico con su empleo. El expresivo que no tiene conciencia de su temperamento y cómo se lo percibe preocupa a todos sus subordinados. Es muchísimo mejor descargar el enojo de manera abierta y directa —pero no abusiva—, luego tranquilizar al personal y después seguir adelante. Jimmy, supervisor en una compañía donde yo asesoraba, me dijo que se esforzaba por decirles a sus subordinados: "No tomen personalmente mis enojos. Así soy yo, no tiene que ver con ustedes. Cuando se me pase, se los diré, o ustedes me preguntan: "¿Cuál es el mensaje que debo sacar claro de esta charla?" Ese estilo sincero alivia a todos.

En el trabajo, al expresivo le conviene ver los objetivos de su enojo como problemas a resolver. A diferencia de las relaciones, cuando no se puede o no se debe tratar de cambiar a la pareja, en el ambiente laboral la tarea es otra: resolver el problema. Se debe cambiar el modo en que se dirige el enojo para aumentar la productividad. Ese foco constructivo redirige la energía a la solución de problemas, lo que requiere compasión, sensibilidad y tacto.

Jason es un ejecutivo joven de una agencia de publicidad. También él es un expresivo, dado a la explosividad, proclive al enojo con sus subordinados. Como le avergonzaba tanto su impulsividad y su falta de control, se esforzaba muchísimo por contenerlas. En el trabajo contenía su enojo no diciendo nada, pero el enojo le duraba. Cuando vino a verme con su esposa, Jason era un desastre físico y emocional. Se estaba esforzando mucho por ser otro y estaba agotado y deprimido. No tiene nada de malo tratar de modular las emociones, pero cuando se trata de comportarse como una persona de personalidad diferente, eso exige un esfuerzo terrible.

La esposa y el hijo de Jason estaban sufriendo la peor parte de esa falsa solución. Con sus emociones contenidas, llegaba al hogar y descargaba todos sus sentimientos en ellos, se mostraba cortante y sarcástico. Jason se sentía infeliz con su conducta y necesitaba ayuda. El y su esposa vinieron a la terapia por idea de ella. La mujer me dijo: "Todo el mundo le quiere en el trabajo, pero en casa es un monstruo. ¿Por qué no puede estar tranquilo cuando está con Danny y conmigo?" De hecho es una demanda razonable. El problema era que Jason estaba negando su temperamento en el trabajo y terminaba formando un gran cuerpo de vapor que finalmente estallaba en el hogar, donde se sentía seguro.

Después de hacer una sesión exhaustiva de diagnóstico a solas con Jason, me di cuenta de que siempre había tenido la disposición a estallar, que se frustraba con facilidad. Nunca se había preocupado por su personalidad porque nunca antes se había interpuesto en su camino. En la universidad se le veía como una persona agresiva y dinámica y era la envidia de sus compañeros de clase. Fue sólo cuando Jason empezó su carrera que su estilo emocional empezó a pesar. En el primer empleo obtuvo algunas evaluaciones malas debido a su carácter. Sus subordinados le temían, se sentían intimidados, percibían sus estallidos de enojo como preludios de su despido. Al principio, se confió a su jefe: "Me gusta la gente de mi equipo. No deseo herir sus sentimientos ni socavar su moral." En secreto, se imaginaba como una especie de líder del tipo general Patton. No obstante, el director de la agencia le dijo que deseaba verlo comportarse de manera más amable y servicial con su personal. Mediante enormes intentos para controlar y suprimir sus emociones, Jason se convirtió aparentemente en otro líder, más bondadoso y sensible.

Le comenté a Jason acerca de los ejecutivos con los que había trabajado y que tenían temperamentos semejantes y cómo habían resuelto ese dilema. Muchos de ellos habían tratado de cambiar, como Jason, y con los mismos resultados dudosos. O no lo lograban o se encontraban descargando sus frustraciones en la familia. O, como mucha gente en puestos de alta presión, desarrollaban el hábito de la hora feliz. Empezaban a ir al bar local después del trabajo para tranquilizar con alcohol sus sentimientos agravados. Lamentablemente, eso a menudo les llevaba a estallidos aun más grandes en el hogar, porque el alcohol socavaba su capacidad para refrenarse.

Empecé a revelarle a Jason el lento y constante proceso educacional de entender y respetar su temperamento en lugar de tratar de someterlo. Jason podía aprender a dominar su naturaleza apasionada. Sería querido y apreciado (y empleado), pero no luciría la máscara de hombre plácido.

Los expresivos pueden convertirse en excelentes cónyuges, trabajadores y jefes, en tanto aquellos que los rodeen entiendan sus emociones y ellos aprendan a modular lo que hacen. Los expresivos facilitan las cosas para sí mismos y sus colaboradores cuando explican su personalidad y les piden a sus subordinados que no tomen personalmente sus estallidos.

CAMINOS FALSOS AL ALIVIO EMOCIONAL

RACIONALIZACIÓN

Cuando están frustrados consigo mismos y no saben qué está sucediendo, los expresivos prefieren mantener parte de su temperamento y desprenderse del resto. Desean seguir siendo espontáneos, vivaces y expresivos, no desean que su expresividad estalle en la forma de enojo. Bien, se pueden tener ambas cosas. El expresivo puede sentirse cómodo con su temperamento, y puede aprender a expandir sus zonas de satisfacción. Pero muchos no pueden soportar sus emociones y buscan alivio donde no corresponde.

Una estrategia para el alivio es crear un conjunto de actitudes que excusen la conducta. Raymond es un buen ejemplo. Se creó para sí la racionalización de que era un artista de talento atormentado, lo que justificaba sus estallidos. Para él, la opción era sentirse mal por su temperamento (cosa que no podía soportar) o crearse una autoimagen que hiciera una virtud de la expresividad de cualquier clase. Obviamente, hay un terreno medio, pero debido a las excusas de sus padres para él cuando era niño, nunca lo buscó. Se limitaba a concluir: "Al demonio con el asunto. Así soy yo, y si a la gente no le gusta, peor para la gente." Y se salía con la suya, por un tiempo.

Abuso de alcohol y de drogas

Los expresivos están buscando calma interior para remplazar el calor o el fuego interior que sienten: buscan sedarse como una manera de regular sus emociones. Algunos teóricos creen que la gente proclive al enojo, como los expresivos, tiene una carencia de opiatos naturales calmantes en su química cerebral. La persona que hace jogging y estimula sus endorfinas está en efecto modulando sus emociones con un neurotransmisor autoestimulado que actúa como un opiato.

Algunos expresivos toman sedantes para su enojo, sin darse cuenta de que los sedantes no ayudan, ya que la ansiedad no es la cuestión. Si un expresivo se siente ansioso por su falta de control, un sedante reduce esa ansiedad, pero sigue necesitando descargar su excitación.

Otra fuente común de alivio es la bebida. El alcohol claramente suaviza las cosas para el expresivo y puede ser un problema real. Hay muchos expresivos que se vuelven alcohólicos, sin darse cuenta de que el alcohol agrava su problema. El alcohol alivia nuestras inhibiciones, además de tranquilizarnos. Todos hemos visto al borracho desagradable que empieza bulliciosamente y al parecer lleno de buena voluntad, pero que en un tiempo relativamente breve, a medida que baja la inhibición, convierte todo lo positivo en venenoso y amargo. Con el alcohol casi no hay capacidad para autocentrarse: toda la energía está dirigida hacia fuera.

Entumecimiento

Una falsa solución igualmente destructiva empleada por los expresivos es entumecer sus emociones. Ponen el termostato tan alto que las emociones nunca se revelan. La gente cierra su conciencia, pero no los procesos bioquímicos. Se forma presión. Mientras el sensible entumecido se convierte en un domo de contención repleto de temor, el expresivo entumecido se vuelve un domo de contención lleno de enojo. Ambos tipos experimentan la presión que va creciendo dentro de su domo de contención. El sensible piensa que tendrá un colapso nervioso, el expresivo tiene la impresión de que va a estallar.

Lenny era un expresivo, aunque sólo su esposa tenía conciencia de ello. Representante de ventas de la industria de la indumentaria, Lenny era visto por sus compañeros como intenso y lleno de empuje, pero agradable. Nunca nadie le vio enojado. Había tenido una crianza religiosa estricta y se le castigaba severamente de niño cada vez que se enfadaba. Creció pensando que la gente enojada era mala e inherentemente desagradable. Nunca se identificó a sí mismo como irascible: se veía como explotado en el trabajo, mal pagado y por ello justificablemente molesto.

Pero su esposa Elaine conocía su temperamento real. Ella describió algunos incidentes en los que él ardía en silencio hasta estallar y dar un puñetazo contra una pared, y una vez en que expulsó a alguien de la carretera después de un altercado de tráfico. En general veía a Lenny como frío, inexpresivo y rígido. Cuando estaba en el trabajo trataba de ser amable, pero en el hogar no podía seguir comportándose así.

Lo que veía Elaine era a un hombre que se esforzaba tanto por negar su naturaleza y suprimirla que era como una bomba de relojería, como la gente de la que uno se entera que estalla un día y le dispara a cinco extraños. Lenny era de la escuela de la fuerza de voluntad. El mito de lo bueno y lo malo por cierto lo había convencido de que el enojo era indeseable. El mito del control le había enseñado que un hombre controla sus emociones. El mito de la uniformidad le había enseñado que otra gente no parecía tan enojada como él se sentía, de modo que él tampoco debía sentir de esa manera.

Cuando sentía la excitación interna, apretaba los puños, cerraba bien la boca y no permitía que escapara nada de esa energía. Nunca lograba liberarse, de modo que construía un depósito de resentimientos y enemigos fantaseados en su cabeza, lo suficiente como para mantenerse muy enojado la mayor parte de sus horas de vigilia. Pero su umbral se había atascado tan alto que ya no tenía conciencia de la excitación. Sentía una especie de entumecimiento crónico, puntuado de tanto en tanto por un estallido. Pero en realidad Lenny estaba orgulloso de su autocontrol.

Como Lenny luchaba tanto por ser bueno, su dilema era trágico. Tenía una de las existencias más apagadas que he encontrado nunca. Como en realidad nunca experimentaba ninguna liberación, perdió de vista lo que significa sentir paz interior o felicidad. Su esposa pensó inicialmente que estaba deprimido, pero él se encontraba mucho más allá de la depresión. Estaba en guerra consigo mismo, dispuesto a matar su yo mismo emocional.

Terapia

En la terapia se pueden explorar los orígenes del enojo y la irritabilidad desde ahora hasta el día del juicio final y a menudo no experimentar ningún cambio ni alivio. No pretendo decir que esa exploración no sea importante. Se puede crear una útil cronología de acontecimientos de la vida que modelaron el modo en que se expresan las emociones. Eso es útil porque proporciona indicios de los disparadores corrientes. Pero tal exploración en general puede realizarse en unas pocas sesiones antes que en meses o años. Un terapeuta astuto puede determinar rápidamente cuándo está tratando a un expresivo. El expresivo posee un modelo fácilmente reconocible para responder a muchas situaciones con enojo o irritabilidad.

EXPANDIR LAS ZONAS DE SATISFACCION: LIBERACION BENIGNA

La catarsis tiene un atractivo inherente para los expresivos, porque la liberación es en parte lo que necesitan. Pero no se dan cuenta de que la simple expresión o la descarga de la emoción hace la tarea. Se puede parar ahí: no es necesario seguir adelante y hallar un objetivo y atacarlo. En otras palabras, dar curso al enojo brevemente mientras se está solo es suficiente para expresar la excitación. Hay un componente explosivo en el temperamento que necesita satisfacerse, pero hay muchas maneras éticas y seguras de hacerlo. Más allá de una breve catarsis, toda la investigación reciente sugiere que la expresión crónica del enojo conduce a la probabilidad de que el enojo se convierta en un hábito. Los niños que aprenden a reaccionar cuando se sienten frustrados, reaccionan con mayor frecuencia.

La tarea para el expresivo es la liberación benigna (no destructiva) o catarsis: desplazar la atención del objetivo y volverla hacia su excitación. Por catarsis benigna quiero decir la expresión de la emoción de una manera que no perjudique ni a los otros ni a uno mismo. No se golpea a las personas o las cosas, no se insulta a los otros y no se increpa al jefe o al mejor amigo. Esas son estrategias contraproducentes. Eso no implica que nunca pueda volver a enojarse. Se puede decir: "Está bien, ¿pero puedo llegar al punto en que no me enoje con tanta frecuencia?" No, aún puede seguir enojándose con la misma frecuencia que ahora, pero el enojo puede durar segundos antes que minutos, horas o días.

En el capítulo 10 exploraremos en detalle cómo los expresivos rectifican su termostato y expanden su zona de satisfacción.

LIBERARSE DE LOS MITOS

1. *El mito de la uniformidad*: La mayoría de la gente no se frustra tanto como el expresivo, pero deben vérselas con sus propios estados emocionales desagradables. Sólo que las emociones del expresivo son más obvias y reveladoras.

2. *El mito de lo bueno y lo malo*: Si bien no deseo interpretar románticamente el enojo, es por cierto una emoción

instintiva y normal y a veces es de alta adaptación e indicativa de un saludable sentido de la indignación.

3. *El mito del control*: Los expresivos que tratan de manejar su enojo descubren que se vuelven menos desagradables exteriormente y más sutilmente hostiles. No se puede aplastar el enojo convirtiéndolo en sumisión, porque se impone.

4. *El mito de la perfectibilidad*: Como alguien que se enoja, y dado cómo se juzga el enojo, el expresivo seguro que no se siente perfecto. Su tarea es saber que la perfección no consiste en ser neutral todo el tiempo.

5. *El mito de la enfermedad mental*: Por fortuna, aun cuando a los expresivos se les puede criticar por su conducta, rara vez se la considera una enfermedad mental. No debe encasillarse a sí mismo.

6. *El mito del pensamiento positivo*: Por mucho que trate de convencerse para abandonar sus sentimientos, eso no servirá. Su temperamento exige expresión, pero cómo lo hace es su responsabilidad ética.

Lista para la Identificación del Expresivo

Clasifique las afirmaciones siguientes poniendo una "X" en la línea en blanco junto a la respuesta que mejor le describe:

1. Reacciono rápidamente a los otros cuando dicen o hacen algo que me molesta.
   —— 1 Nada cierto
   —— 2 Rara vez cierto
   —— 3 Algo cierto
   —— 4 Siempre cierto

2. Tiendo a experimentar sentimientos positivos y negativos con mucha intensidad.
   —— 1 Nada cierto
   —— 2 Rara vez cierto
   —— 3 Algo cierto
   —— 4 Siempre cierto

3. Cuando estoy enojado necesito expresar mis sentimientos de inmediato.
   —— 1 Nada cierto
   —— 2 Rara vez cierto
   —— 3 Algo cierto
   —— 4 Siempre cierto

4. La gente me ve como agresivo y dinámico.
   —— 1 Nada cierto
   —— 2 Rara vez cierto
   —— 3 Algo cierto
   —— 4 Siempre cierto

5. He usado alcohol o drogas para calmarme cuando me sentí enojado.
   —— 1 Nada cierto
   —— 2 Rara vez cierto
   —— 3 Algo cierto
   —— 4 Siempre cierto

6. Me irrito fácilmente.
   —— 1 Nada cierto
   —— 2 Rara vez cierto
   —— 3 Algo cierto
   —— 4 Siempre cierto

7. Cuando trato de suprimir mi enojo, termino sintiéndome cansado y/o deprimido.
   —— 1 Nada cierto
   —— 2 Rara vez cierto
   —— 3 Algo cierto
   —— 4 Siempre cierto

8. Me odio por sentir hostilidad tan a menudo.
   —— 1 Nada cierto
   —— 2 Rara vez cierto
   —— 3 Algo cierto
   —— 4 Siempre cierto

9. La gente se siente intimidada por mí.
   —— 1 Nada cierto
   —— 2 Rara vez cierto

—— 3 Algo cierto
—— 4 Siempre cierto

10. Desearía no reaccionar tan emocionalmente.
    —— 1 Nada cierto
    —— 2 Rara vez cierto
    —— 3 Algo cierto
    —— 4 Siempre cierto

11. La gente se aparta de mí cuando cree que me estoy enojando.
    —— 1 Nada cierto
    —— 2 Rara vez cierto
    —— 3 Algo cierto
    —— 4 Siempre cierto

12. Mi enfoque de la mayoría de las cosas es muy apasionado.
    —— 1 Nada cierto
    —— 2 Rara vez cierto
    —— 3 Algo cierto
    —— 4 Siempre cierto

13. Cuando expreso enojo, a menudo después me siento avergonzado.
    —— 1 Nada cierto
    —— 2 Rara vez cierto
    —— 3 Algo cierto
    —— 4 Siempre cierto

14. Soy una persona impaciente.
    —— 1 Nada cierto
    —— 2 Rara vez cierto
    —— 3 Algo cierto
    —— 4 Siempre cierto

15. No hace falta mucho para que me enoje.
    —— 1 Nada cierto
    —— 2 Rara vez cierto
    —— 3 Algo cierto
    —— 4 Siempre cierto

16. Descubro que a menudo descargo mis sentimientos en mis seres queridos después de pasar un día difícil.
   —— 1 Nada cierto
   —— 2 Rara vez cierto
   —— 3 Algo cierto
   —— 4 Siempre cierto

17. A veces no puedo identificar la causa de mi enojo.
   —— 1 Nada cierto
   —— 2 Rara vez cierto
   —— 3 Algo cierto
   —— 4 Siempre cierto

18. Fácilmente me frustro cuando las cosas no son como deseo.
   —— 1 Nada cierto
   —— 2 Rara vez cierto
   —— 3 Algo cierto
   —— 4 Siempre cierto

19. Tengo dificultad para controlar mi temperamento.
   —— 1 Nada cierto
   —— 2 Rara vez cierto
   —— 3 Algo cierto
   —— 4 Siempre cierto

20. Invento excusas para legitimar mi enojo ante los otros.
   —— 1 Nada cierto
   —— 2 Rara vez cierto
   —— 3 Algo cierto
   —— 4 Siempre cierto

21. No me siento triste después de haber expresado mi enojo a los otros.
   —— 1 Nada cierto
   —— 2 Rara vez cierto
   —— 3 Algo cierto
   —— 4 Siempre cierto

22. A menudo me encuentro quejándome.
   —— 1 Nada cierto
   —— 2 Rara vez cierto

―― 3 Algo cierto
―― 4 Siempre cierto

23. Me distraigo fácilmente de lo que estoy haciendo.
    ―― 1 Nada cierto
    ―― 2 Rara vez cierto
    ―― 3 Algo cierto
    ―― 4 Siempre cierto

24. Soy muy crítico con los otros.
    ―― 1 Nada cierto
    ―― 2 Rara vez cierto
    ―― 3 Algo cierto
    ―― 4 Siempre cierto

25. Suelo sentir que si trato de contener mi enojo, estallaré.
    ―― 1 Nada cierto
    ―― 2 Rara vez cierto
    ―― 3 Algo cierto
    ―― 4 Siempre cierto

26. Soy una persona enérgica.
    ―― 1 Nada cierto
    ―― 2 Rara vez cierto
    ―― 3 Algo cierto
    ―― 4 Siempre cierto

27. A menudo me implico en confrontaciones.
    ―― 1 Nada cierto
    ―― 2 Rara vez cierto
    ―― 3 Algo cierto
    ―― 4 Siempre cierto

28. Una vez que me enojo, me lleva mucho tiempo volver a sentirme tranquilo.
    ―― 1 Nada cierto
    ―― 2 Rara vez cierto
    ―― 3 Algo cierto
    ―― 4 Siempre cierto

29. La gente me ve como rígido y frío
   —— 1 Nada cierto
   —— 2 Rara vez cierto
   —— 3 Algo cierto
   —— 4 Siempre cierto

30. A menudo me enojo por pequeños acontecimientos que otros considerarían sin importancia.
   —— 1 Nada cierto
   —— 2 Rara vez cierto
   —— 3 Algo cierto
   —— 4 Siempre cierto

Asegúrese de haber respondido cada uno de los ítems. Calcular el resultado sumando los números junto a las respuestas que se han marcado. Registrar la suma aquí:——.

   80 y más: un expresivo definido
   70-79: muchas características de expresivo
   60-69: algunas características de expresivo
   60 y menos: pocas de esas características tienen un papel importante en su temperamento.

7

Analíticos:
de taciturno a animado

Willis es el principal funcionario de finanzas de una gran compañía y durante años ha dedicado la mayor parte del día a su trabajo. Pero durante los doce últimos meses su gran laboriosidad había cruzado la línea hacia el trabajo compulsivo. Tanto su esposa como su cardiólogo estaban preocupados. El cardiólogo me mandó a Willis para que diera mi opinión. Como Willis sufría de angina, el cardiólogo le sugirió que pensara en cambiar de trabajo para bajar su nivel de estrés. También le prescribió un antidepresivo.

Los síntomas de Willis variaban de una sensación de agitación al agotamiento y a un "vacío" interior, según lo caracterizaba él. Su médico diagnosticó una depresión. Lo que preocupaba a Willis eran las horas crecientes en que sentía que la vida no tenía sentido. En sesión, describió una vida laboral abrumadora en la que debía tratar con duros banqueros de inversión y un jefe bastante tiránico. Eso era lo que él decía, pero para mí fue obvio en cada sesión que toda vez que hablaba de su trabajo, cobraba vida. Se animaba y hasta mostraba sentido del humor al narrar situaciones con su jefe. Era en el hogar donde se sentía triste con mayor frecuencia. "Esos malditos estados de ánimo me invaden y no quiero que mi esposa se deprima también, de modo que me voy a mi estudio después de la comida y empiezo con la pila de trabajo que he traído de la oficina."

"¿Estoy agotado y deprimido porque soy un adicto al trabajo?", preguntó. "No, probablemente sea al revés", repliqué. "Se inclina a una conducta aparentemente adictiva en parte porque desea evitar sentimientos que podría identificar como depresivos, es decir, sentirse apagado, aburrido, chato. De hecho, sin el trabajo es probable que estuviera siempre deprimido clínicamente." Al principio no comprendió. "El trabajo es la única distracción y actividad que le hace sentirse vivo", le dije a Willis.

Willis no tenía ninguna conciencia real de su yo mismo natural —de su temperamento emocional innato— o de que fuera un analítico. Cuando no estaba ocupado, era susceptible de fijar la atención en su falta de sentimientos interiores. En verdad, su trabajo esforzado no podía considerarse una adicción, pues le estaba salvando la vida. Y no estaba deprimido sino simplemente agotado por enfocar su falta de excitación emocional en el hogar. Debía aprender qué hacer con su subexcitación, que es la tarea central del analítico.

Bettina, otro paciente, vino a verme por sus estados de ánimo malos. Recientemente le había mencionado a su médico clínico que su esposo estaba llegando a hartarse de su locura en el hogar: preocupaciones obsesivas por los hijos, si se estaban desempeñando bien en la escuela, si estaban en la clase adecuada, si tenían suficientes amigos, etcétera.

Esas son preocupaciones normales que todo padre puede entender, pero el pensamiento incesante y caviloso de Bettina estaba dominando su vida. Toda vez que ella y su esposo estaban juntos, invariablemente Bettina cambiaba de tema para hablar de los hijos y de sus propias ansiedades nuevas. Entre lágrimas describía ese proceso, afirmando que estaba dispuesta a dar cualquier cosa con tal de liberarse de esas obsesiones. "He perdido el control." Se sentía exhausta y asustada y ya no podía racionalizar su conducta como la de una madre preocupada.

Bettina había sido una trabajadora excelente de una compañía de seguros antes de abandonar el trabajo para quedarse en el hogar mientras sus hijos eran pequeños. Sentía orgullo de su talento analítico, de su capacidad para quedarse sentada frente a un problema matemático y trabajar hasta encontrarle la solución. Poseía todos los atributos positivos de un analítico: atención, concentración y talento analítico. Pero en el hogar, con dos niños pequeños y poca interacción con adultos, parecía que esas condiciones la habían abandonado. Bettina había ido cayendo gradualmente, presa de una conducta cavilosa que se estaba desbordando.

Su clínico correctamente identificó su problema como conducta obsesiva: interminables y reiterados problemas y preocupaciones. El consideró que su estado era lo bastante serio como para considerar un tratamiento para OCD (perturbación obsesiva-compulsiva). Conocía una nueva droga, Anafranil, que estaba dando maravillosos resultados con ese problema. Le pedí a Bettina que no empezara a tomar la medicación. Si la droga podía atenuar temporalmente sus preocupaciones, ella no aprendería a enfrentar su temperamento por sí misma. Lo que es más, era probable que recayera al dejar de tomarla, con lo que estaría de nuevo como al principio.

Como se puede suponer, yo no concordaba con sus médicos en el sentido de que Willis o Bettina sufrieran perturbaciones o enfermedades que requirieran medicación. Se podía sostener que sus síntomas estaban empobreciéndoles la vida, pero los remedios, en mi opinión, no era necesario que fueran tan radicales como se había sugerido. La depresión y las obsesiones pueden haber sido definiciones técnicamente apropiadas, pero eran negativas y simplistas. Señalaban más la enfermedad que las soluciones. Mi enfoque es rehabilitar al paciente enseñándole cómo usar su propia naturaleza y sus percepciones de sí mismo para reconstruir su vibración emocional. En cuanto a la medicación psiquiátrica, tengo presente el credo del Cuerpo de Paz: "Dale a un hombre un pescado y comerá un día. Enséñale a pescar y se alimentará por sí mismo el resto de la vida."

Willis y Bettina estaban luchando con estados de ánimo que eran diferentes sólo en grado respecto de aquello que la mayoría enfrenta todos los días. Como otros analíticos, están dispuestos por temperamento a ocasionales ataques de vacuidad interior, que sólo en el extremo se convierten en depresión u obsesión.

EL TEMPERAMENTO TACITURNO

Cuando el ánimo taciturno —la tristeza, la preocupación, la melancolía— predomina con más frecuencia de cuanto sería de desear (o si se está viviendo con alguien que es así) tal vez se deba leer este capítulo con mucha atención. Se puede estar biológicamente predispuesto a esos estados ocasionales. Se puede tener el temperamento que denomino analítico.

Si se es analítico, las condiciones incluyen un talento para la introspección y una capacidad agudizada para concentrarse, analizar e idear soluciones para cuestiones y proyectos intrincados. Probablemente le deba mucho del éxito en la vida a la capacidad para analizar de manera cabal una oportunidad o un proyecto. Analiza los puntos fuertes y los débiles y demuestra bien su atención al seguir cualquier asunto, se trate de hacer una compra, organizar un acontecimiento o guiar un proyecto laboral hasta el fin.

Como en un tejido, sus fuerzas están entrelazadas con sus vulnerabilidades. Las vulnerabilidades del analítico son el aburrimiento, la tristeza, la preocupación y el malestar. Esos son estados de ánimo normales e inevitables para todos, pero si se es un analítico, se es proclive a permitir que esos sentimientos se descontrolen.

El analítico es especialmente vulnerable cuando no está ocupado: en la soledad, cuando no puede dormir, cuando sale de vacaciones. Cuando se queda literalmente sin nada que hacer, sus pensamientos interiores pueden surgir para perturbarlo. Su mente empieza a asociar libremente y aparecen pensamientos al azar de la nada. Sus pensamientos pueden dar origen a la cavilación, al recuerdo de antiguos resentimientos, de oportunidades perdidas, de confianza traicionada, de lo que pudo o debió haber sucedido. Y termina sintiendo otra vez los sentimientos heridos. O, en esos momentos de quietud, puede ser propenso a preocuparse por problemas corrientes y alcanzar un estado de ansiedad o de inquietud, imaginando las peores probabilidades.

Si se es analítico, se tiene plena conciencia de que el tiempo libre o el tiempo pasado a solas puede ser problemático. Lo que está en juego es la dinámica clave del analítico: crear introspectivamente emociones desagradables o inquietudes cuando nada en el mundo real que lo rodea puede desencadenar tales emociones. Se debe recordar que el temperamento es una experiencia privada, sólo uno sabe cómo se siente realmente por dentro. Detrás de la cara pública compuesta y optimista que les muestra a los otros, es probable que oculte sus estados taciturnos. No desea ser una nube oscura que aleja a la gente y no quiere entristecer también a las personas que le rodean. Probablemente oculte sus depresiones a todo el mundo salvo a sus amigos más íntimos y sus confidentes.

Habitualmente, el cónyuge soporta lo más pesado de las tristezas o depresiones del analítico. A la pregunta "¿Cómo te sientes? ¿Ocurre algo?", el analítico responde encogiéndose de hombros y un pensativo: "Oh, estoy deprimido... un estado de ánimo pésimo... me preocupan las cosas." O, si decide negarlo, dice: "Sólo estoy cansado, pero estoy bien." No obstante, por el proceso de ósmosis emocional, los que están cerca del analítico probablemente perciban lo que él siente.

Su conducta en la primera infancia y en la niñez ayuda a identificar su temperamento innato. Los padres suelen recordar que ya era proclive al ánimo taciturno cuando era tan sólo un niño. Cuando otros niños expresaban sus emociones de manera exterior e intensa, el analítico se abatía un poco más, retrayéndose. Afortunadamente, el niño analítico también está predispuesto a descubrir en sí recursos interiores que en realidad se convierten en ventajas. La creación de compañeros de juego imaginarios, por ejemplo, está altamente relacionada con el posterior pensamiento creativo.

Existe, en realidad, una correlación entre la inteligencia y ser un analítico. Los estudios indican que la gente brillante tiene mayores probabilidades de ser pesimista y deprimida porque posee un cuadro más exacto de la vida y sus problemas. Las personas brillantes, creativas e introspectivas tienen la capacidad un tanto dudosa de centrarse en sus problemas y preocuparse hasta la angustia. Esa misma capacidad para concentrarse y meditar les permite encarar complejos propósitos intelectuales. Abraham Lincoln y Winston Churchill indudablemente eran analíticos, dados sus estados depresivos bien documentados —lo que Churchill llamaba los "perros negros"—, de modo que los analíticos están en buena compañía.

MENSAJES DESORIENTADORES

Durante toda la vida al analítico le han dicho que es demasiado pesimista o aprensivo. Cuando era más joven, le decían que era demasiado triste. A medida que se hizo mayor, fue influido por los mensajes de la sociedad acerca de por qué la gente se siente como se siente. Los terapeutas convencionales le dicen al analítico que alguna pérdida o retención de amor debe de haber causado sus ataques intermitentes de melancolía.

Si el analítico buscó consejo o psicoterapia, es probable que el terapeuta le dijera: "Elaboremos las pérdidas que obviamente debe de haber experimentado." Los profesionales bien intencionados lo urgieron a centrarse en esos sentimientos interiores para tratar de relacionarlos con experiencias de la infancia. Lo que ellos hicieron, lamentablemente, es reforzar la predisposición del analítico a centrarse en sí mismo y a cavilar.

La mayoría de las terapias dan por sentado que con sólo hacer lo que sugieren que se haga, el analítico nunca volverá a sentir esa vacuidad. Y es ahí donde realmente complican el asunto. Inadvertidamente alientan la conducta cavilosa, la interminable revisión de antiguas heridas, un proceso que sólo promueve más conducta cavilosa. Hasta los antidepresivos promueven ese falso mensaje, es decir, si se toma tal pastilla por un tiempo, se supera ese episodio doloroso de depresión e (implícito) probablemente no se lo vuelva a sufrir (mensaje subtexto: ¡si se lo vuelve a sufrir, probablemente haya algo que anda gravemente mal!).

Mi mensaje más promisorio es que una vez que se entiende que el temperamento es también un pronosticador del estado de ánimo, el analítico no se verá abrumado por sus sentimientos, no será cautivo de ellos, y no podrán socavarle la autoestima.

EL YO MISMO NATURAL DEL ANALITICO

Alto umbral de excitación

A diferencia del sensible y del expresivo, los analíticos tienen un alto umbral de excitación. En consecuencia, tienden a sentir menos excitación y por lo tanto son proclives a sentirse vacíos y aburridos.

Tendencia a la acción: introvertido/cavilación

Cuando el analítico percibe esa falta de excitación, su reflejo innato es tratar de elevarla para generar alguna clase de sentimiento, para sentir algo, para sentirse vivo de nuevo. Dado que su tendencia a la acción está orientada hacia dentro (como el sensible, es introvertido), se vuelve autocentrado y autoabsorbido. En términos simples, mira hacia adentro y se pregunta por qué no siente nada. A un nivel subconsciente, considera su falta de sensación corporal, que puede ser experimentada como vacuidad. De manera gradual, eso se vuelve más consciente y el analítico adquiere aguda conciencia de no sentir nada. Y a medida que aumenta la atención, las sensaciones se manifican de manera consiguiente. Luego, empieza a actuar la función interpretativa: "Me estoy sintiendo vacío porque..." Es probable que se centre en alguna pérdida dolorosa o decepción en su vida y que empiece a sentirse triste. La vacuidad se convierte en tristeza.

Como veremos, lo que quiebra ese modelo no son los sentimientos ignorados o reprimidos sino la distracción: una nueva actividad que anule la fijación. Eso puede ser tan sencillo como devolver una llamada telefónica u hojear una revista. La distracción es la tarea correctiva del analítico.

El analítico está excesivamente orientado hacia adentro. Hay un cuerpo creciente de investigación psicológica que demuestra los efectos negativos y depresivos de los estilos autocentrados. Esa investigación no ha dado el paso que yo di, que es vincular esa tendencia a la acción con el temperamento y los umbrales de excitación que tienen base biológica.

EL DON DE LA INTROSPECCION

La propensión a mirar hacia adentro puede ser un atributo muy positivo, que brinda percepciones que nunca descubre el individuo que mira hacia afuera. Graham es un profesor de historia que también ha publicado varios libros de historia en una editorial universitaria. El área en que se ha especializado es la Guerra Civil norteamericana. Graham posee una mente laberíntica y una gran memoria. En sus conferencias, trae a la vida batallas enteras de la Guerra Civil, completadas con biografías de generales y soldados de infantería, estrategia militar y toda la matanza cruda y cataclísmica de esa era trágica de la historia norteamericana. Como Shakespeare o Gore Vidal o William F. Buckley, Graham vivifica sus visiones a menudo sombrías con su humor ácido y lacónico y su sentido de la ironía acerca de la condenada grandiosidad de la raza humana.

Si bien tiene muchos momentos privados de abatimiento e incluso ocasionales ataques de tristeza, es un requerido invitado a las comidas por sus análisis brillantes y muy divertidos de las cuestiones políticas, las películas y las tendencias sociales. Su don de introspección le permite hacer relaciones y hallar un giro irónico a los temas.

Extrañamente, ese vínculo entre el humor y el abatimiento es bastante común. Muchos comediantes son analíticos. Se dice que todo el humor deriva del dolor de ser humano. Grandes comediantes como Charlie Chaplin, George Carlin, Richard Pryor y Lenny Bruce comparten sombrías perspectivas. Todos poseen o poseían el don de tomar las experiencias dolorosas, reflexionar sobre ellas viéndolas desde ángulos nuevos y descubriendo el giro irónico que convierte el dolor en percepción y humor.

Los estudios sobre las personas propensas a la depresión y el pesimismo descubren que a menudo perciben la vida de manera mucho más cabal. Por cierto, no son propensas a la fantasía o al optimismo indebido. Esa capacidad para la percepción certera y la introspección, cuando se la aprecia, brinda una faceta fascinante a una personalidad.

EL LADO OSCURO DEL ANALITICO:
LA DEPRESION Y LA OBSESION

La tristeza es normal, nadie es inmune a la herida que causa una decepción, se trate de un asunto amoroso que fracasa, una ambición personal que se frustra o pena por el infortunio de otra gente. Si se está vivo, a veces se sufre. El analítico experimenta tristeza también, pero se preocupa por el sentimiento mismo. Nuevamente, es lo que hacemos con esos inevitables momentos de abatimiento —sea que padezcamos y nos recuperamos y volvemos a arriesgar o si entramos en una declinación— lo que modela el modo en que se transita la vida.

Como la tristeza, la preocupación es normal. Por cierto, la vida posee incertidumbre suficiente como para que haya de qué preocuparse. Nadie posee suficiente control sobre el destino como para carecer de preocupaciones. Es el temperamento el que determina cómo se encara la preocupación. Para el analítico, puede ser sutil la progresión de la aprensión leve a la preocupación y a la cavilación dolorosa y continuada. Una avalancha puede iniciarse con un guijarro que rueda y, si no se hace nada para detenerla, la preocupación puede convertirse en una obsesión.

Al analítico a menudo se le entiende mal, se le identifica mal y se le diagnostica mal. Cuando los analíticos están en una angustia extrema, se les identifica como poseedores de perturbaciones mentales o emocionales porque se deteriora su funcionamiento cotidiano. Pero esas supuestas perturbaciones merecen una revisión. Creo que las teorías bien establecidas no son satisfactorias. Las preguntas elementales que pueden señalar soluciones son: ¿Por qué alguna gente encara la preocupación y la tristeza tanto mejor que otra? ¿Cómo es la gente diferente que tiene problemas para animarse y salir de la depresión?

TEORÍAS ANTICUADAS DEL ABATIMIENTO

Exploraremos las teorías que se han desarrollado respecto de la depresión y la obsesión. La mayoría de los médicos y terapeutas usan esas teorías para guiar al analítico. Es necesario que advierta al lector en este punto. Para entender la dinámica de la tristeza y la preocupación, se debe estudiar la investigación acerca de las formas extremas de esos estados, es decir, la depresión y la conducta obsesiva. Pero se debe tener presente que el analítico no está necesariamente enfermo. La forma extrema de ese temperamento es lo que más se ha documentado, que es el motivo de que la exploremos ahora.

No hay ninguna enfermedad documentada de manera más completa que la depresión. Se dice que afecta a más personas que cualquier otra enfermedad mental. Informan las estadísticas que la depresión clínica (grave) afecta a 20 millones de norteamericanos en algún momento de su vida. La depresión clínica puede estar marcada por persistentes estados de tristeza, sentimientos de desesperanza y de desvalorización, falta de apetito para todos los placeres de la vida, problemas para dormir, dificultad para concentrarse e irritabilidad: la lista es larga.

Hay un porcentaje mucho menor que sufre de preocupaciones y cavilaciones incontrolables identificadas como perturbaciones obsesivas. Las obsesiones se definen como pensamientos recurrentes y persistentes. Para alguna gente, esa fijación mental lleva a conductas físicas conocidas como compulsiones, que se definen como acciones repetitivas con un fin determinado. Las conductas con fin determinado están diseñadas para reducir la ansiedad o la tensión interior. Por ejemplo, un hombre que tiene lo que él cree que son pensamientos malos o sucios puede dedicarse a lavarse compulsivamente las manos como un modo inconsciente de expiar su culpa por sus pensamientos. La mujer que está preocupada por una falta de control en su vida lo corrige controlando si tiene las llaves del coche o si ha apagado la cocina.

Teorías de pérdida de la depresión

La primeras teorías de la depresión fueron formuladas por Sigmund Freud y sus discípulos. La palabra clave es pérdida. Se decía que la depresión era la reacción emocional a una pérdida real o imaginaria. Más específicamente, la pérdida de una persona importante para nosotros, alguien que proporcionaba amor y seguridad emocional. La pérdida puede producirse de maneras ilimitadas: muerte, separación, abandono, rechazo. Si la pérdida se producía temprano en la vida, se decía que la persona que la sufría era proclive a la depresión durante toda la vida.

Teóricos psicoanalíticos posteriores elaboraron teorías sobre la pérdida como manera de explicar el papel del enojo, o el enojo dirigido hacia adentro en la depresión. Se decía que el sobreviviente incorporaba mentalmente o internalizaba a la persona que perdía y luego le daba curso a su enojo hacia quien lo había abandonado, mediante el odio o el aborrecimiento de sí mismo. Muy esotérico, muy interesante y, en su mayor parte, en mi opinión, totalmente inútil en el tratamiento. Sí, es importante elaborar la pérdida, y es importante sufrir, y luego desapegarse. ¡Pero la teoría de la pérdida no puede explicar toda la tristeza, la melancolía y la depresión experimentada por la gente que no ha perdido a nadie ni nada!

Teorías cognitivas de la depresión

Con el tiempo, el modelo de pérdida de Freud fue eclipsado por otras teorías de la depresión. Esas teorías acentúan el modo en que pensamos: son las teorías cognitivas. Una se denomina teoría del desvalimiento. El psicólogo Martin Seligman, de la Universidad de Pennsylvania, hipotetizó que la depresión afligía a la gente que atribuía su desvalimiento a su falta de talento. Se culpan por no desempeñarse mejor en la vida y tienen la convicción de que seguirán desvalidos en cada nueva situación.

El psiquiatra Aaron Beck, padre de la teoría cognitiva, teorizó que los fracasos de la infancia y las experiencias malas conducían al desarrollo de esquemas negativos, o sistemas de creencias. Esas son actitudes disfuncionales que expresan: "No puedo controlar mi ambiente" o "Las cosas malas tienden a sucederme a mí." De manera poco sorprendente, esas actitudes socavan la autoestima como termitas los cimientos. La gente que tiene esquemas o sistemas de creencia negativos puede llegar a deprimirse seriamente ante todo inconveniente, no sólo ante los acontecimientos trágicos o críticos de la vida, sino ante las presiones cotidianas normales.

La debilidad de las teorías cognitivas como estas, en mi opinión, se debe a que el pensamiento negativo no explica en grado suficiente a la gente que se siente triste en forma intermitente, a pesar del hecho de que les va maravillosamente según pautas objetivas. ¡Pueden tener éxito, ser estables y poseer familias que les apoyan! Creo que las teorías cognitivas son insuficientes porque insisten en los modos aprendidos de pensar como causas cuando a menudo los abatimientos son efectos bioquímicos del temperamento innato.

Teorías de la obsesión

En contraste con la depresión, las teorías de la obsesión o la preocupación excesiva se centran en perturbaciones del pensamiento en las que la excesiva intelectualización es el síntoma predominante. Se dice que el pensamiento obsesivo es una estrategia equivocada de adaptación que emplea la gente para reducir la ansiedad acerca de algún pensamiento o acción temido. La obvia insuficiencia de esta teoría se demuestra por el hecho de que los clínicos no pueden explicar por qué los sedantes o los ansiolíticos no parecen funcionar en estos casos. Si la obsesión es una condición de la ansiedad, los sedantes deberían tranquilizar a los que piensan obsesivamente, pero no son efectivos en absoluto. De hecho, son los antidepresivos los que dan alivio para las obsesiones, un enigma que puede explicarse con mi teoría del temperamento.

Teorías bioquímicas corrientes de la depresión

Los descubrimientos sobre la química cerebral en años recientes han llevado a una revolución en el pensamiento acerca de la depresión. Los grandes éxitos con la medicación antidepresiva llevaron a los biopsiquiatras a redefinir la depresión desde un punto de vista puramente bioquímico: un estado de perturbación afectiva causada por un desequilibrio químico, muy sencillo, sin ninguna causalidad debida a la historia personal. Esas nuevas creencias son útiles en muchos sentidos. Los que padecían ya no debían hacerse cargo de la culpa por causar su enfermedad mediante su pensamiento negativo. No había ninguna necesidad de explorar o elaborar infancias o pérdidas dolorosas.

La familia más reciente de antidepresivos se centra en el neurotransmisor llamado serotonina. Tal vez la más publicitada de las nuevas drogas, el Prozac, actúa impidiendo que un receptor particular absorba la serotonina a lo largo de su curso, de modo que puede desplazarse sin obstáculos por los cursos en las partes del cerebro que controlan las emociones.

Los atractivos resultados del Prozac y de otros antidepresivos condujeron a muchos estudios de ensayo y error. Como se usaban los antidepresivos de manera amplia para tratar una gran variedad de problemas, incluida la depresión, los problemas de alimentación y las obsesiones, su nivel de éxito para un amplio espectro de problemas llevó a la confusión en el diagnóstico. Como los antidepresivos eran útiles para esas perturbaciones, se pensó que esos problemas podían ser sólo facetas diferentes de la depresión. Algunos biopsiquiatras lo creen, pero tal confusión global desaparece ante la lógica y la intuición. Sin duda hay una respuesta mejor que unir todas esas perturbaciones como depresión. ¿Cuál es el denominador común bioquímico?

En la terapia convencional, en la práctica y la teoría clínica, se piensa que depresiones y obsesiones no están relacionadas de ninguna manera. Se las aborda como diferentes clasificaciones de enfermedades con causas diferentes y tratamientos diferentes. Significativamente, creo que están relacionadas tanto en su causa como en su tratamiento.

Centrarse en sí mismo y fijación: el eslabón perdido

La verdad, en mi opinión, es que los antidepresivos no son antidepresivos. Creo que es más exacto definirlos como activadores de la excitación. Eso se ve muy claramente en el éxito del Prozac con la conducta obsesiva —que se pensaba que era un estado de ansiedad— y con la depresión, que era clasificada como un problema de ánimo. Lo que esas dos condiciones tienen en común es la subexcitación y la concentración en sí mismo. Se piensa que los obsesivos están crónicamente sobreexcitados porque piensan todo el tiempo. Es mi creencia que la verdad es lo opuesto: los obsesivos están subexcitados, como los depresivos.

Según mi teoría del temperamento, tanto la tristeza (la depresión, cuando es extrema) como la preocupación (la obsesión, cuando es extrema) tienen como causa altos umbrales de excitación que tienen como resultado la fijación, o una incapacidad para librarse de la concentración en sí mismo. Los analíticos son proclives a fijarse en la pérdida y en la vacuidad (depresión) o en las preocupaciones (obsesiones).

¿Qué hacen los antidepresivos como el Prozac? Esos bloqueadores del libre curso de la serotonina propulsan la circulación de esa sustancia. Despiertan o activan el sistema de excitación de depresivos y obsesivos (en tanto sigan con la droga). Más serotonina significa más excitación. La vivacidad redirige la atención de la gente al mundo exterior, apartándola de sí mismos, lo que les permite librarse o distraerse de la concentración en sí mismos y de la fijación.

Otra clase de antidepresivos se conocen como inhibidores de la oxidasa monoamino (MAO). Inhiben MAO, una enzima que influye en la serotonina. La gente deprimida puede tener altos niveles de MAO. Al inhibir MAO, esos antidepresivos actúan como energizantes psíquicos.

Esas son, entonces, las teorías subyacentes. Nuevamente, no hay que preocuparse por la discusión de la patología (enfermedad). La investigación acerca de la enfermedad emocional arroja luz sobre nuestros estados de ánimo normales. Vimos este panorama para entender el yo mismo natural normal del analítico, que está iluminado por las teorías claves que se ocupan de los analíticos extremos.

LA BRECHA DE GENERO

Las mujeres, en general, son más emocionales (tal vez en parte debido a factores hormonales) y tienen más conciencia de sus emociones que los hombres (por cierto, debido al condicionamiento cultural). Se sigue que las mujeres analíticas tienen probabilidades de ser más sensibles a su excitación interna o a su falta de excitación interna. Es probable que la mujer analítica traslade su necesidad de estimulación emocional al romance y el matrimonio, buscando la pareja excitante perfecta, tratando de que su novio o esposo proporcione el entusiasmo y la chispa. Y es probable que centre sus preocupaciones y su tendencia a fijarse en su relación amorosa o matrimonio.

Los hombres, típicamente, tienen menos probabilidades que las mujeres de prestarles atención a las emociones internas. Es probable que el típico varón analítico tenga menos conciencia que la mujer analítica de su falta de excitación y de su tendencia a fijarse y preocuparse. Es probable que lleve su necesidad de estimulación al área del trabajo, la carrera, el éxito y el dinero. Estos son los imanes, también, para su preocupación y su análisis.

EL ANALITICO Y LAS RELACIONES
Química romántica

El amor y el romance son soluciones de fantasía ideales para el temor del analítico por la falta de animación. ¿Qué mejor antídoto que la excitación de un nuevo romance? En verdad, para muchos de nosotros, la palabra excitación conjura el romance y los sentimientos poderosos que experimentamos al enamorarnos.

Si se es un analítico, la búsqueda de amor y de alguien que cambie todo es probable que sea la solución para la falta de excitación interna. El analítico desea inconscientemente a alguien que le salve del humor sombrío y del aburrimiento. Habitualmente se siente atraído por la gente que lo excita, incluido el investigador excitante y el expresivo emocionalmente explosivo. Puede sentirse atraído por los tipos apasionados: gente obstinada, expresiva en sus emociones, aun personalidades volátiles, hombres y mujeres que lo hacen sentir emocionalmente vivo. O puede sentirse atraído por personas que son activas, incluso hiperactivas en deportes, actividades al aire libre, aficiones, política, búsquedas religiosas o espirituales: al analítico le agrada la pasión y el entusiasmo.

El deseo de estimulación emocional, lamentablemente,

puede llevarle por cursos menos lineales. Es vulnerable a las relaciones con gente con problemas, ya que se estimula emocionalmente con su caos emocional. Obtiene un puesto estelar en su propia telenovela, lo que le da buena razón y amplio material para lo que le aterra: preocuparse por los problemas de esas personas y su relación. Y puede analizar, criticar, aconsejar y tratar de solucionar esos problemas, poniendo en juego todas las facetas de su temperamento. Puede tener la costumbre de buscar parejas elusivas o que rechazan o de relacionarse con hombres o mujeres casados o con compromisos. La relación mala o difícil brinda una generosa provisión de estimulación emocional.

Es probable que el analítico soltero salga con muchas parejas potenciales, en busca de la que sea perfecta y excitante. La fantasía de la pareja como salvadora se desarrolla sin cesar en los asuntos amorosos del analítico. Cuando gradualmente llega a comprender que la pareja no puede proporcionar estimulación continua, puede sentir resentimiento, incluso hostilidad. Concluye que no era una pareja buena y pasa a otra persona, buscando en vano una solución externa para lo que es un dilema bioquímico interno que no puede solucionar más que quien lo sufre.

Al salir con potenciales parejas, puede ser sumamente crítico. Y puede tener problemas con la intimidad, con permitir que alguien se le acerque demasiado, por temor al rechazo cuando experimenta su estado depresivo.

El matrimonio comúnmente es promovido como fuente de alegría. Muchos consejeros matrimoniales sostienen la promesa implícita de que, si en el matrimonio se trabaja de la manera adecuada, puede hacer sentirlo a uno vivo de maneras que nunca se creyeron posibles. Ese consejo ingresa en la rica vida de fantasía del analítico, así como en su disposición a cavilar. Puede cavilar interminablemente sobre lo que no anda bien en su matrimonio, cómo mejorarlo, o cómo puede convertir a la pareja en un amante de fantasía.

Conflicto en las relaciones

Culpar al cónyuge por no proporcionar esa chispa que le falta a la vida es injusto. Lamentablemente, está sancionado por decenas de libros, artículos de revistas y programas televisivos que alientan a la gente a buscar fuera de sí la solución de sus dilemas personales, como esperar que la pareja lo haga sentir más vivo.

Mientras para los otros tipos de temperamento el aburrimiento es un punto emocionalmente neutro, los analíticos entienden el aburrimiento como un preludio para la tristeza. De manera nada sorprendente, los analíticos son especialmente resistentes a la realidad de que los períodos de aburrimiento son naturales e inevitables en todo matrimonio.

Wendy y Jack entraron en terapia marital por insistencia de Wendy. Después de doce años de matrimonio, ella sentía que andaban a la deriva. Tenía una sensación de rutina y de predecibilidad que le resultaba espantosa. "Es como si ya fuésemos viejos", comentó.

Jack, por otra parte, era como muchos hombres casados que veo, básicamente muy satisfecho. "La amo. Tenemos una gran familia. Nuestra vida sexual es buena, supongo. Tal vez podríamos comunicarnos más, pero francamente, me fastidian tanto sus quejas que de verdad no tengo ganas de hablar con ella." Sonaban como cientos de otras parejas a las que he visto en mi consultorio.

En la terapia de pareja, trato de descubrir qué sucede con la parte que se siente más insatisfecha, en este caso, Wendy. ¿Qué desea realmente, y por qué lo desea? La mayoría de la gente que se toma la molestia de buscar tratamiento está herida de alguna manera. Rara vez sólo desean mejorar su matrimonio, suelen estar motivados por un problema emocional urgente.

Conversando con Wendy sobre su vida emocional interna, se me hizo claro que ella era una analítica. Tenía muchos amigos, muchos intereses y parecía optimista, pero por dentro la dominaban las preocupaciones, lo que se manifestaba como perfeccionismo. Si las cosas no se hacían como se debía, ella se sentía vagamente molesta. En especial cuando sus niños eran muy pequeños, sus preocupaciones habían dominado la vida familiar.

Cuanto más sondeaba, comenzaba a tener una medida de la frecuencia de sus preocupaciones, y cuándo se volvían obsesivas. Fue durante uno de esos períodos cuando ella se sintió muy "apagada por adentro", según lo expresó. "Tengo una tendencia a ser francamente pesimista a veces, pero suelo salir rápidamente de ese estado. Ultimamente, sé que en realidad no tengo mucho de qué preocuparme, y no obstante no estoy feliz. Siento una especie de tristeza, a menos que esté preocupada con proyectos. Creo que la causa de lo que estoy sintiendo es en verdad nuestro matrimonio. Está como estancado."

Le dije a Wendy que había dos dinámicas en acción. Una era un matrimonio al que por cierto no le vendría mal cierta revitalización. La otra era su falta de conciencia acerca de su propio temperamento. Ella estaba confundiendo las dos cuestiones. Le dije que debía olvidar al esposo como remedio para su ocasional subexcitación. Jack no había creado el temperamento biológico de ella y él no podía curarlo. Su matrimonio en verdad podía ser mejor, pero primero debían dejar de lado la culpa y la acusación. Si ella le decía a Jack: "Mira, tengo esta tendencia a sentirme un tanto morosa y preocupada a veces. Me ayudaría a sentirme más feliz si tú y yo tratáramos de divertirnos más juntos", esa sería una comunicación positiva. Sus arengas de dos horas sobre el tema "Tú eres tan aburrido" no estaban ayudando.

Les pedí a Wendy y Jack que no se comunicaran nada acerca de la relación. La tarea de Wendy era buscar y planificar nuevas actividades e intereses que ella pudiera hacer con su esposo, y nuevos intereses que pudiese realizar sola. Ella no debía trabajar para cambiar a Jack, ni volverse a él para que le solucionara su problema.

Una vez que se empieza con la obsesión acerca de las maneras en que se puede mejorar la pareja o ayudarla a crecer, el límite es el cielo. ¿Por qué no insistirle al esposo para que adelgace cinco kilos, o para que recoja la toalla húmeda del suelo del baño? ¿Por qué la esposa no está más interesada en el trabajo de uno, por qué no se muestra más divertida o grata por la mañana?

Pensar en las maneras en que alguien puede mejorar es semejante a fastidiarse por una cualidad o un amaneramiento particular en la pareja, para luego pensar en eso todo el tiempo. La preocupación obsesiva no sólo es difícil de eliminar sino que magnifica la cualidad irritante hasta que se convierte en todo lo que uno puede ver. Esa manera de culpar bajo el aspecto de mejorar al otro, redunda en perjuicio del analítico. Cuanto más critica, culpa y acusa el analítico, mayor es la probabilidad de que la pareja se retire emocionalmente. Entonces el analítico recibe aun menos estímulo de su pareja.

Es probable que el analítico vea la comunicación como la palanca por la cual el matrimonio será lanzado a algo más vivo y estimulante. Los analíticos son víctimas del pensamiento promovido por la psicología popular. "Tome contacto con sus sentimientos" y "háblelo" son dos prescripciones que ellos adoptan ansiosamente. Si algún tipo de temperamento se califica para dedicarse a la autoabsorción y a la conversación interminable, es el analítico. Lamentablemente, cuando le anuncia a su pareja: "Debemos comunicarnos más", lo que en realidad está diciendo es: "Unete a mis cavilaciones para sentirte más vivo." La persona que está en el otro extremo de ese pedido está pensando: "No, gracias" mientras se retira.

Otra conducta común en el analítico es la fantasía sexual. Al analítico le resulta fácil enredarse en la fantasía. Por ejemplo, una persona analítica puede obsesionarse con el cajero de un banco, o un compañero de tenis y en secreto puede cavilar acerca de tener un asunto. Habitualmente, esa fantasía no se pone en práctica y en cambio queda segura dentro del ámbito de la fantasía. ¿Por qué los analíticos no ponen en práctica sus fantasías? Porque esas fantasías tienen más que ver con la excitación —ocupar su vacuidad— que con el apetito sexual o la lujuria. A veces trabajo con analíticos que se masturban compulsivamente, y a menudo esa es la clave de lo que está sucediendo. Se sienten apagados por dentro y masturbarse con una fantasía de momento compensa ese estado. A su nivel más básico, están buscando cualquier sensación para sentirse más vivos.

Antes de poder construir una sólida relación amorosa, el analítico debe ocuparse primero de aceptar y reconocer su temperamento. Cuando puede reconocer que la otra gente no se lo va a arreglar, y que él mismo debe enfrentar los aspectos difíciles de su temperamento, una relación o un matrimonio puede servir como distracción sana, en el mejor sentido de la palabra. He acentuado los dilemas del analítico, pero ellos pueden ser parejas cálidas, atentas y generosas.

Amistades

Los analíticos son por cierto buenos amigos. A veces tienen dificultad en confiar en sus amigos. Se inclinan a experimentar la vacuidad y empiezan a cavilar sobre la calidad de sus amistades y el grado en que sus amigos se preocupan por ellos. En esos casos, tal como en el matrimonio, el temor de no estar recibiendo suficiente de los amigos les preocupa e incluso les sumerge en interminables cavilaciones sobre una posible desatención.

El padre analítico

Los padres se preocupan y los padres analíticos probablemente se preocupen muchísimo más que otros. Si se reconoce en uno mismo esa tendencia a preocuparse, se debe tener una cautela especial y trabajar en clasificar las preocupaciones normales, las inquietudes paternales normales y la preocupación excesiva debida más al propio temperamento. La buena noticia es que los padres analíticos son también muy conscientes y consistentes en su amor y su protección.

EL ANALITICO EN EL TRABAJO

Ambición y carrera

En Norteamérica, la fantasía favorita y el antídoto para el aburrimiento, la tristeza o la preocupación es el dinero y el éxito. La esperanza de un triunfo o un resultado o un trato conveniente hace sentir excitado a cualquiera. Mientras la mujer analítica puede esperar que el romance o el matrimonio le proporcione excitación, es más probable que el analítico masculino ponga su necesidad de vibración en el ámbito laboral.

Arnold es un empresario exitoso y analítico. Toda su vida la ha dedicado a la búsqueda del éxito económico. Vino a verme a la edad de cuarenta y seis años porque todos sus años de intensos esfuerzos no habían hecho mella en su estado emocional cotidiano. Proclive a oscuras depresiones que podían durar semanas, finalmente había llegado a la conclusión de que algo no andaba bien en él. En los últimos meses se había sentido cada vez más abatido. Se pasaba muchas horas sentado en la casa. Su empresa ahora podía funcionar muy bien sin su presencia constante. La esposa le sugirió que buscara terapia. Estaba muy segura de que él tenía una depresión grave y toda vez que intentaba sacarlo de sus estados sombríos él se mostraba más irritable con ella.

Arnold era un obvio analítico. Desde la infancia en adelante había sido una persona sombría y a veces triste. Recordaba su adolescencia, las muchas horas que se pasaba solo, soñando pero también preocupándose por la escuela, las chicas, su ingreso en una buena universidad. Y, en años posteriores, se había preocupado por la escuela de Derecho, eligiendo luego dedicarse a los negocios. "Ha sido una vida sin alegría la mayor parte del tiempo", admitía Arnold.

Trató de convencerme de que estaba sufriendo una crisis de la mitad de la vida. "Mis valores son como comida mala", me dijo. "Fue ahí donde me equivoqué. Debí haber sido biólogo marino, como mi hermano. No tiene dónde caerse muerto, pero es feliz." Estuve de acuerdo en que había perdido mucho —amistades, participación comunitaria, desarrollo espiritual— como consecuencia de su búsqueda de dinero. Pero le insté a demorar todo cambio importante, por ejemplo comprar un velero y poner rumbo al Pacífico Sur, hasta que supiera más sobre sí mismo.

Arnold llegó a conocerse mejor. Desarrolló intereses nuevos y creativos que le están dando distracción y gratificación. Resultó que su autonocimiento era más importante para él que sus esfuerzos por hacer dinero. Se encontró a sí mismo.

Tantos hombres y mujeres se sienten desilusionados cuando por fin saborean la tan buscada recompensa del éxito. Los analíticos son más susceptibles a ese desencanto. Finalmente obtienen el puesto, la casa, el dinero en el banco, cualquiera que sea su tótem personal del éxito, y estallan. Siempre habían esperado que el éxito les hiciera felices. Se trata de un trabajo interior, nada ni nadie —nada externo— puede asegurar la propia felicidad. Si se aprende a orquestar la vida emocional —cómo se reacciona a lo que da la vida— es posible volverse más tranquilo, más animoso. Una vez que se aprende a trabajar con el tempermento, el trabajo y el logro pueden servir como magníficas distracciones.

El empleado analítico

El analítico puede ser un empleado que se destaca, es probable que sea analítico, preciso y atento a los detalles. La cavilación y la capacidad para concentrarse, después de todo, es lo que permite a científicos, escritores, estudiosos e inventores, entre otros, explorar todas las facetas de un proyecto antes de iniciar su creativa solución a un problema.

Puede ser proclive a dejarse llevar por los detalles, a ser hiperanalítico y a perder de vista la conveniencia de ocuparse de un problema de la mejor manera posible y avanzar. Puede perder tiempo fijándose en los problemas y necesita recordarse a menudo que rara vez un proyecto del mundo de las finanzas se realiza como se planeó o alcanza la perfección.

Al analítico fácilmente le pueden descolocar los inconvenientes comunes del mundo de los negocios o del trabajo. Todos podemos desalentarnos o preocuparnos frente a la adversidad real, pero suele ser el analítico el que se abate por más tiempo y el que tiene probabilidades de sentirse abrumado por los sentimientos de desvalimiento y pesimismo. Como su preocupación y abatimiento pueden ser infecciosos, y su desánimo puede difundirse con mayor rapidez que la gripe, es probable que sepa muy bien que los colaboradores se alejan de él cuando entra en una de esas situaciones. Rápidamente puede construir una espiral de fracaso cuando la tristeza, el pesimismo o la indecisión causados por la preocupación excesiva erosionan sus relaciones de trabajo o su productividad. Por esta razón, saber cómo encarar su temperamento y aislar sus aspectos negativos es imperativo para su supervivencia económica al nivel más básico.

El jefe analítico

Los directivos de compañías suelen ser analíticos.

Pueden analizar un proyecto, evaluar la competencia, desarrollar estrategias y procedimientos, establecer objetivos y mantenerse activos. Hay un vínculo entre el liderazgo y la condición del analítico. Recordemos a nuestro analítico, Winston Churchill, del que se decía que luchaba con grandes ataques de depresión. El entendía su temperamento y cuando le asaltaban los "perros negros", como sabía que sucedería, se apartaba en su estudio y pensaba y escribía. Mantenía bajo control su inclinación a ser obsesivo, dándole una salida clara y positiva.

FALSOS SENDEROS AL ALIVIO EMOCIONAL

Para el analítico, su disgusto por la subexcitación puede ser tan poderoso que su instinto visceral es librarse a cualquier costo de ese sentimiento de falta de vida. Por esa razón, los analíticos suelen ser grandes consumidores de terapia. Leen ansiosamente todos los libros sobre el tema, lo intentan con todas las terapia, asisten a todo seminario de crecimiento, ingresan en organizaciones de autorrealización, todo lo que prometa alivio emocional, cambio psicológico o animación. Veamos por qué y cómo esas posibilidades pueden resultar falsas soluciones para el analítico.

INTERMINABLE PSICOTERAPIA DE LA PERCEPCIÓN

Para el analítico, la psicoterapia de la percepción o tradicional posee ciertos peligros latentes. Esa terapia propone ponerse en contacto con los sentimientos, centrarse en sí mismo, ¡que es el problema del analítico! El analítico termina con un socio en las cavilaciones, ¡el terapeuta! Puede quedarse en la terapia por décadas y, si bien acumula muchísimo conocimiento intelectual, es probable que no se sienta mejor ni más feliz. Para el analítico, innumerables horas de introspección y análisis están destinadas a no poder brindarle el alivio emocional que necesita.

Adicción a los seminarios de crecimiento personal

En mis experiencias con hombres y mujeres enamorados de los nuevos grupos de recuperación de doce pasos basados en el modelo de AA (Alcohólicos Anónimos), descubro que los analíticos son fáciles conversos. Eso sucede de manera especial con las terapias cuyo concepto basal es el niño interior herido. Se fantasea que el niño interior espontáneo, confiado y vibrante es la fuente de la vivacidad potencial. Se promete que, una vez que se reconoce, se ama y se curan las heridas infantiles del niño interior, la persona se siente rejuvenecida por el niño interior despertado. El niño interior se convierte en una fuente de alegría, de juego y de contento interior, un antídoto perfecto para la meditación y la preocupación interminables. Como un cangrejo de mar que se desprende de su caparazón en la playa a la luz de la luna, la persona se desprende de su antigua personalidad sombría y sale danzando con un nuevo aspecto.

Johnny es un joven profesor asistente de artes teatrales en una universidad local. Hace años que nos conocemos y hemos tenido un diálogo continuado sobre las técnicas terapéuticas y los cambios en mi campo. Sagaz y analítico, obtuvo su puesto en la universidad sobre la base de una brillante revaloración de las obras de uno de los más oscuros dramaturgos norteamericanos, una disertación que fue reelaborada como texto para las clases de artes teatrales de la universidad. Es un gran director y dramaturgo que guía a sus alumnos hasta la esencia de sus personjes.

Pero cuando se trataba de sus estados de ánimo, Johnny se odiaba. Proclive a inexplicables estados de desesperación que aparecían de la nada, en una época había coqueteado con la cocaína como solución. Eso lo llevó a un bolsillo vacío y a una grave depresión, que le hizo iniciar una búsqueda de autorrealización. Me dijo que pensaba que su participación en seminarios —varios en el lapso de seis años— eran una búsqueda de autoaceptación. Le dije que pensaba que lo impulsaba la autoabominación, no podía soportar ser quien era y trataba de convertirse en una persona diferente.

Mientras explorábamos cada una de sus experiencias, Johnny aceptó que los efectos positivos, la luna de miel de esperanza y amor y conexión con el director del seminario y otros miembros, se debilitaba después de unos pocos meses. Se aburría y finalmente reducía su participación de dos o tres reuniones intensas semanales a una cada tanto. Luego empezaba a buscar otra cosa que le ayudara, que minimizara sus depresiones e incrementara sus períodos de vivacidad. Pero invariablemente volvía a su temperamento básico, el analítico.

Una vez que le ayudé a explorar su temperamento y de que hubiese aprendido a no asustarse por la subexcitación, de manera gradual llegó a reconocer qué le estaba diciendo su cuerpo. Johnny aprendió a aceptar su subexcitación, no a analizarla. Aprendió a distraerse serena y deliberadamente no en una meditación matinal ni en un seminario semanal sino mientras sucedía su subexcitación. Todo el proceso insumía sólo minutos. Amplió su zona de satisfacción emocional acortando sus períodos de melancolía y alargando sus períodos de vivacidad. En su lucha con su temperamento, se había convertido en su enemigo. Creo que la búsqueda del niño interior puede ser útil para algunas personas, pero no cuando se busca una fantasía idealizada. Mi objetivo es enseñar a recuperar el yo mismo genuino.

Los antidepresivos como muleta de la excitación

Los enfoques convencionales en el tratamiento de la depresión y la preocupación obsesiva tienen éxito limitado por varias razones. A largo plazo, la terapia con droga impide al analítico aprender a bajar el umbral por sí mismo. Sin embargo, puede ser útil como ayuda a corto plazo, por ejemplo, para aliviar un episodio agudo de depresión o fijación, o para llevar a un paciente crónicamente triste o preocupado a un nivel de bienestar en el que puede beneficiarse con la terapia de conversación. Lamentablemente, muchas personas siguen con la medicación hasta mucho más allá del punto en que están estabilizadas en su zona de satisfacción emocional: el paciente puede temer una recaída, el doctor puede no saber cuándo detener el tratamiento con droga.

Algunos analíticos que toman antidepresivos (o activadores de la excitación, en mi opinión) al principio pueden sentirse vibrantes. Si la experiencia del analítico con los antidepresivos fue típica de la mayoría, podrá recordar que en el curso de pocas semanas se sintió mejor y empezó a recuperar el interés en las actividades, lo que a su vez mejoró la confianza y la autoestima. Un poco antes o después se sintió "curado" y, cuando se le acabó la medicina, no la renovó. "Ya no necesito pastillas. Ya salí de eso." En el curso de unas pocas semanas puede haber sentido que se evaporaban su energía y su entusiasmo y puede haber comenzando a volver a ese estado de ánimo gris y sombrío.

Típicamente, cuando sucede eso, que es muy común, la gente hace otra cita con el médico y le pide otra receta. Ahora, lamentablemente, empieza a identificarse como mental o emocionalmente enfermo y comienza a sentir vergüenza de su estado. He leído muchos estudios en los cuales los psicofarmacólogos, al notar ese modelo común, concluyen que puede ser mejor para la autoconfianza del paciente que siga continuamente con la medicación, ¡presumiblemente para siempre! Esta opinión es una admisión implícita de que las medicaciones no curan una perturbación emocional, sólo la manejan. No es posible curar el temperamento, pero se puede aprender a manejarlo sin recetas perpetuas.

Automedicación: estimulantes y comida

A diferencia del sensible, que prefiere sedarse, el analítico desea la excitación y la vivacidad, quiere estimulantes. Mientras es posible hallar al sensible en el bar, al expresivo en un partido de fútbol y al investigador en una expedición montañista, a los analíticos se les encuentra en su hábitat natural: las cafeterías y los cafés. En todo ambiente, los que fuman mucho y beben cantidad de café es probable que sean analíticos. Les encanta la vibración, la carga y el estímulo que proporcionan la cafeína y la nicotina. Los analíticos son vulnerables a todos los estimulantes, incluido los fuertes, como la cocaína.

La comida es una automedicación de una clase levemente distinta. Mientras los sensibles pueden comer en exceso para tranquilizarse y aliviarse, los analíticos pueden dedicarse a beber o comer compulsivamente para llenar su vacío interior. Jane, una profesora de ciencias de la escuela secundaria, descubrió que la intranquilidad emocional la ponía en un estado de autoabsorción. "¿Qué hice mal?", se preocupaba. "¿Cómo pude haber dicho eso?" Se aislaba y se dedicaba a su interminable preocupación, lo que solía suceder cuando fracasaba una relación amorosa. Entonces se atracaba de dulces y pasteles. La fantasía de poner más materias adentro siempre le daba la sensación de llenarla momentáneamente. Pero la mejoría en su tono emocional sólo duraba unos pocos minutos y volvía a su estado sombrío. Ahora, para completar su estado de ánimo, tenía otro elemento para odiarse: comer en exceso y engordar. Jane fue bulímica, de manera intermitente, por doce años. Ese círculo vicioso puede ser familiar para muchos, ya que los problemas con la alimentación están entre los dilemas más comunes que se enfrentan en la terapia. Tanto los sensibles como los analíticos son proclives a esas soluciones contraproducentes, ya que la comida calma la ansiedad y llena la vacuidad, al menos temporalmente. El azúcar y el alto momentáneo que produce también le hace sentir vivo a uno.

EXPANDIR LA ZONA DE SATISFACCION: DISTRACCION

Para los analíticos, el primer paso hacia la orquestación de su vida emocional es la autoaceptación, que es un esfuerzo que les resulta especialmente duro. Se han acostumbrado a pensar que, si sólo siguen preocupándose o cavilando sobre sus problemas, pueden llegar a descubrir una solución. Como otros tipos, lo que hacen reflexivamente ante demasiado poca o mucha excitación es a menudo la respuesta misma que exacerba su dilema emocional. Ayudarles a tomar conciencia de que poseen un yo mismo natural que actúa debajo de su yo mismo consciente es la tarea primera y más difícil que debe realizar un terapeuta con un analítico.

La tarea del analítico es dominar el proceso de distracción paso a paso que describiré en detalle en la parte III de este libro. Recuérdese que el concepto clave para el sensible era la desensibilización y para el expresivo la liberación benigna. El concepto clave para el analítico es la distracción. Distraerse lleva a liberarse de la fijación y a activar la animación o la excitación. Eso es también lo que hace la medicación psicotrópica. Basada en lo que se sabe sobre las acciones químicas de ciertos antidepresivos, es mi opinión que cuando se estimula la serotonina, se activa la excitación, se libera la fijación, se produce la distracción y se levanta la depresión. Por fortuna, es posible aprender a emplear la distracción sin medicaciones.

Mi objetivo es enseñarle al analítico a bajar los umbrales por sí mismo. Se sentirá más animado y tendrá la energía y el deseo de dedicarse a actividades que distraen positivamente: el trabajo, la vida social, los deportes, etcétera. Podrá quebrar el hábito de la depresión y desarrollar lo que denomino un reflejo de distracción. Con el tiempo, la acción antes que la cavilación se convertirá en una segunda naturaleza.

ANALITICO: LIBERACION DE LOS MITOS TOXICOS

1. *El mito de la uniformidad*: Nadie está libre de la preocupación o aun del abatimiento. La mayoría de la gente oculta esas emociones, no obstante las tiene.

2. *El mito de lo bueno y lo malo*: La preocupación y la tristeza por cierto no son deseables, pero considerarlas como malas es abrirse uno mismo a la vergüenza y a los sentimientos de insuficiencia.

3. *El mito del control*: Creer que se pueden dominar las preocupaciones o controlar la posibilidad de tristeza hará enfocar interminablemente la falta de animación que se siente. El intento de controlar aquello que hace sentir impotente sólo hace más infeliz la vida.

4. *El mito de la perfectibilidad*: En el mejor de todos los mundos posibles, siempre hay sucesos futuros por los cuales preocuparse, decepciones a absorber. No hay que engañarse pensando que la vida puede ser siempre feliz.

5. *El mito de la enfermedad emocional*: Experimentar preocupación y tristeza es experimentar las emociones más co-

munes de la vida. Aun cuando tales cosas hagan infeliz, eso no significa que se esté enfermo. Definirse como enfermo puede ser lo necesario para darse permiso para buscar ayuda, pero, a largo plazo, es un rótulo que daña más que cuanto ayuda.

6. *El mito del pensamiento positivo*: Al analítico puede no ayudarle en absoluto el pensamiento positivo; de hecho, puede producirle el efecto opuesto. Los analíticos piensan demasiado y el antídoto no es pensar sino emprender la acción.

Lista de Identificación del Analítico

Clasifique las afirmaciones siguientes poniendo una "X" en la línea en blanco junto a la respuesta que le describe mejor:

1. A menudo experimento períodos de tristeza.
   —— 1 Nada cierto
   —— 2 Rara vez cierto
   —— 3 Algo cierto
   —— 4 Siempre cierto

2. Cuando algo me preocupa, tiendo a cavilar al respecto.
   —— 1 Nada cierto
   —— 2 Rara vez cierto
   —— 3 Algo cierto
   —— 4 Siempre cierto

3. Mi capacidad para concentrarme es muy buena y puedo centrarme por largos período en conseguir que las cosas se hagan bien.
   —— 1 Nada cierto
   —— 2 Rara vez cierto
   —— 3 Algo cierto
   —— 4 Siempre cierto

4. Experimento mucho aburrimiento en mi vida.
   —— 1 Nada cierto
   —— 2 Rara vez cierto
   —— 3 Algo cierto
   —— 4 Siempre cierto

5. Una vez que comienzo a pensar aun brevemente en pasados errores y experiencias dolorosas, a menudo sigo pensando en ellos por un largo tiempo.
   —— 1 Nada cierto
   —— 2 Rara vez cierto
   —— 3 Algo cierto
   —— 4 Siempre cierto

6. Cuando me preocupo, tiendo a agigantar mis inquietudes convirtiéndolas en una gran preocupación que me impide pensar con claridad en otras cosas.
   —— 1 Nada cierto
   —— 2 Rara vez cierto
   —— 3 Algo cierto
   —— 4 Siempre cierto

7. Habitualmente creo que si me concentro en lo que me está molestando, hallaré el modo de sentirme mejor.
   —— 1 Nada cierto
   —— 2 Rara vez cierto
   —— 3 Algo cierto
   —— 4 Siempre cierto

8. He usado cafeína (v.g. café, cola o chocolate), cigarrillos o drogas estimulantes para ayudarme a sentirme vigorizado.
   —— 1 Nada cierto
   —— 2 Rara vez cierto
   —— 3 Algo cierto
   —— 4 Siempre cierto

9. Me aburro rápidamente en las relaciones.
   —— 1 Nada cierto
   —— 2 Rara vez cierto
   —— 3 Algo cierto
   —— 4 Siempre cierto

10. La gente cercana me ha evitado cuando he estado con ánimo triste por un tiempo.
    —— 1 Nada cierto

—— 2 Rara vez cierto
—— 3 Algo cierto
—— 4 Siempre cierto

11. Cuando la gente me critica, eso me molesta mucho.
    —— 1 Nada cierto
    —— 2 Rara vez cierto
    —— 3 Algo cierto
    —— 4 Siempre cierto

12. Tiendo a centrarme en mis sentimientos interiores a tal punto que ignoro las cosas que suceden a mi alrededor.
    —— 1 Nada cierto
    —— 2 Rara vez cierto
    —— 3 Algo cierto
    —— 4 Siempre cierto

13. Presto suma atención a los detalles de mi trabajo.
    —— 1 Nada cierto
    —— 2 Rara vez cierto
    —— 3 Algo cierto
    —— 4 Siempre cierto

14. Me enojo con mi pareja si no hace lo que necesito para que yo me sienta feliz.
    —— 1 Nada cierto
    —— 2 Rara vez cierto
    —— 3 Algo cierto
    —— 4 Siempre cierto

15. Cuando estoy sombrío, me fijo en mis sentimientos negativos y pienso que no volveré a sentirme mejor.
    —— 1 Nada cierto
    —— 2 Rara vez cierto
    —— 3 Algo cierto
    —— 4 Siempre cierto

16. Pienso que el futuro no tiene esperanzas.
    —— 1 Nada cierto
    —— 2 Rara vez cierto

—— 3 Algo cierto
　　　—— 4 Siempre cierto

17. Estoy insatisfecho conmigo.
　　　—— 1 Nada cierto
　　　—— 2 Rara vez cierto
　　　—— 3 Algo cierto
　　　—— 4 Siempre cierto

18. Cuando me siento aburrido o triste, tengo ganas de comer, pero una vez que como, sigo sintiéndome vacío e insatisfecho.
　　　—— 1 Nada cierto
　　　—— 2 Rara vez cierto
　　　—— 3 Algo cierto
　　　—— 4 Siempre cierto

19. Tengo ganas de llorar todo el tiempo.
　　　—— 1 Nada cierto
　　　—— 2 Rara vez cierto
　　　—— 3 Algo cierto
　　　—— 4 Siempre cierto

20. Tengo dificultad para dormir porque mi mente está preocupada.
　　　—— 1 Nada cierto
　　　—— 2 Rara vez cierto
　　　—— 3 Algo cierto
　　　—— 4 Siempre cierto

21. Me culpo porque mi vida es un fracaso.
　　　—— 1 Nada cierto
　　　—— 2 Rara vez cierto
　　　—— 3 Algo cierto
　　　—— 4 Siempre cierto

22. Tengo problemas para tomar decisiones.
　　　—— 1 Nada cierto
　　　—— 2 Rara vez cierto
　　　—— 3 Algo cierto

—— 4 Siempre cierto

23. A menudo estoy demasiado agotado aun para moverme.
    —— 1 Nada cierto
    —— 2 Rara vez cierto
    —— 3 Algo cierto
    —— 4 Siempre cierto

24. Con frecuencia me preocupa la culpa.
    —— 1 Nada cierto
    —— 2 Rara vez cierto
    —— 3 Algo cierto
    —— 4 Siempre cierto

25. A menudo me siento solo o poco importante y creo que nadie se preocupa por mí.
    —— 1 Nada cierto
    —— 2 Rara vez cierto
    —— 3 Algo cierto
    —— 4 Siempre cierto

26. Me preocupan mucho los problemas físicos (v.g., los dolores, los problemas estomacales...).
    —— 1 Nada cierto
    —— 2 Rara vez cierto
    —— 3 Algo cierto
    —— 4 Siempre cierto

27. Me siento tenso buena parte del tiempo.
    —— 1 Nada cierto
    —— 2 Rara vez cierto
    —— 3 Algo cierto
    —— 4 Siempre cierto

28. Mis sueños suelen ser inquietantes.
    —— 1 Nada cierto
    —— 2 Rara vez cierto
    —— 3 Algo cierto
    —— 4 Siempre cierto

29. Me irrito fácilmente con la gente o los acontecimientos.
    —— 1 Nada cierto
    —— 2 Rara vez cierto
    —— 3 Algo cierto
    —— 4 Siempre cierto

30. Con frecuencia me preocupo por pequeños acontecimientos o detalles que otros considerarían poco importantes.
    —— 1 Nada cierto
    —— 2 Rara vez cierto
    —— 3 Algo cierto
    —— 4 Siempre cierto

Asegúrese de haber respondido a cada uno de los ítems. Calcular la puntuación sumando los números junto a las respuestas que se han marcado. Registrar la suma aquí: ——.

80 y más: un analítico definido
70-79: muchas características de analítico
60-69: algunas características de analítico
60 y menos: pocas de esas características tienen un papel importante en su temperamento.

8

Investigadores: del deseo a la satisfacción

Un viejo amigo y yo estamos dando un paseo después de la comida. James y yo nos conocemos desde la infancia y ahora hablamos sobre nuestra vida, nuestros valores, nuestros sueños. Me dice que finalmente está pensando en retirarse, en abandonar su puesto como presidente de una compañía que fundó hace veinte años y se convirtió en una empresa multimillonaria. Tal vez él sea la persona más agresiva y decidida que he conocido nunca personalmente.

James habla de trasladarse a Grecia o Italia. "Iré a tenderme en una hamaca bajo un gran árbol umbroso y no haré más que leer... historia, los griegos, Faulkner, Henry Miller, Proust de principio al fin." Luego describe la dificultad de abandonar la búsqueda en la que ha estado por tantos años. Sé lo que viene, porque conozco su temperamento. Le gusta la excitación y relajarse es algo con lo que fantasea pero no hace.

En una voz más baja me dice: "Estoy cansado. Voy a cumplir cincuenta y cuatro años y he estado haciendo esto por décadas. Pero me conoces, soy como un luchador o un atleta. No puedo imaginar no tener la excitación a la que estoy acostumbrado. Fue por eso por lo que me convertí en corredor (corre maratones), porque siento que la acción y la sensación están definiendo quién soy en cada momento. La idea de relajarme... me está resultando dura." Siempre se ha definido por lo que hace y la idea de desacelerar le perturba, incluso le asusta.

James es el investigador quintaesencial. El lo describe perfectamente: la sensación misma lo define. Es el estado de desear sensación y luego buscar y esforzarse por un objetivo. El esfuerzo crea la zona de satisfacción emocional del investigador.

James desea pasar a un tercer acto más reflexivo en su vida, pero siente aprensión. Hace años, cuando se sentía inquieto, pasaba a otro ámbito en la búsqueda de sensaciones: drogas, un asunto amoroso, correr (maratones, claro) u otro progreso en sus sueños empresariales.

Mi amigo James compendia el destino y el dilema del investigador. Conoce su desafortunado potencial para la adicción de cualquier clase. Sabe que es muy capaz de ir detrás de la sensación, que llega a sentirse saciado o habituado y luego necesita siempre más. A diferencia de muchos investigadores, ahora desea un respiro de los diversos juegos que han dominado su vida. Pero en nuestras charlas me ha dicho que sabe que las simples perogrulladas como "Dése un descanso" o "Deténgase a oler las rosas" no sirven para él. Lo que me estaba preguntando en nuestro paseo era cómo podía huir del trasiego y no obstante sentirse cómodo en su propia piel, con su temperamento demandante. "¿Seré capaz de vivir ocioso si me retiro?", preguntó.

Janet es una alcohólica y adicta a la cocaína en recuperación que vino al tratamiento conmigo inicialmente diciendo que deseaba trabajar con sus tendencias autodestructivas. Tras cinco años de sobriedad, había estado a punto de recaer después de pasar una noche con su ex novio, Nigel, con el que había tocado fondo antes de ir a la clínica de rehabilitación que le cambió la vida. Se sentía atemorizada y confundida por lo que casi había sido una recaída. "Me ha estado yendo tan bien en Alcohólicos Anónimos y en mi trabajo por cinco años. ¿Qué es lo que anda mal en mí que me siento tan aburrida y vacía cuando estoy haciendo todo bien? Pensaba que había superado esa fase."

Al explorar las experiencias de su vida y su dinámica

emocional, se hizo claro que Janet era una investigadora que estaba en guerra con su yo mismo natural. Se sentía avergonzada y moralmente deficiente por extrañar secretamente el drama y la excitación de su pasado. No tenía conciencia de que su bioquímica emocional innata planteaba su deseo de aventura y sensación. Un temperamento no es algo que se supere.

Janet recuerda haberse sentido aburrida e inquieta mientras crecía en un pequeño pueblo agrícola en Iowa. "Desde la época en que tenía doce o catorce años fui una rebelde, frecuentaba a los hippies. Fue en la década de los sesenta, en Iowa. Les causaba muchísima pena a mis padres. Ellos se culpaban a sí mismos y nunca podían entender por qué era una chica tan difícil." Se trasladó a Los Angeles después de terminar la escuela. Cálida, divertida y enérgica, a Janet siempre le había ido bien como representante de ventas.

Se describía a sí misma como una "reina del drama en recuperación" en sus relaciones con el sexo opuesto. "Era como una fumadora en cadena con los hombres. Pasaba de un actor o músico al otro. Todo lo que importaba era la pasión y el drama. Todo magnificado por la cocaína y la bebida, por supuesto."

Le pedí a Janet que describiera su programa semanal normal en ese momento. Me dijo: "Desde que estoy sobria, me he vuelto totalmente disciplinada." Va al gimnasio para recibir una clase de aerobic a las 6 de la mañana, luego va a la oficina y trabaja hasta las seis o siete de la tarde. A menos que deba quedarse trabajando después de hora, asiste a una reunión de doce pasos. Los fines de semana hace gimnasia, trabaja horas extras en la oficina y trata de ver una película los sábados por la noche. No había salido con nadie durante el pasado año y desde su recuperación no se había tomado vacaciones más que para visitar a sus padres en Iowa.

"¿Cuándo fue la última vez que realmente se divirtió, Janet?", le pregunté. Me contestó: "Me divierto muchísimo con mis amigos. Salimos a tomar café después de las reuniones... Nos reímos muchísimo." "¿Cuándo fue la última vez que se sintió apasionada, intensa, realmente excitada?", traté de que me lo confesara. "Estoy intentando no ser una adicta a la emoción. Eso fue lo que estropeó mi vida por tantos años", contestó, fastidiada.

Le sugerí que su pensamiento en blanco y negro le estaba estropeando ahora su vida emocional. Como tantos alcohólicos, o delincuentes o personas sexualmente promiscuas que se reforman, Janet se había pasado al otro extremo, a una conducta severamente conservadora. A cierto nivel, Janet estaba cumpliendo una pena por su pasada conducta destructiva. Estaba llena de odio hacia sí misma y actuaba por temor. Víctima del mito de la perfectibilidad, trataba de convertirse en una persona totalmente diferente de la Janet del pasado.

Como su deseo de pasión y excitación la había llevado a las drogas y a las relaciones caóticas, ahora se estaba negando a sí misma todo fervor o regocijo: esos eran sentimientos malos (el mito de las emociones buenas y malas). Es mi opinión que esa especie de pensamiento en blanco y negro es un marco perfecto para la recaída en la conducta perjudicial. Le aseguré a Janet que no había nada ni amoral ni mentalmente deficiente en su deseo de intensidad y vivacidad, que eso era parte de su temperamento. Su tarea era aprender a respetar quién era, sentirse bien acerca de sí misma y empezar a encontrar maneras saludables de reintegrar la pasión y la sencilla diversión en su vida.

EL INVESTIGADOR: EL TEMPERAMENTO INQUIETO

Los investigadores son el menos común de los tipos de temperamento. El investigador es el que siente menor incomodidad con su temperamento, es el menos renuente a aceptar quién es. Es el menos proclive a odiarse y el que tiene menores probabilidades de negar o disfrazar sus predisposiciones emocionales. Debido a su naturaleza dinámica e intensa, muchos investigadores se sienten especiales y ese es un sentimiento que impulsa muchas de sus actividades.

En el investigador, su emotividad desea acción orientada hacia un objetivo y su impulso firme a menudo se traduce en éxito. El temperamento le hace buscar. Está emocionalmente hambriento en el sentido de que vive en un estado perpetuo de deseo: es así como experimenta su yo mismo natural.

Es el clásico extravertido: gregario y asertivo. Es impulsado por intenciones conscientes para alcanzar objetivos que se fija. El propósito es una cualidad crucial del investigador. En una sociedad que valora el logro y la acción, a menudo se le estima mucho. Como investigador, puede ser muy singular y como la mayoría de las personas están menos dirigidas, menos motivadas, a los investigadores se los admira e incluso se los envidia.

Sin embargo, no todos los investigadores son envidiables. Por cada empresario que se ha hecho solo o por cada deportista o individuo enérgico cuyo trabajo voluntario se nota en su comunidad, probablemente haya un investigador que es un jugador compulsivo, un adicto al romance o un adicto a las drogas. También hay investigadores que nunca han encontrado su lugar en la vida, gente con grandes ideas y muy poca suerte u oportunidad.

LA CAMBIANTE APROBACION DE LA SOCIEDAD

Para el investigador es crítico su contexto cultural. Durante las décadas de los sesenta y los setenta, cuando los valores sociales y psicológicos enfatizaban la vida relajada, los investigadores estaban en desventaja. La década de los noventa es una era dorada para el investigador. En la actualidad, la sociedad ama al hombre o la mujer de acción y ambición. Los investigadores que son adictos al trabajo pueden lanzarse a sus empresas o carreras con toda la aprobación cultural. En realidad, todo el mundo trabaja más horas en estos tiempos, compitiendo por el dinero escaso en una economía deprimida. El trabajo proporciona vigorizadores momentos de satisfacción y una ilimitada oportunidad de esforzarse. Cuando los investigadores trabajan más y más horas y crean territorios para la conquista siempre en expansión, pueden regular su vida emocional de una manera que está sancionada por los valores corrientes.

El investigador es un tipo bastante complicado, lleno de aspectos positivos y siempre tentado por los negativos, en su búsqueda de alivio para sus continuados deseos internos. Los investigadores no son fáciles de conocer porque están siempre en estado de fluidez. Su yo mismo natural no les permite mucha satisfacción interna.

¿PASIONES O ADICCIONES?

Dado el deseo de sensación del investigador, a muchos se les ve como poseedores de personalidades adictivas. Pueden ser adictos a todo lo que conduce a un estado alto: desafíos, riesgos, peligros, incluso las relaciones amorosas difíciles o tormentosas. Pero más allá de las adicciones indiscutiblemente nocivas como las drogas, la palabra más adecuada para describir a los investigadores es pasión, no adicción.

En mi opinión, se abusa del término adictivo. El investigador suele ser una persona apasionada y las pasiones vienen en todas los grados, formas y tamaños y con los grados correspondientes de peligro. Si digo que soy adicto a la lectura, me siento bien por ello. Incluso me siento bien por ser adicto a ver deportes por televisión, ya que derivo un gran placer. Uso el término adicto de mala gana. Naturalmente, si esas pasiones o adicciones empiezan a interferir en mi vida de manera negativa, entonces deberé reexaminarlas, pero desechar todas las adicciones es sugerir que el equilibrio y la moderación son siempre una virtud, cosa que no creo. Tal vez la pasión cruce la línea hacia la adicción cuando alguna actividad se vuelve destructiva para uno o para los otros, o cuando la pasión se caracteriza por el temor o la compulsión en lugar del goce. No siempre es fácil dirimir el asunto.

MENSAJES DESORIENTADORES

Si se es un investigador desde la infancia en adelante, probablemente le hayan dicho cosas sobre su temperamento que le llevaron por mal camino. De niño, le decían que era inquieto, demasiado autocentrado y que nunca estaba satisfecho. Cuando creció, la gente siempre le decía que se calmara, como si sus intereses fueran una señal de algo malo.

De adultos, a menudo se sospecha que los investigadores tratan de compensar algún sentimiento interior de falta de mérito. Se cree que nunca piensan que sean suficientes, por lo que siempre deben estar persiguiendo algo que no tienen y que presumiblemente les hará sentir completos. En terapia, al investigador se le urge a descubrir la causa que es la raíz de su falta de autoestima. Las estrategias terapéuticas con los investigadores suelen centrarse en lo que parece faltar en la personalidad de ellos. "Usted siempre debe probarse a sí mismo", es el epíteto que les ponen. Se les dice que les debe faltar algo desde la infancia y que ahora están tratando de compensarlo. De hecho, ninguno de esos mensajes son necesariamente válidos o exactos. Al investigador le impulsan mucho más las fuerzas innatas que todo cuanto haya aprendido o no, que haya poseído o no, mientras crecía.

EL YO MISMO NATURAL DEL INVESTIGADOR
ALTO NIVEL DE EXCITACIÓN

Como el analítico, los investigadores tienen un alto umbral de excitación, es decir, son propensos a la subexcitación, sienten demasiado poco. A veces se inclinan a no sentir nada. Lo que sienten como falta de emoción o de animación en sí mismos puede ser muy angustiante.

TENDENCIA A LA ACCIÓN:
EXTRAVERTIDO/BUSCADOR DE SENSACIONES

A diferencia de los analíticos introvertidos que de inmediato se vuelven hacia adentro cuando perciben la subexcitación, la acción a la tendencia del investigador es hacia afuera. Los investigadores son extravertidos: su reflejo visceral a impulsar su excitación es la acción misma. Como sienten muy poco, necesitan una experiencia intensa para sentirse vivos. Como las polillas a una llama, se sienten atraídos a la pasión, el desafío, y aun el riesgo para contrarrestar su subexcitación.

El termostato de la excitación del investigador es tal que la acción baja momentáneamente el umbral. Pero poco después de experimentar un alza de la excitación, su umbral vuelve a elevarse: deben buscar una y otra vez. La acción no parece sostener la excitación porque se habitúa (se agota) y entonces el investigador necesita más. Vive en constante inquietud, en deseo incesante. La tendencia a la acción, a esforzarse continuamente es una bendición y también una maldición, una bendición porque los investigadores a menudo hallan desafíos valiosos, y una maldición porque pueden dirigir mal su deseo por cursos destructivos.

La bioquímica del investigador

Mientras he estado desarrollando mi teoría del temperamento, se han realizado estudios en Estados Unidos y Gran Bretaña sobre las conductas buscadoras de sensaciones movidas por el impulso. Esos estudios son lo más aproximado que he encontrado a mis ideas sobre el investigador. El temperamento del investigador recibe apoyo científico adicional de la nueva investigación sobre la genética de la conducta que indica que muchos rasgos (incluido el nivel de actividad, la timidez y la agresividad) son heredados. En verdad, la prueba está en los estudios de niños recién nacidos: algunos son activos, esforzados, inquietos y agresivos, exhibiendo ya un temperamento del tipo investigador. Finalmente, ha habido una investigación exhaustiva acerca de la personalidad adictiva. En verdad, nueva evidencia que proviene de diversos puntos de vista y apoya mi teoría de la base bioquímica para el temperamento del investigador.

Entre los estudios más impresionantes que se han efectuado sobre los buscadores de emoción están los realizados por Marvin Zuckerman en la Universidad de Delaware. Su obra señala bajos niveles de MAO (oxidasa monoamino). Como se recordará, cuando vimos la bioquímica del expresivo en el capítulo 6, se piensa que los niveles bajos de la enzima oxidasa monoamino son instrumentales para la agresividad del expresivo. Se sigue que el temperamento agresivo del investigador está también determinado en parte por los bajos niveles de MAO. El investigador y el expresivo pueden tener diferentes umbrales de excitación, pero comparten tendencias a la acción extravertidas, agresivas.

El profesor Zuckerman también descubrió que las personas a las que denominó buscadoras de sensaciones poseen altos niveles del neurotransmisor dopamina. Aunque su definición de la expresión buscador de sensación no es exactamente igual a la mía, hay suficientes semejanzas y su investigación claramente arroja luz sobre el tipo de temperamento que yo denomino investigador. El profesor Zuckerman cree que la combinación de MAO bajo y niveles altos de dopamina producen actividad, impulsividad y sociabilidad.

La investigación de los extravertidos también halla altos niveles de dopamina. Encaja otra pieza del rompecabezas cuando se considera que los receptores de dopamina en el cerebro están vinculados con los sistemas de placer y recompensa. Eso es evidencia bioquímica de que el investigador, un extravertido por excelencia, está biológicamente dispuesto a la acción y a la búsqueda de recompensa o placer.

Avanzando un paso e incorporando estos hallazgos en mi teoría, los investigadores son en esencia buscadores de excitación. Mi teoría del umbral afirma que los investigadores deben tener niveles altos de excitación, lo que les hace experimentar momentos indeseados de subexcitación. Por ejemplo, la razón de que detesten el aburrimiento es que se trata de un estado de subexcitación. Es esa desagradable subexcitación lo que pone en movimiento su tendencia a buscar. Los investigadores poseen innatos reflejos buscadores de estímulo. ¿Su misión? Hallar estímulos para elevar su excitación baja.

La excitación del investigador es típicamente tan baja que constantemente está buscando estímulos. Y se sacia con facilidad. El proceso de saciedad significa que el investigador rápidamente agota el poder que tiene una actividad, una sustancia o una persona para excitarlo, por lo que de manera continua debe estar buscando algo más nuevo, más excitante, más peligroso. El investigador es como una Ferrari cuyo tanque de gasolina está lleno de agujeros: va velozmente de una estación de servicio a otra, recargando cada vez y necesitando gasolina con más y más octano para que funcione su motor.

Depresión maníaca y ciclotimia

Al investigador se lo diagnostica a veces erróneamente como conducta maníaco depresiva o depresión bipolar. Ese rótulo se refiere a extremas variaciones del ánimo que alternan de la conducta maníaca agitada e investigadora a estados de apatía y depresión. Muchos individuos maníacos depresivos son altamente creativos y tienen éxito en ciertos campos, pero no pueden controlar sus emociones en grado suficiente como para mantenerse alejados del problema serio. En la fase maníaca, pueden volverse tan bulliciosos y desaforados en su conducta que se agotan física y emocionalmente, van a la cárcel, siguen en las parrandas o lanzan investigadoras empresas comerciales que bordean la autodestrucción. En la fase depresiva, pueden volverse suicidas.

Del mismo modo, el investigador parece maníaco a veces y agotado en otras. Sin embargo, el grado es menor en comparación con los problemas maníaco depresivos. Obviamente, estos últimos representan una química cerebral que se ha estropeado, que es el motivo por el cual se requiere una droga poderosa como el litio. Si bien advertí en contra del modelo de enfermedad de las emociones, hay una versión menor de la depresión maníaca que es apropiada al temperamento investigador. La ciclotimia significa cambios más suaves entre los períodos de apatía y desinterés y los períodos de intensa conducta extravertida. Creo que la ciclotimia está en los límites extremos del temperamento investigador y los cambios representan la incapacidad para regular correctamente el termostato emocional. Más específicamente, si se observa la carta en la página 71, se puede ver que hay un punto donde el analítico y el investigador pueden estar muy próximos. Podría ser que exista un individuo maníaco-depresivo donde se funden el analítico y el investigador (personas ambas que luchan con la subexcitación), es decir, un tipo mixto y muy extremo.

EL DON DEL ESFUERZO

De todos los tipos de temperamento, el don especial del investigador es el más altamente recompensado en nuestra sociedad. Buscar desafíos, correr riesgos y hacerlo con un sentido de la excitación es lo que caracteriza a muchos hombres y mujeres de éxito. Ellos son objeto de envidia y admiración.

Los investigadores obviamente se desempeñan bien en carreras en que el perseguimiento agresivo da frutos. Hacia donde sea que se mire es posible ver a investigadores en los negocios, en el atletismo, en toda tarea que recompense el esfuerzo intenso. Pero también hay investigadores en las ciencias y las humanidades, hombres y mujeres animados por las sensaciones inherentes al perseguimiento de nuevas ideas, la prueba de nuevas teorías. Y, por supuesto, el político suele ser un investigador. El presidente Clinton inicialmente fue atacado por estar demasiado concentrado en su ambiciosa persecución de la presidencia. Se podría sostener que muchos hombres y mujeres capaces que no tienen éxito en sus ambiciones políticas pueden vacilar porque no poseen realmente el temperamento del investigador.

EL LADO OSCURO DEL INVESTIGADOR: AUTOABSORCION INQUIETA

NARCISISMO

Dado su constante deseo de sensaciones, ¿es apropiado preguntar si el investigador es también un narcisista? Como está tan poderosamente orientado hacia la autosatisfacción, hay una alta correlación entre ser un investigador y poseer una personalidad narcisista. El narcisista es autoabsorbido y está constantemente relacionado con lo que pueda satisfacer sus deseos emocionales y, de esa manera, hacerle sentir completo. Pero los narcisistas no necesariamente son egoístas, en el sentido estricto del término: pueden ser leales y generosos en sus interacciones con otra gente. El investigador está excesivamente ocupado promoviendo su autodefinición. Sin argumentos, el investigador tiende a ser una persona centrada en sí misma.

Temor al aburrimiento

Una preocupación por el sentido del yo mismo también explica el temor más secreto del investigador: el aburrimiento. Mi amigo James siempre se ha sentido aterrado por la posibilidad de verse envuelto en el aburrimiento. Típicamente, el aburrimiento se produce cuando hay poca o ninguna entrada sensorial: estamos subexcitados. Somos vulnerables a sensaciones internas desagradables y los pensamientos crecen en ese vacío: antiguas ansiedades, temores, tristeza, incluso soledad existencial, el temor acerca de nuestra existencia misma en este planeta.

Una aprensión secundaria sobre el aburrimiento surge del hecho de que nuestra mente nos diga que, si nos aburrimos, probablemente seamos aburridos para otra gente y nadie nos amará si somos poco interesantes. Por lo tanto, el aburrimiento estimula la ansiedad social: seremos rechazados, indeseados. Si se le pregunta a cualquiera qué es lo que más teme respecto del modo en que lo perciben los otros, es que se lo considere aburrido. Algunos preferirían ser juzgados malas personas antes que personas aburridas. El malo puede ser intrigante, el aburrido no es más que aburrido. Experimentar aburrimiento es experimentar soledad. Y experimentar soledad puede conducir a sentirse solo y nuevamente puede provocar dudas en cuanto a lo queribles que podemos ser. Dadas estas consideraciones, es fácil entender por qué los emocionalmente hambrientos, los investigadores autocentrados temen el aburrimiento por encima de todo, y por qué son tan propensos a buscar la excitación y la pasión.

LA BRECHA DE GENERO

Hay una amplia brecha de género entre investigadores femeninos y masculinos. Esas diferencias de género probablemente no sean biológicas ni innatas, creo que están dictadas por fuertes expectativas culturales sobre lo que es apropiado para cada sexo. La investigadora ha sido más reprimida en nuestra sociedad. La conducta extravertida, agresiva, ambiciosa y aventurera ha sido tachada de poco femenina en el pasado. Recientemente hemos visto competir a la primera conductora en la carrera de Indianapolis 500. Como es de imaginar, cuando ella crecía y exhibía un interés por los coches y las carreras, sin duda iba en contra de la veta de lo que la gente cree que las mujeres debieran aspirar a hacer. Es una maravilla que, en el pasado, la investigadora pudiera aceptar aun en parte su temperamento, dadas todas las prescripciones para la femineidad apropiada.

Por suerte, hoy la mujer investigadora tiene mayor libertad para perseguir su ambición. No obstante, en mi experiencia profesional, aún veo una marcada diferencia entre los objetivos de los investigadores hombres y mujeres. Si bien hay excepciones, las mujeres, sea debido en parte a la biología o no, gravitan hacia las relaciones como un curso para satisfacer su deseo emocional. Los hombres gravitan hacia el dinero, el poder y los deportes. La mayoría de los investigadores varones no se convierten en adictos al amor o el romance, y la mayoría de las investigadoras no nutren fantasías de destreza atlética y de dominio.

EL INVESTIGADOR EN LAS RELACIONES

QUÍMICA ROMÁNTICA

La sensación de ser amados y el deseo de amar y ser amados están entre los modos más comunes que tenemos para regular nuestra vida emocional. Como lo verifican los psicólogos, la búsqueda de amor domina la mayor parte de la vida de sus pacientes. La ausencia de amor suele ser el motivo por el cual la gente inicia el tratamiento.

De los cuatro tipos de temperamento, el investigador es el más impulsado por la búsqueda de amor. El investigador es el más inclinado a usar el romance para regular su vida emocional. La intensidad romántica o sexual es un remedio eficaz para su subexcitación. Una vez que aumenta la excitación, el cerebro interpretativo se hace cargo y el investigador le atribuye maravillosas cualidades a su pareja: "¡Ella es tan dulce y afectuosa!" "¡El es tan excitante y tan amoroso!" El modo en que el investigador teje una historia romántica en torno de su excitación emocional/sexual es lo que necesita la fantasía romántica de cada investigador.

Se podría decir que los investigadores están hambrientos de amor. Es más correcto decir que están emocionalmente hambrientos en general. Cuando pensamos en el hambre, pensamos en poner algo del exterior dentro de nosotros. ¿Qué materia mejor que los altibajos y las alternativas que todos sabemos que pueden derivarse de un asunto amoroso? Los investigadores emocionalmente hambrientos ven el amor como una solución abarcativa para su falta de sentimiento y de vivacidad.

Una y otra vez oigo a los investigadores confiando alguna versión de: "Mi problema real es que no he encontrado a la persona adecuada. Si pudiera encontrar a la persona adecuada, sería feliz. Podría sentirme en paz." Creen que la pareja adecuada, que los ame de la manera adecuada, les solucionará los problemas, lo que es una demanda increíble para hacerle a cualquiera. Nuevamente, el investigador instintivamente mira afuera para hallar la respuesta que necesita.

Cuando digo que el investigador está especialmente preocupado con el amor, deseo reducir un tanto la definición. No estoy hablando de amor maduro, ni de la idea de amor, ni del concepto ético/moral de amor. Es la sensación emocional/ física del amor lo que preocupa al investigador. A menudo confundida, la sensación del amor es diferente de la idea del amor. El amor como sensación o intensidad es algo que he estudiado por muchos años. Nunca deja de sorprenderme cuánto estamos condicionados —en especial las mujeres en general y las mujeres investigadoras en particular— por las novelas, las canciones populares o las películas, para creer que el amor es una solución para la inquietud emocional. Estamos condicionados socialmente para regular nuestras emociones con fantasías de fusión y unicidad. El amor es un estado de excitación que tiene un gran poder para excitarnos. A la inversa, si sentimos que estamos perdiendo el amor, eso tiene el poder de abatirnos. Es en esa sensación emocional/física en la que llega a fijarse el investigador. Como veremos, ese deseo de pasión a menudo le cuesta al investigador relaciones amorosas profundas y duraderas.

Desde el exterior, Beth da la impresión de tenerlo todo. Es delgada y atlética y siempre se viste bien. En la conversación casual se puede conjeturar que es una mujer cálida, inteligente y competente a la que la mayoría de los hombres hallarían muy atractiva. Si bien eso es cierto, sus relaciones con los hombres han sido terribles. A los treinta y dos años no ha encontrado una relación que durara más de dos meses. "Los hombres me resultan absolutamente decepcionantes", me dijo, frustrada y enojada. "Son demasiado egocéntricos. Claro, pueden ser románticos durante los primeros encuentros y yo me lleno de expectativas, pensando que finalmente he encontrado al hombre de mi vida, pero luego resultan ser decepciones totales."

Beth fue muy específica en cuanto a lo que deseaba de mí como terapeuta. "Deseo saber si es culpa mía. ¿Lo estoy haciendo todo mal, o debo renunciar a los hombres?" Cuando exploramos las actitudes y conductas de Beth con los hombres, surgió que ella tenía un temperamento investigador y enormes expectativas sobre lo que debía deparar una relación amorosa. Pretendía gran pasión, un romance de novela, devoción total, y deseaba todo eso desde la primera cita.

Ella salía sólo con hombres que tenían éxito en la vida y carreras exigentes (probablemente otros investigadores). Pero muy pronto se enojaba y se resentía cuando esos hombres no podían (o no querían) brindar la pasión y la atención que ella deseaba. Había fijado un nivel de lo que deseaba del "señor Adecuado" que era tan alto que Beth era rechazada en forma reiterada cuando los hombres se daban cuenta de sus pretensiones.

Le expliqué a Beth el temperamento investigador y su necesidad de sensación e intensidad. Sugerí que su tarea era dispersar su necesidad de pasión en varios ámbitos nuevos. Le propuse que se buscara un empleo más exigente. (Si bien poseía un título universitario, había tenido una sucesión de empleos en los que no era posible progresar más allá de cierto punto.) Le recomendé que buscara un deporte competitivo con el que pudiera apasionarse y que se dedicara a una causa o una organización de caridad. Le advertí que ningún hombre podría proporcionarle el nivel de pasión y atención continuadas que ella se había fijado. Debía satisfacer al menos algunas de sus necesidades por sí misma, en otras áreas.

Beth no dijo nada por un largo momento. Luego se puso de pie. "Supongo que ha contestado mi pregunta. Los hombres no pueden darme lo que deseo. Tomaré algunas de sus sugerencias y buscaré algunos intereses nuevos, pero dejaré de salir con ellos por un tiempo. Nunca me conformaré con sentirme sólo aburrida." Esa fue mi última sesión con Beth. A veces me pregunto cómo le irá y si sigue sola. El investigador que pide demasiado de una relación amorosa inevitablemente aleja a la otra persona.

La mayoría llega a entender que comienza el amor maduro cuando cede la intensidad del amor romántico. Pero esa es una mala noticia para el investigador, que sólo desea la intensidad romántica. El enamoramiento proporciona una emocionante excitación, pero cuando la persona amada se torna conocida y familiar, disminuye la excitación. El investigador interpreta esa disminución como aburrimiento, desinterés, incluso triteza. No es infinita la capacidad de otra persona para estimularnos.

Cualquiera que haya estado un fin de semana largo con un nuevo amor conoce la sensación de estar saciado. Se empiezan a encontrar fallos, uno se pone nervioso con la otra persona y lo que comenzó como un vínculo apasionado cambia convirtiéndose en la sensación de no ver la hora de volver a casa y estar de nuevo a solas. Es probable que el investigador se sienta así en toda relación.

Conflicto en las relaciones

Un investigador puede ser un verdadero desafiante como cónyuge. Su intensa hambre emocional transmite poderosos mensajes que no pueden ser satisfechos por una persona por largo tiempo. La pareja fácilmente puede temer que la abandone. Con el tiempo, puede pensar que no está proporcionando la excitación necesaria para satisfacer las demandas del investigador. Empieza a preguntarse: "¿Qué sucederá cuando deje de hallarme intrigante? Si dejo de mostrarme difícil, ¿perderá el interés?" El investigador no necesita comunicar su propensión a saciarse explícitamente: todo en él lo da a entender.

Mitch y Dinah no se habían hablado durante más de una semana cuando llegaron a mi consulta, en coches separados, para la primera sesión. Se sentaron en los extremos opuestos de mi sofá sin mirarse. La tensión entre ellos vibraba como un cerco eléctrico. "Bien, ¿cuál es el problema?", pregunté. "Ella se está comportando de manera alocada", dijo él, perplejo y frustrado. "El me está volviendo loca", dijo ella en tono acusador.

Mitch, que había hecho la cita conmigo, explicó que había ido en viaje de negocios a Costa Rica por dos semanas. Al regresar a su casa, "Sin que yo sepa por qué, Dinah no me dirige la palabra. Ha adelgazado al menos cinco kilos y está haciendo jogging o va al gimnasio o a jugar tenis todo el día. Duerme en el cuarto de los huéspedes. Se marcha de casa cada noche cuando vuelvo del trabajo, no me habla, no me dice qué es lo que sucede, adónde va... nada".

Dinah se volvió a él por primera vez, lívida de rabia, y dijo: "Si eres tan cobarde, lo diré yo. Quiero el divorcio. ¡Las cosas no marchan... de eso se trata!"

A través de las lágrimas y las acusaciones mutuas que siguieron, lo que surgió fue que Dinah sentía que después de sólo ocho meses de matrimonio, Mitch se había cansado de ella y tenía un asunto con su atractiva asistente, que había integrado el grupo de cinco personas de su compañía que habían ido a Costa Rica. Dinah sentía que la pasión de él por ella se había marchitado. Como expresiva que era, trataba de elaborar el temor y la ira con el ejercicio físico continuado. Se había puesto tan lívida, estaba tan cargada de emoción que había enmudecido.

Mitch negó que estuviera manteniendo un asunto. Insistió en que la amaba, diciendo: "Eres mi esposa. No me habría casado contigo si no te amara." A lo que Dinah replicó: "Sé lo que siento y sé que no te excitas conmigo como antes." En una sesión privada posterior, Mitch dijo que no estaba manteniendo un asunto amoroso con su asistente, pero admitió que le encantaría tenerlo. Un investigador, Mitch no estaba seguro de querer seguir casado. Las percepciones de Dinah eran prescientes: los sentimientos de él hacia ella se habían enfriado. Si bien Mitch aún no había sido infiel, empezaba a pensar en el tema.

Debido a la naturaleza inquieta del investigador, la pareja puede llegar a temer que sea infiel. Percibe su deseo de esa clase de excitación, sabe que el investigador ansía lo nuevo e intrigante. Diría que el investigador es el temperamento que tiene mayores probabilidades de ser sexualmente infiel, no porque sea menos ético, sino porque el varón investigador es como un tiburón: cree que morirá si deja de moverse.

Si se es investigador y se desea eliminar los temores que puede tener el cónyuge, es importante que se tenga en cuenta el impacto que el temperamento puede tener sobre el matrimonio. La pareja puede necesitar seguridad, aun cuando el investigador esté totalmente dedicado a la relación y se conduzca de manera absolutamente fiel. El investigador que tiene una relación con un sensible o un analítico debería ser particularmente susceptible a las ansiedades del cónyuge.

Jim es poco común. La mayoría de los hombres investigadores no toleran la humillación: pasan rápidamente a un objetivo sustituto. Jim se ha sentido satisfecho persiguiendo a mujeres que lo rechazaban. Ha estado impulsado por la búsqueda de sensaciones y de novedades toda su vida, se trate de comprar un coche tras otro o de cambiar reiteradamente de empleo en cuanto se agota la novedad. De alrededor de cuarenta y cinco años y sin haberse casado nunca, Jim deseaba a toda mujer que lo rechazara. Seguía llamándola, enviándole obsequios y, en general, humillándose. Era inflexible en su propósito.

Como se obsesionaba inútilmente con las mujeres, varios psiquiatras le habían diagnosticado un problema obsesivo-compulsivo, pero ninguna de las medicaciones que se prescriben para ese problema le había dado nunca resultado. Concluí que la razón para que los remedios no le hicieran efecto era que Jim no era un analítico sino un investigador con la bioquímica del investigador. Sus propósitos no eran actos compulsivos sino conductas diseñadas para lograr un alto. Derivaba un alto de la esperanza de vencer las objeciones de las mujeres. Sus tendencias a la acción eran investigadoras e implicaban la búsqueda de sensación, no eran compulsivas.

Tenía un profundo resentimiento hacia las mujeres debido a problemas con su madre. No le gustaban las mujeres, de modo que toda relación real estaba más allá de su capacidad. Como no le importaba no tener una relación real, no experimentaba la frustración normal o la vergüenza que hacen que otros hombres abandonen rápidamente un intento romántico que no puede prosperar.

He descrito un número de investigadores y los problemas que encuentran. Pero a pesar de estas advertencias, no pasemos por alto el hecho de que la mayoría de los investigadores no son víctimas de las soluciones insalubres. La mayoría encuentra el modo de obtener un estímulo saludable. El investigador necesita tener alta conciencia de su impacto en su pareja y debe asegurarse la excitación en el trabajo, o en el deporte, o en la acción comunitaria. Si se comprometen, los investigadores pueden ser compañeros fieles y amorosos.

AMISTADES

Los investigadores hacen amigos con bastante facilidad. Buscan a otros que sean atractivos y vivaces. En verdad, inicialmente, el investigador parece ser la clase de persona que hace buenas relaciones porque se producen rápidamente. Pero con el tiempo, puede aburrirse de la relación si le parece que se está volviendo aburrida o rutinaria. La corriente inicial de compromiso y química que parece predecir una profunda amistad, en realidad es el resultado de la excitación que siente el investigador cuando halla una nueva fuente de excitación e intensidad. Al investigador le encantan las ideas y las actividades nuevas. Pero, como en todas las relaciones, lo que al principio era novedoso con el tiempo puede volverse anticuado, al menos intermitentemente. El investigador no tiene ninguna paciencia para esas calmas predecibles en toda relación.

Jerry, un joven ejecutivo de relaciones públicas, por cierto no se considera un individuo aburrido, pero también gravita hacia amigos intensos que típicamente son del tipo investigador. En una de esas relaciones advirtió con pena que el que había pensado que era un gran compañero, se había convertido en un amigo de relación poco frecuente. "Siento como si me hubiese usado y luego se hubiera cansado de mí." No es que los investigadores sean desleales, sólo que con mucha frecuencia sus deseos no dejan lugar para los momentos más ordinarios que se presentan en toda relación.

EL PADRE INVESTIGADOR

El padre investigador está dinámicamente dedicado a su hijo y también es en cierto sentido una carga porque tiene muy poco tiempo para la quietud y la paciencia, características de los buenos padres. Sin embargo, la mayoría de los investigadores tal vez terminen siendo padres interesantes porque proporcionan un nivel de intensidad y estimulación que atrae a niños y adolescentes. Siempre que el padre investigador no actúe demasiado a prisa en su propia hambre de intensidad, a menudo descubre que las nuevas experiencias de criar a los hijos son otras fuentes interesantes de placer y dedicación.

EL INVESTIGADOR EN EL TRABAJO

AMBICIÓN Y CARRERA

El investigador sobresale en las situaciones de carrera que están orientadas hacia objetivos y resultados. Los investigadores prefieren trabajar en situaciones donde sus energías no se vean limitadas. Delimitar las funciones del investigador es el modo seguro de perderlo como empleado. Como tienden a ser enérgicos, dinámicos, incluso magnéticos, se desempeñan bien en los puestos de liderazgo.

Los investigadores prosperan con la competencia. La excitación de los triunfos y las derrotas definidos son origen de sus mejores esfuerzos. Les encanta correr riesgos y pueden terminar siendo empresarios. Los investigadores fácilmente pueden convertirse en adictos al trabajo. La excitación y la sensación les resultan gratas, pero pueden escapárseles de entre las manos. Intensifican sus esfuerzos laborales, se fijan metas más altas y empiezan a trabajar diez horas, luego doce horas, después dieciséis horas. A medida que avanza la adicción, sólo piensan en el trabajo. Después de todo, siempre hay nuevos desafíos en el horizonte.

También es cierto que la rutina es mortal para el investigador. Toda vez que la novedad deja de serlo, él debe seguir adelante. Eso explica el hecho de que el investigador a menudo pase de una compañía a otra, de un puesto de trabajo a otro, aun de una carrera a otra. Muéstrenme a una persona con una pensión de veinte años y mostraré a alguien que definidamente no es investigador. A los investigadores les cuesta mucho enumerar sus razones para sus desplazamientos, pero en esencia se trata de cambio, novedad y las sensaciones relacionadas con el nuevo desafío.

En mi experiencia, mucha gente a la que se ve como con un temor al éxito, no tiene la menor preocupación por el éxito. Más precisamente, le tienen temor a la rutina, a lograr algo, a sentirse saciados y volviendo a un estado de subexcitación. La búsqueda, el intento de éxito, es lo que les hace sentirse vivos. En realidad, no desean "llegar" al éxito. Así, mientras parecen huirle al éxito, en realidad huyen al prever el abatimiento emocional.

"Es como si cada empleo tuviera un comienzo, una parte central y un final para mí", explicó Doug, ejecutivo de una fábrica que se había cansado de cambiar de empleos y de mudarse cada año. Tenía treinta y ocho años, había estado casado y se había divorciado dos veces, en parte como consecuencia de tantos traslados. Deseaba ayuda en la búsqueda de estabilidad en su vida. "Entro, muy excitado... un equipo nuevo, un nuevo proyecto a organizar e implementar. Ese es el comienzo. La parte central es superar todos los inconvenientes, tomar y despedir gente y lograr la mezcla correcta de personal para que trabajen bien juntos, resolver los problemas del sistema, despachar el producto. Y ese es el segundo acto, hasta que todo está bajo mi control. El tercer acto es el aburrimiento total y una especie de depresión. Y extiendo mis antenas y empiezo a buscar algo nuevo."

Doug pensaba que el problema era su fanatismo por el control, ya que perdía interés cuando todo estaba asegurado. En la recesión, pensó que debía aprender a estar cómodo permaneciendo en el empleo seguro y bien remunerado que tenía ahora. Mi diagnóstico fue que era un investigador que se había habituado a un cambio anual en su vida. Mi prescripción para él fue que se comprara una casa y que echara raíces en su comunidad, satisfaciendo su necesidad de novedad, desafío y sensación en otros ámbitos ajenos a su carrera. Lo que terminó ayudando a Doug fue su incorporación a un equipo de softball. Deriva maravilloso desafío y pasión de su equipo y ha encontrado una vida social satisfactoria y la sensación de pertenencia a un grupo.

El investigador jefe

El investigador no está siempre bien y excitado. El jefe investigador puede ser cambiante y, dada su hambre de estímulo, puede ser impaciente con los otros. Pueden ser apreciados pero también agotadores cuando se lucha para mantenerse a la par de ellos.

Helena era una de esos jefes. Tras veinte años de esfuerzos por ascender en una importante firma que fabrica trajes de baño, dijo "¡Suficiente!" En el curso de un mes redondeó el capital para lanzar su propia línea de ropas. Creativa, instruida y atractiva, Helena atrajo a cinco ejecutivos prometedores y enérgicos para que colaboraran con ella. Según la caracteriza su socia y vicepresidenta, "Es maníaca un día, depresiva e inescrutable al día siguiente. Pienso que se queda despierta de noche leyendo sobre el tema y concibiendo ideas. Convoca a reunión y lanza hasta diez ideas para nuevas líneas completas de productos. Se supone que debemos averiguar todo sobre la competencia, etcétera, y hacérselo saber para mañana. Como si ya no estuviéramos trabajando catorce horas por día en el intento de cumplir con nuestras responsabilidades cotidianas. La admiro y me entusiasma trabajar con ella, pero a veces pienso que se puede desbordar. Ella agota a todos."

El investigador sociópata

El investigador puede ser sumamente político en el ambiente laboral, donde dice o hace cualquier cosa por avanzar. Los investigadores pueden ser también levemente sociópatas, capaces de forzar las reglas con tal de obtener lo que desean. Pueden sentirse superiores y especiales. Inicialmente parecen dinámicos y encantadores, pero cuando se sienten satisfechos son capaces de ir más allá de los límites habituales. Pueden violar la ley para satisfacer sus necesidades.

Dana tenía treinta y seis años cuando empezó a trabajar para Stuart. Ella admite que tenía conciencia de todas las leyes que rigen el tema de las hipotecas, sus diplomas y licencias estatales pendían de las paredes. Stuart la convirtió en vicepresidenta y le dio una oficina imponente. Dana dice: "Pensé que si él podía seguir haciendo lo que había hecho por años y años y sin embargo sentarse en la mesa principal en las reuniones donde se recaudan fondos para los senadores y en los grandes eventos caritativos, también podía yo." Dana se había ganado muy bien la vida trabajando como funcionaria de un banco, pero "Cuando me eludieron en la promoción para presidente en favor de hombres, una y otra vez, supongo que eso me hizo concebir el deseo de derrotar al sistema."

Después de aprobar y firmar los primeros préstamos fraudulentos, Dana dejó de preocuparse por la posibilidad de ir a la cárcel. "Todo estaba arreglado, todo el mundo ganaba muchísimo dinero y nuestros clientes eran los denominados pilares de la comunidad." Evaluaciones infladas y acuerdos de alquiler que mostraban el 100 por ciento de ocupación en edificios de oficinas que ella sabía que estaban ocupados sólo a medias, eran racionalizados mediante la creencia de Dana de que mucha gente estaba haciendo negocios de esa manera. Se relamía en la elegancia y en la sensación de haber llegado mientras comía en caros restaurantes, iba a reuniones con Stuart en su Rolls Royce y entraba en la escena social de los ricos y poderosos.

Dana entró en la terapia cuando el gran fraude empezó a descubrirse. Pasaron dos años antes de que la procesaran realmente, y otro año antes de que hiciera un acuerdo con los distintos fiscales de distrito y estatales y el Departamento de Justicia. El escándalo acabó con varias empresas de Ahorro y Préstamo y envió a unas treinta personas a la cárcel. Dana está cumpliendo ahora una sentencia de veinte meses de cárcel.

En los últimos años se han visto fraudes y escándalos

que llegan hasta los directivos de las firmas de Wall Street y de la Casa Blanca. En su búsqueda de poder, dinero y éxito, el investigador que piensa que está por encima de la ley es un peligro no sólo para sí mismo, sino para la gente cuya confianza traiciona.

FALSOS CAMINOS PARA EL ALIVIO EMOCIONAL

Abuso de drogas

Debido a su propensión a buscar y a su capacidad para derivar gran placer de esa búsqueda, los investigadores son mucho más proclives a usar sustancias que producen una sensación o un placer inmediatos. Son activos consumidores de cafeína, nicotina y drogas estimulantes. Son víctimas de adicciones, y nada es más tentador que las drogas en su promesa de un alto o un estado eufórico instantáneo. Todo el que haya experimentado la adicción a la droga está familiarizado con la búsqueda de un alto, haciendo más y más para obtener esa maravillosa sensación inicial.

Es innecesario aclarar que no todos los adictos son investigadores. Pero el temperamento sí indica quién está biológicamente predispuesto a la adicción y qué clase de droga es probable que elija. Como el analítico igualmente subexcitado, el investigador se siente atraído por los estimulantes: café, nicotina, velocidad y cocaína. Los tipos sobreexcitados —expresivo y sensible— es más probable que se sientan tentados por los sedantes.

Si bien tanto el investigador como el analítico poseen una excitación baja, la bioquímica del investigador puede estar más dominada por la dopamina. Como se observó, la dopamina tiene que ver con los centros del placer del cerebro. El investigador es un buscador de placer, mientras que el analítico es un evitador del dolor: la diferencia es crítica. Es más probable que el analítico adquiera una adicción y la mantenga por las cualidades analgésicas del abuso de drogas. El investigador también puede convertirse en adicto, pero como está más orientado al placer, también es más probable que abandone la adicción o se aparte cuando se torna menos placentera y más dolorosa, que suele ser como progresan las adicciones. Por lo tanto, el investigador es más sano en muchos sentidos. Una y otra vez he visto a pacientes investigadores míos que simplemente abandonan por sí mismos el abuso cuando las drogas ya no son placenteras.

Los investigadores suelen ir de parranda, finalmente le resultan insatisfactorias, se apartan de la droga y pasan a otra sustancia o a otra actividad que les proporcione una nueva sensación intensa. Los investigadores están siempre buscando nuevos desafíos o nuevas conductas para remplazar los que acaban de abandonar. Es por eso que, en las reuniones de Alcohólicos Anónimos, los investigadores que han aprendido a controlar el alcohol o las drogas se sientan en las sesiones y consumen grandes cantidades de café y cigarrillos: aún tienen una necesidad de sensación.

Adicción sexual

Habituarse fácilmente a un amante y perder el interés después de la fase del enamoramiento es típico de la mayoría de los investigadores. Es uno de los diversos lados oscuros del temperamento investigador. Se presenta otro dilema cuando el investigador decide hacer del amor o el sexo la fuente principal de regulación emocional. La adicción sexual se refiere a necesidades de apego normales que son magnificadas y distorsionadas. Si no hay ningún equilibrio en su vida, el investigador puede centrarse exclusivamente en la sensación de buscar a alguien y tener sexo se convierte en el objetivo. Cuando logran ese objetivo, entonces están satisfechos y deben seguir adelante. La anticipación de una cita o de un encuentro sexual es sumamente estimulante, pero esa excitación se agota cuando la novedad ya no les atrae. No saborean una relación ni le permiten desarrollarse en algo más profundo y mutuamente beneficioso. El denominado carácter de don Juan es otra manera de caracterizar a los investigadores masculinos que han decidido usar a las mujeres como suscitadoras de excitación.

EXPANDIR LA ZONA DE SATISFACCION EMOCIONAL: ALTERNACION

Cuando el investigador no está en movimiento, buscando activamente la sensación, se siente subexcitado, y abomina esa sensación. Su tendencia a la acción innata que es escapar de esa subexcitación lo lleva a buscar estímulo externo. Por lo tanto, la tarea principal para modular sus emociones es aprender a tolerar los períodos de calma y relajamiento y alternar esos períodos con actividades saludables, constructivas y desafiantes que satisfagan su necesidad de estímulo. Su tarea es equilibrar descanso y búsqueda.

Mi prescripción para el investigador es la búsqueda de conductas que contrabalanceen la sensación de buscar. La única respuesta real para que los investigadores hallen alivio emocional es alternar entre la sensación moderada y la calma. El investigador necesita sentir sensación suficiente para estar vibrante, pero no tan intensamente que caiga en la conducta adictiva. Necesita disciplinarse para sentirse bien como consecuencia de la actividad moderada, se trate de actividad sexual, romance, trabajo o deporte. Si bien el consejo parece simple, llevarlo a cabo es más difícil, aunque posible, como se puede descubrir en el capítulo 10.

INVESTIGADORES: LIBERACION DE LOS MITOS TOXICOS

1. *El mito de la uniformidad*: No hay que compararse con otros. Se debe gozar de la complejidad de la propia naturaleza.

2. *El mito de lo bueno y lo malo*: Cuando algunos investigadores crecían, eran criticados por su intensidad. Ahora es el momento de respetar esa intensidad y de gozarla.

3. *El mito del control:* Tratar de nivelar las fluctuaciones emocionales es temerario y hasta destructivo.

4. *El mito de la perfectibilidad*: El investigador que desee una existencia serena quedará decepcionado. Su naturaleza es tal que los ritmos emocionales, antes que la calma constante, son su destino.

5. *El mito de la enfermedad mental*: Tener deseos y ansias intensos es un signo de vivacidad, no de enfermedad.

6. *El mito del pensamiento positivo*: Nunca podrá convencer a su naturaleza para que se serene y madure. Escuche a su naturaleza en lugar de conversarle para someterla.

La Lista de Identificación del Investigador

Clasifique las afirmaciones siguientes poniendo una "X" en la línea en blanco junto a la respuesta que lo describe mejor:

1. Haría casi cualquier cosa para evitar sentirme aburrido.
   —— 1 Nada cierto
   —— 2 Rara vez cierto
   —— 3 Algo cierto
   —— 4 Siempre cierto

2. Siempre me estoy esforzando por ganar dinero, poder o algún otro objetivo.
   —— 1 Nada cierto
   —— 2 Rara vez cierto
   —— 3 Algo cierto
   —— 4 Siempre cierto

3. Gozo siendo espontáneo.
   —— 1 Nada cierto
   —— 2 Rara vez cierto
   —— 3 Algo cierto
   —— 4 Siempre cierto

4. A veces hago cosas para ver la reacción de perplejidad de los otros.
   —— 1 Nada cierto
   —— 2 Rara vez cierto
   —— 3 Algo cierto
   —— 4 Siempre cierto

5. Me agrada viajar en coches rápidos.
   —— 1 Nada cierto
   —— 2 Rara vez cierto

—— 3 Algo cierto
—— 4 Siempre cierto

6. Mis acciones investigadoras me acarrean problemas.
   —— 1 Nada cierto
   —— 2 Rara vez cierto
   —— 3 Algo cierto
   —— 4 Siempre cierto

7. Me siento muy atraído por las personas físicamente excitantes.
   —— 1 Nada cierto
   —— 2 Rara vez cierto
   —— 3 Algo cierto
   —— 4 Siempre cierto

8. Cuando voy a un parque de atracciones, lo que más me gusta son los paseos en la montaña rusa.
   —— 1 Nada cierto
   —— 2 Rara vez cierto
   —— 3 Algo cierto
   —— 4 Siempre cierto

9. La competencia me da impulso.
   —— 1 Nada cierto
   —— 2 Rara vez cierto
   —— 3 Algo cierto
   —— 4 Siempre cierto

10. Soy una persona muy asertiva.
    —— 1 Nada cierto
    —— 2 Rara vez cierto
    —— 3 Algo cierto
    —— 4 Siempre cierto

11. Rápidamente me aburro en mis relaciones románticas.
    —— 1 Nada cierto
    —— 2 Rara vez cierto
    —— 3 Algo cierto
    —— 4 Siempre cierto

12. Me gusta vestir de forma diferente a los demás.
    —— 1 Nada cierto
    —— 2 Rara vez cierto
    —— 3 Algo cierto
    —— 4 Siempre cierto

13. Me agrada un desafío.
    —— 1 Nada cierto
    —— 2 Rara vez cierto
    —— 3 Algo cierto
    —— 4 Siempre cierto

14. Me agrada probar cosas nuevas o diferentes.
    —— 1 Nada cierto
    —— 2 Rara vez cierto
    —— 3 Algo cierto
    —— 4 Siempre cierto

15. He tenido muchos empleos.
    —— 1 Nada cierto
    —— 2 Rara vez cierto
    —— 3 Algo cierto
    —— 4 Siempre cierto

16. Soy una persona impaciente.
    —— 1 Nada cierto
    —— 2 Rara vez cierto
    —— 3 Algo cierto
    —— 4 Siempre cierto

17. A menudo he usado o abusado de la cafeína, la nicotina u otras drogas.
    —— 1 Nada cierto
    —— 2 Rara vez cierto
    —— 3 Algo cierto
    —— 4 Siempre cierto

18. Una vez que termino un proyecto o logro un objetivo, de inmediato paso a mi próxima empresa.
    —— 1 Nada cierto
    —— 2 Rara vez cierto

—— 3 Algo cierto
—— 4 Siempre cierto

19. Soy muy enérgico.
    —— 1 Nada cierto
    —— 2 Rara vez cierto
    —— 3 Algo cierto
    —— 4 Siempre cierto

20. A veces me gusta hacer cosas que son un poco inquietantes.
    —— 1 Nada cierto
    —— 2 Rara vez cierto
    —— 3 Algo cierto
    —— 4 Siempre cierto

21. Me agrada una buena polémica o una discusión controvertida.
    —— 1 Nada cierto
    —— 2 Rara vez cierto
    —— 3 Algo cierto
    —— 4 Siempre cierto

22. Me canso rápidamente de hacer la misma tarea por un largo período.
    —— 1 Nada cierto
    —— 2 Rara vez cierto
    —— 3 Algo cierto
    —— 4 Siempre cierto

23. Me excita viajar a diferentes lugares.
    —— 1 Nada cierto
    —— 2 Rara vez cierto
    —— 3 Algo cierto
    —— 4 Siempre cierto

24. Tengo dificultades para relajarme.
    —— 1 Nada cierto
    —— 2 Rara vez cierto
    —— 3 Algo cierto

―― 4 Siempre cierto

25. Me agrada conocer gente nueva.
   ―― 1 Nada cierto
   ―― 2 Rara vez cierto
   ―― 3 Algo cierto
   ―― 4 Siempre cierto

26. Me considero el alma de las fiestas.
   ―― 1 Nada cierto
   ―― 2 Rara vez cierto
   ―― 3 Algo cierto
   ―― 4 Siempre cierto

27. Me desempeño bien en papeles de liderazgo.
   ―― 1 Nada cierto
   ―― 2 Rara vez cierto
   ―― 3 Algo cierto
   ―― 4 Siempre cierto

28. Me agrada hacer cosas con una variedad de amigos.
   ―― 1 Nada cierto
   ―― 2 Rara vez cierto
   ―― 3 Algo cierto
   ―― 4 Siempre cierto

29. Me emociona correr riesgos.
   ―― 1 Nada cierto
   ―― 2 Rara vez cierto
   ―― 3 Algo cierto
   ―― 4 Siempre cierto

30. Suelo beber al menos un par de copas cuando estoy en actividad social.
   ―― 1 Nada cierto
   ―― 2 Rara vez cierto
   ―― 3 Algo cierto
   ―― 4 Siempre cierto

Asegúrese de haber respondido cada uno de los ítems.

Calcular la puntuación sumando los números junto a las respuestas que se han marcado. Registrar la suma aquí: ——.

    80 y más: un investigador definido
    70-79: muchas características de investigador
    60-69: algunas características de investigador
    60 y menos: pocas de estas características tienen un papel importante en su temperamento.

TERCERA PARTE

Maneje sus emociones

9

Reconsiderar las zonas de satisfacción

El lector ya debe haber identificado su tipo de temperamento, poseyendo un buen conocimiento fundamental del mismo. En esta sección final del libro, aprenderemos cómo trabajar con el temperamento para volverse emocionalmente más animado, para aislar los estados de ánimo malos y para ampliar la zona de satisfacción y poder gozar de una mayor variedad de experiencias.

Nuestro primer paso es resolver cómo es la vida emocional ahora, ver las reglas y suposiciones desde las cuales se está operando. Se puede estar distanciado de los sentimientos, se puede estar en negación o confusión o, como tanta gente, se puede estar emocionalmente cerrado o entumecido en cierto grado. Cada uno de nosotros hace mil opciones y decisiones cada día que tiene como base permanecer en la zona de satisfacción emocional, que opera entre bambalinas, en la oscuridad. Iluminemos y exploremos nuestra propia idea de la satisfacción emocional.

Para la mayoría, la satisfacción emocional es la ausencia de angustia, no la presencia de pasión, éxtasis, dicha o deleite. Deseamos seguridad y tendemos a no crearnos expectativas exageradas sobre las emociones más positivas. Tal vez este sea el resultado de nuestra preocupación por la supervivencia, un interés básico que nunca cambia. Durante la mayor parte de la historia de este planeta, los humanos no esperaron que les sucedieran cosas maravillosas. La supervivencia tenía un lugar de preeminencia en nuestra mente consciente, tanto como en nuestras respuestas instintivas a las situaciones difíciles. Es sólo en la historia reciente que nuestra búsqueda de satisfacción y de bienestar emocional ha ocupado el centro del escenario.

La satisfacción, claro, es un concepto relativo. Cada uno posee una filosofía de vida que expresa cuán segura o satisfactoria en lo emocional debe ser nuestra vida para que nos declaremos contentos o felices. Para algunos, esas expectativas están serenamente implícitas, para otros son explícitas y las persiguen conscientemente. Mi punto de vista es que como la propia idea de satisfacción existe, se la reconozca o no, ¿por qué no convertirla en un deliberado conjunto de opciones? ¿Por qué no decidir qué emociones se desea ampliar o alentar en la vida, antes que ser pasivo o ciego a aquellas que se producen biológicamente dentro de uno? El autoengaño y la negación emocional sólo llevan a estar encarcelado por las emociones.

¿CUAL ES LA IDEA DE LA SATISFACCION PROPIA?

La gente difiere en sus actitudes sobre la vida. Algunos son pesimistas y para ellos basta la ausencia de angustia emocional. Cuando hacen balance de su vida, sus preguntas son: "¿Está todo bien? ¿Hay algo de lo cual deba preocuparme?" Si sus seres amados están bien, si su trabajo es seguro, si sus cuentas están pagadas, se sienten sumamente satisfechos. Los analíticos son así.

Los optimistas esperan más de la vida. Para el optimista, a menudo ejemplificado en el investigador, la mera ausencia de angustia no es satisfactoria, desean emociones intensas como la excitación, la alegría y la pasión. Si para algunos hombres y mujeres la satisfacción es sólo alivio del dolor o el peligro, para otros tiene que ver con la capacidad para saborear las potencialidades emocionales. Según la perspectiva, entonces, las expresiones satisfacción o zona de satisfacción adoptan significados muy diferentes.

Las zonas de satisfacción se refieren al rango específico de emotividad que estamos acostumbrados a sentir. Las zonas de satisfacción ni siquiera son necesariamente cómodas: pueden ser sólo familiares y predecibles. Declarar que se desea ampliar la zona de satisfacción equivale a decir que se está dispuesto a correr más riesgos en la vida para poder vivir de manera más plena y menos temerosa. Se elige ir más allá de cuanto se está acostumbrado a sentir, olvidar la seguridad y aceptar el potencial.

Existe otra razón, tal vez más importante, para expandir la zona de satisfacción emocional. Si no se trabaja para expandirla, ¡se estrecha por sí misma! Como las arterias que se endurecen y atascan con los años, se puede hallar que la zona de satisfacción se vuelve gradualmente más pequeña y más restrictiva. Por ejemplo, el sensible ansioso que evita constantemente la sobreexcitación, se descubre retrayéndose más y más de los desafíos de la vida. El investigador que no puede tolerar la subexcitación se encuentra apresado en el deseo constante y en la búsqueda de sensación. Permanecer dentro de la zona de satisfacción es limitar muchísimo las experiencias de vida. Además, a medida que envejecemos, nuestros hábitos se hacen más rígidos, nuestro carácter tiende a endurecerse. En otras palabras, nuestras zonas de satisfacción emocionales se vuelven estrechas, tengamos conciencia o no de que eso se está produciendo.

Primero, examinemos qué sucede cuando la gente decide que el sentimiento en sí mismo es amenazante y peligroso. Para ellos, la satisfacción es en esencia una vida desprovista de emociones. Hay tres tipos diferentes de personas que no tienen conciencia de sus emociones. Algunos no tienen conciencia de haber hecho nunca una opción: están emocionalmente cerrados, entumecidos. Otros hacen una opción consciente, bien pensada. Y el tercer grupo opta por actuar como si estuvieran teniendo emociones adecuadas aun cuando estén entumecidos. Todos desean evitar los sentimientos dolorosos y malos.

Cuando la satisfacción es no sentir

Diría que al menos un tercio de mis pacientes vienen a terapia porque se sienten entumecidos, separados de sus emociones. Muchos son enviados por sus cónyuges o sus seres queridos que se sienten frustrados y distanciados.

Hugh, un ingeniero del espacio aéreo, estaba emocionalmente entumecido y no tenía conciencia de ello. La esposa le notaba emocionalmente muerto. Ella insistió en que él fuera a la terapia. "Estoy harta de estar sola en este matrimonio", comentó ella. Hugh no era consciente de que le pasara nada. "Ella me está recriminando siempre por no sentir esto o aquello. Bueno, es una mujer, están hechas de esa manera. Yo soy ingeniero, así es como estamos hechos."

A la mayoría de la gente, Hugh le hubiese parecido grato y atractivo, aunque un tanto blando. A menos que se sondee como puede hacerlo un terapeuta, no necesariamente sabemos qué sienten los otros, o si es que sienten. Es tarea del terapeuta escuchar y sondear los meandros de la vida emocional interior. Permítaseme describir lo que ve y percibe un terapeuta cuando se enfrenta a alguien, como Hugh, que no tiene conciencia de sentir o que se ha entumecido tanto que en verdad no tiene sentimientos.

En términos clínicos, los sentimientos suelen describirse como afecto. Describimos a alguien que carece de expresividad de sentimiento como exhibiendo afecto mitigado o chato. Parece no haber ningún afecto o el rango del sentimiento es sumamente limitado. El signo más obvio de entumecimiento es la negativa a decir algo que sugiera un estado de sentimiento. Cada terapeuta ha tenido la experiencia de hablar con alguien como Hugh durante una entera sesión sin oír ni una sola vez una oración o una palabra con colores emotivos, aun cuando el paciente esté describiendo los acontecimientos o las preocupaciones más terribles.

Hugh me contó que había sido despedido de una firma que se ocupaba del espacio aéreo que había hecho una reducción de personal y que había estado desempleado por ocho meses. Tuvo que vender su preciada colección de tarjetas de béisbol y terminó viviendo en un motel barato antes de que le volvieran a ofrecer un trabajo. Narró eso en tono frío, sin emplear palabras emotivas. Sencillamente, se encogió de hombros y dijo: "Eso es parte de la vida. Uno debe estar preparado."

Naturalmente, el técnico con pericia trata de formular las preguntas adecuadas o de arriesgar conjeturas después de las aseveraciones del paciente. Por ejemplo: "Imagino que usted debió de sentirse enojado cuando ella hizo eso", o "Debió de haber sido una gran pérdida tener que vender su colección de tarjetas de béisbol." En caso de que el paciente reconozca, y cómo, nuestra conjetura, tenemos otros indicios acerca de que estén sintiendo algo. Surgen más indicios en la elección de palabras de una persona para describir sus emociones. Cuando le pregunté a Hugh qué sentía acerca de la amenaza de su esposa de divorciarse, en lugar de decir "Me siento triste" o "Tengo miedo", respondió: "Me siento raro."

Decimos que una persona como Hugh es alexitímico cuando es incapaz de identificar sus emociones o aun de describir las diversas sensaciones corporales que experimenta. Hugh era también lo que denominamos antihedonista, es decir, incapaz de sentir placer o cualquier otro sentimiento positivo. Es lo opuesto del hedonismo y la persona antihedonista inicialmente intenta cerrarse sólo a los sentimientos desagradables, pero recibe una recompensa mala por su intento, y como placer y dolor emplean caminos fisiológicos semejantes, no puede experimentar tampoco sensaciones gratas. Si uno se cierra a los sentimientos desagradables, se cierra también al entero espectro de emociones, como le ocurrió a Hugh.

Esos indicios verbales suelen verse acompañados de una carencia de expresividad emocional en la voz del paciente. En el caso de Hugh, hablaba con blanda monotonía, sin las inflexiones y los altibajos que acompañan el discurso emocionalmente cargado. Su lenguaje corporal era igualmente inexpresivo. Se sentaba en el diván, relajado pero prácticamente inmóvil. No hacía gestos con las manos y su expresión facial era nula.

El cuerpo de un paciente proporciona magníficos indicios acerca de su energía emocional. Como es obvio, alguien que está continuamente tamborileando con los dedos sobre el apoyabrazos de un sillón o haciendo girar las borlas de un almohadón, está representando nerviosidad o angustia. Moverse mucho en una silla, dar golpecitos con el pie, sacudir una pierna o cambiarse repetidamente de posición son signos de búsqueda de energía.

Hugh tenía todos los signos de alguien que está emocionalmente entumecido. Empleaba pocas palabras que tuvieran color emotivo. Su voz, su expresión facial y su cuerpo demostraban afecto mitigado y ningún rango emocional. Aunque era inteligente y grato, pude entender la frustración y el alejamiento de su esposa. Al parecer, en el trabajo era un ingeniero competente y estimado y se manejaba bien en ese marco. Pero en el hogar su esposa necesitaba conexión emocional para no sentirse sola. Hugh no estaba resentido ni furioso con su esposa, no la estaba castigando al escatimarle su amor. Simplemente, Hugh estaba vacío, no sentía nada y no tenía nada para dar. Su esposa era como una mujer sedienta que se planta maldiciendo y llorando ante el pozo vacío.

Elegir pensar antes que sentir

Nina finalmente entró en la terapia a los cuarenta y cuatro años porque estaba cansada de no sentir. Se había pasado toda la vida negando sus emociones debido a una infancia dolorosa, marcada por la pérdida de ambos padres en un accidente automovilístico.

Cuando fue a la facultad, eligió la carrera de filosofía. Razonaba que el mundo de las ideas, desprovisto de emoción, sería un puerto seguro para su psiquis marcada. En efecto, Nina sobrevivía y funcionaba, pero un aspecto de su vida sufría enormemente: las relaciones íntimas. No podía permitir que nadie la conociera realmente o que supiera cómo sentía, porque ella misma no sabía qué sentía.

Tras doctorarse, eligió seguir en el mundo académico. Era armonioso para su bienestar psicológico: se sentía cómoda manejándose con altos conceptos a expensas de los sentimientos básicos. Cuando contaba poco más de treinta años, inició su carrera como profesora de historia y filosofía. Al crecer su soledad decidió al fin entrar en terapia, en la esperanza de ponerse en contacto con sus emociones y tal vez aprender a relacionarse con los otros lo bastante bien como para iniciar finalmente una relación amorosa.

Después de estar en terapia conmigo por unos pocos meses, Nina empezó a salir con alguien y tenía grandes esperanzas puestas en esa relación. Pero había elegido a un hombre que, en contraste con ella, estaba muy en contacto con sus emociones. Cuando ella analizaba cada salida en las sesiones, yo advertía que él trataba desesperadamente de conocerla mejor y se estaba frustrando en medida creciente por lo que percibía como frialdad de parte de Nina. Lamentablemente, no habíamos hecho un progreso suficiente en la terapia, de modo que cuando la relación se cortó Nina se sintió tan llena de vergüenza y desaliento que cesó en el tratamiento. Especulo que sucedió eso, ella no me lo dijo. Sólo espero que haya reanudado la terapia luego, porque estaba viviendo media vida.

El carácter "como si"

Otra estrategia psicológica para asegurar la satisfacción es la supresión de las emociones genuinas, seguida por la simulación de sentimientos socialmente apropiados. Esa es rara vez una decisión consciente. El carácter "como si" lo hace. Rachel era una paciente así y describió su momento de comprensión acerca de su falta de sentimientos.

"En el funeral, me senté en el asiento de adelante de la iglesia, con mis primos a cada lado, oyendo al sacerdote hablando sobre la vida de mi tía y explicando la maravillosa persona que había sido. Y así era: una persona cariñosa, muy dulce y feliz que siempre fue magnífica conmigo. Pero en medio de toda esa tristeza, me sorprendí pensando en el proyecto de un cliente en el que estoy trabajando. Mi primo, que tiene diecisiete años, empezó a llorar y lo rodeé con un brazo y traté de consolarlo, pero me sentía alejada de todo eso, como si se tratara de una película y todos estuvieran actuando. Me sentía turbada y algo fastidiada por el llanto y las caras húmedas de todos. Dije lo que correspondía y me mostré triste, pero por dentro, yo no sentía nada. Y cuando pienso en el último año, aproximadamente, desde que se fue Matt [su ex esposo], creo que he estado viviendo como una sonámbula desde entonces, actuando como si estuviera bien, pero por dentro soy un desastre."

Hombres y mujeres como Rachel han perdido el sentido de su yo mismo real y aprenden a comportarse como si estuvieran experimentando ciertas emociones. No tratan de ser falsos, pero fundamentalmente lo son. Pueden expresar simpatía o pena porque saben que es lo que se espera de ellos, pero no lo sienten por dentro. Aun cuando parecen felices, no lo son: saben que el acontecimiento requiere felicidad, de modo que actúan como si sintieran emoción. Al menos Rachel tenía conciencia de sus tendencias "como si". Mucha gente vive "como si" sin ninguna conciencia de que sus expresiones ya ni siquiera están relacionadas con sus sentimientos interiores reales. Sin duda, todos hemos conocido a gente así. Uno oye lo que dicen, pero de alguna manera no les cree, no se siente conmovido por ellos.

LAS TRAMPAS DE LA NEGACION

La negación de las propias emociones es un proceso progresivo. Primero, disminuyen los sentimientos superficiales, luego la negación se hunde más. En la primera etapa de la negación, nos rehusamos a identificar nuestros sentimientos o los identificamos mal, pero de todos modos advertimos cierta excitación interior básica. Con el tiempo, si somos proclives a la negación, hasta negamos nuestra conciencia de la excitación. La negación es una técnica para manejarse y sobrevivir. Es como entrar en shock físico y no poder sentir dolor cuando estamos gravemente lesionados. Si no nos entumeciéramos en ciertas circunstancias extremas, nos volveríamos locos o moriríamos.

Bruno Bettelheim, el psicólogo que estudió la conducta en campos de concentración, notó que muy poca gente se desmayaba en los campos a pesar de los horrores que tenían lugar. Concluyó que a veces, frente al problema, puede ser ventajoso perder de vista lo que se siente. Los internos de los campos se cerraban emocionalmente: sentir dolor y miseria y puro horror hubiese sido abrumador. Sellaban o aislaban sus emociones para poder sobrevivir. En la batalla, los soldados se arreglan de esa manera. Se entumecen y suprimen las respuestas emocionales, que es el único modo en que pueden tolerar el estrés del campo de batalla. Se fuerzan a pensar: "Eso no puede sucederme a mí", cuando ven la muerte a su alrededor. La gente que arriesga su propia vida para rescatar a otros demuestra la misma clase de desapego en el instante en que debe reunir gran coraje y fuerza.

En algunas situaciones emocionalmente extremas, la gente se despersonaliza. Llega a sentirse tan desapegada y disociada que siente como si estuviera viéndolo todo desde la distancia. Este proceso es común en las experiencias de casi muerte y entre los niños maltratados. Es un mecanismo de supervivencia que nos mantiene vivos hasta que ha pasado el peligro inmediato. Sin embargo, pocos de nosotros experimentamos tales situaciones reales de vida y muerte en que el desapego es una adaptación. Para la mayoría, el desapego y la negación suelen no ser estrategias constructivas. Conducen a zonas de satisfacción estrechas muy engañosas y contraproducentes. Ultimamente, la negación, el desapego y la falta de sentimientos nos quitan nuestro sentido del yo mismo.

ELIJA ACEPTAR LAS EMOCIONES

Creo que una vez que se ha aprendido a tratar cómodamente con los estados emocionales negativos, se tiene energía para los más positivos. Es como eliminar las zarzas de un jardín de rosas inactivo. Entender que es posible orquestar las emociones y ampliar las zonas de satisfacción posee un efecto liberador, mágico. Cada tipo de temperamento tiene su lado oscuro, pero también su inclinación a emociones positivas. En virtud del modo en que estamos construidos psicológicamente, y debido al condicionamiento social, de manera automática empezamos a desear más de la vida y experimentar las altas emociones que se relacionan más con el placer que con el dolor.

En la actualidad, la gente que desea ampliar sus zonas de satisfacción descubre que esa tarea es consistente con toda una perspectiva enriquecedora de la salud. Dos de los términos nuevos en la atención médica son corrección y robustez.

Para mí, corrección huele a dudosas pautas de normalidad, pero robustez, o capacidad de recuperación, connota la capacidad para enfrentar los problemas, confrontar de manera efectiva las adversidades inevitables que nos sobrevienen. Robustez implica una tolerancia incrementada para el estrés y la presión. Sugiere una adaptabilidad y una flexibilidad que es lo que distingue a los que superan los inconvenientes y buscan desafíos. En suma, la robustez tiene que ver con la capacidad para manejar (no controlar) las emociones.

Así, si se ha estado llevando una vida de negación o entumecimiento emocional, o aun con un pequeño exceso de seguridad emocional, es de esperar que se esté ahora dispuesto a concebir la posibilidad de vivir de manera diferente, de expandir el rango de la emotividad que se permite en la vida.

PENSAMIENTOS Y SENTIMIENTOS: LA DUALIDAD MENTE/CUERPO

Para tener conciencia de uno mismo como un organismo mente/cuerpo integrado, examinemos cada lado de esta dualidad. La mente, o cerebro interpretativo, es, en esencia el contenido de los pensamientos. Es la parte del cerebro que controla, evalúa e interpreta la excitación. Es lo que interpreta la excitación de temor cuando se ve una parte inquietante en una película e informa: "Es sólo una película", luego reinterpreta la excitación como tal. El mismo proceso tendría lugar si uno se desplazara en una montaña rusa. Permite separar el temor real del temor imaginado. En un sentido más general, el modo de interpretar la excitación es un producto del condicionamiento de toda la vida.

Idealmente, el nivel más alto de funcionamiento se produce cuando la mente y el cuerpo están plenamente integrados en una curva de realimentación: (1) Se experimenta excitación más la propia tendencia a la acción. (2) La mente asimila esa información. (3) Entonces se elige regular las emociones de una manera consistente con el temperamento (como se explorará en el capítulo 10).

Pero el comienzo de la conciencia tiene que ver con

sensaciones corporales. Puede ser útil pensar en el cuerpo como en un instrumento musical. La música singular que toca es el temperamento y puede tocarse con amor o con indiferencia. Usando esas imágenes, deseo implicar que es un bello instrumento, aunque algunos de los sonidos al principio puedan parecer duros y discordantes. Si se recuerda la primera vez que se oyó música oriental, india o atonal moderna, tal vez haya parecido discordante y extraña. Otro tanto sucede con las sensaciones que pueden surgir del cuerpo.

A mucha gente, aprender a oír y entender la música del cuerpo le permite verse de una manera nueva. A menudo, el descubrimiento de que se posee un yo mismo natural es una experiencia semejante. Aprender el propio instrumento, las notas que toca, su rango, sus ritmos, es un prerrequisito para orquestar la vida emocional.

DESCUBRIR EL YO MISMO NATURAL

Manejar las emociones requiere que se aprenda a oír y entender las señales emocionales que el cuerpo está transmitiendo constantemente. Esto significa atravesar todos los estratos de viejas ideas, todas las admoniciones acerca de lo que se debe hacer y lo que no se debe hacer, todas las capas de viejos hábitos y pensamientos inculcados sobre el yo mismo social, hasta el núcleo, hasta el yo mismo natural más básico que opera en el cuerpo. Se debe experimentar con uno mismo para descubrir qué siente el yo mismo natural: con qué intensidad siente, si uno se ha entumecido hasta alcanzar un estado en que no siente. El mejor contexto para tomar conciencia del yo mismo natural es pasar tiempo a solas.

Cuando les sugiero esto a mis pacientes, a menudo afirman que sus emociones no se producen cuando están a solas, sino en un contexto social, en el calor del encuentro en el choque con otros que desencadenan sus emociones. Mi respuesta es que primero debemos tomar conciencia de nuestro yo mismo natural en la soledad, luego encarar nuestras interacciones emocionales con otros. En verdad, la única manera en que podemos descubrirnos es en un estado de soledad, un tiempo libre para nosotros mismos. No leyendo, no pensando en el trabajo o en las relaciones o en las tareas, estando a solas, en calma. Se puede hacer esto en una habitación tranquila. El contexto debe estar libre de entradas sensorias externas: nada de conversación, nada de gente, nada de distracciones.

Pasar tiempo a solas en calma puede ser difícil. Podemos sentirnos culpables por no estar haciendo nada cuando es tanto lo que se debe hacer. Y, cuando se eliminan las entradas sensorias, pueden surgir pensamientos o preocupaciones inquietantes: situaciones laborales, problemas familiares, decepciones, resentimientos. Lamentablemente, las preocupaciones negativas suelen surgir con mayor facilidad que las positivas.

Algunos de mis pacientes dicen que este ejercicio, al principio, puede llevar a una aguda conciencia de soledad y, así, de tristeza. Por lo general, cuando pasamos tiempo solos, ocupamos nuestros sentidos con charla telefónica, con televisión, radio, limpiando, organizando, haciendo listas y otras tareas: todo puede servir para anular el aislamiento. En este ejercicio hay que reconocer los sentimientos de soledad y enfocar las señales del cuerpo.

Se puede descubrir que la mente empieza una carrera de pensamientos. Según lo describió un paciente: "Siento como si mi mente no fuera más que una confusión de pensamientos y emociones entremezclados. Me lo paso yendo de uno a otro hasta que no consigo separarlos". No hay que tratar de ordenar los pensamientos. El punto de este ejercicio es tomar conciencia del cuerpo y de las señales emocionales que está emitiendo. Requiere práctica y concentración, pero se debe permitir que los pensamientos sigan corriendo mientras se enfoca lo que se está sintiendo. Se puede hacer esto con un ritmo semanal, en oportunidades al azar, durante media hora, pero he descubierto que la mayoría de las personas prefieren hacerlo en los momentos en que se sienten agobiadas por emociones desagradables. Cuando se ha hecho este ejercicio tres o cuatro veces, es dable familiarizarse con la naturaleza predecible de la propia emotividad.

Se debe permitir que los pensamientos deriven a través de la mente. No hay que centrarse en ellos, ni combatirlos, sino dejarlos derivar, entrando y saliendo. Esta técnica tiene como objetivo desconectar las sensaciones de las antiguas interpretaciones de las sensaciones.

Primero, hay que centrarse en las extremidades: las manos y los pies. Tomar conciencia de toda tensión, transpiración o nerviosidad. Luego, centrarse en el pecho (tensión). El estómago (cerrado, anudado, mariposas, temblores, calor o frío extraños). La cara y la cabeza (sonrojo, dolor de cabeza). Tomar conciencia de toda impaciencia, agitación, temor, vacuidad, sensación de insignificancia. Todas esas sensaciones son la música que puede estar tocando el propio yo mismo natural.

Las emociones se inician en el sistema nervioso central (el cerebro) y luego viajan a través de otros sistemas periféricos del cuerpo, como el sistema nervioso autónomo, y pueden expresarse con transpiración, tensión muscular, etcétera. Esto explica por qué primero es necesario tener conciencia de las señales periféricas e ir hacia el centro del cuerpo: el pecho y el estómago.

Finalmente llega el reconocimiento de la excitación o de la falta de excitación. ¿Qué palabras le vienen a uno cuando se experimentan esas sensaciones? Puede ser cualquiera. Centrarse en los términos que aparecen, luego enfocar un término por vez y hacerlo tridimensional. Permitir que lleguen más imágenes, por ejemplo "ligero". ¿Como qué? ¿Como un globo? ¿Qué significa "ligereza" para uno? Luego, ir descendiendo hacia los conceptos emocionales básicos tales como temor, ansiedad, felicidad, alegría u otros sentimietos. El proceso es conciencia de las sensaciones, conciencia de las interpretaciones de esas sensaciones.

Este ejercicio es más difícil para algunos tipos de temperamentos. Al sensible le resulta fácil conectarse con su cuerpo, ya que por su misma naturaleza —sensibilidad— está más sintonizado con su cuerpo. Otro tanto le sucede al analítico. Los dos son introvertidos y, así, más orientados hacia el interior. El expresivo y el investigador son extravertidos, más orientados hacia la acción. Para estos últimos tipos, desacelerar lo suficiente como para conectarse consigo mismo es algo menos familiar.

Estoy seguro al decirle al lector que si se da el tiempo necesario para relacionarse con la fuente de sus emociones, la recompensa bien vale la incomodidad inicial: una conciencia de los singulares ritmos y el flujo de su excitación emocional. Cuando se llega a estar más familiarizado con el flujo de esa excitación, se torna menos sorprendente, menos inquietante, menos inesperado. Esta conciencia finalmente se convierte en la base para la autoaceptación y la autoconfianza emocional.

TOMAR CONCIENCIA DE LAS ZONAS DE SATISFACCION: PREPARACION

Es obvio que todos los temperamentos deben enfrentar, en grados que varían, todas las emociones básicas, incluida la ansiedad, el enojo, la tristeza y la impulsividad. El temperamento es la respuesta emocional predominante de un individuo. Revisemos las tres áreas que se deben explorar para descubrir la identidad emocional: reconocimientos, conciencia y autoindagación.

RECONOCIMIENTOS

¿Cuál es mi temperamento? Para este momento, se habrán realizado todas las pruebas e identificado a qué tipo se pertenece. Se debe saber:
. Si el nivel típico de excitación es alto o bajo.
. Cuál es la tendencia a la acción.
. Las situaciones generales que desencadenan la excitación y se debe tener una idea de cuál es la tarea correctiva, es decir, qué se debe hacer para reajustar el termostato.

CONCIENCIA

He discutido la conciencia de las sensaciones corporales, pero aquí me agradaría ser más específico. Primero, está la conciencia de la incomodidad emocional en sus formas diversas. Están las emociones dolorosas conscientemente obvias como la ansiedad. Están las manifestaciones físicas como transpirar, respirar con dificultad, la tensión y la fatiga. Y finalmente, hay manifestaciones cognitivas de emociones angustiantes, como una falta de concentración, conducta motriz o física desacelerada, congelación o agarrotamiento y bloqueo de los procesos del pensamiento tales como el olvido.

AUTOINDAGACIÓN

Conviene formularse las siguientes preguntas para promover el proceso de conciencia emocional:

1. ¿Poseo una correcta identificación de mis propias predisposiciones innatas o las he negado? Si he disfrazado mi temperamento, ¿por qué lo he hecho? ¿Estoy avergonzado?

2. ¿Me permito sentir todo lo que surge en mí? ¿Me precipito a alterarlo? ¿Cuáles son los modos contraproducentes con que regulé mis emociones en el pasado?

3. ¿Cómo interpreto la excitación? ¿De qué emociones tengo conciencia?

4. ¿Puedo aceptar primero lo que sucede dentro de mí, en el sentido de aceptar la excitación o la falta de excitación, y luego mirar pasivamente para ver qué sucede? Si elijo reajustar el termostato, ¿cuál es mi tarea?

DESENCADENANTES EMOCIONALES

Hay dos tipos de acontecimientos que afectan el termostato: internos sólo, donde el flujo y el reflujo de los neurotransmisores eleva o baja la excitación: y, por supuesto, las interacciones con el ambiente externo, incluidos los intercambios con otra gente.

Puede ser importante determinar si el desencadenante es interno o externo. Para distinguir de dónde viene, se debe accionar desde afuera hacia adentro. Primero, tomar nota de lo que está sucediendo alrededor en ese momento y lo que está ocurriendo en la vida en general. Si no se pueden hallar obvias provocaciones en el mundo externo, la excitación puede estar sucediendo únicamente como un "eructo" bioquímico, un cambio en la "sopa cerebral". Las mujeres que están sometidas a las agudizadas emociones que acompañan el síndrome premenstrual pueden recordar la influencia hormonal sobre sus sentimientos. Del mismo modo, cuando se experimenta un repentino cambio de humor, conscientemente se puede optar por seguir adelante con las propias actividades.

Cuando se tiene conciencia de incomodidad emocional, de estar afuera de la zona de satisfacción, hay que formularse las preguntas siguientes:

1. ¿De qué estoy consciente? ¿Qué pensamientos se están dando en mi cabeza?

2. Esos pensamientos o sentimientos, ¿parecen conectados con acontecimientos que se están produciendo ahora?

3. ¿Están desconectados del mundo exterior esos pensamientos? ¿Son vagos deseos, temores o preocupaciones?

Luego, revisar las pruebas de temperamento de probables desencadenantes:

Sensibles: "Algo parece amenazante" (sobreexcitación):
- Sentirse nervioso sobre el desempeño en una tarea o acontecimiento futuro.
- Sentirse nervioso al estar con otra gente ahora (ansiedad social), incluido lo que parece un desempeño frente a otros.
- Sentirse nervioso por el temor mismo, temor o pánico.
- Temor a síntomas: excitación física, transpiración, respiración, temblores.
- Temor a los golpes potenciales a la autoestima.
- Temor de desvalimiento en acontecimientos amenazantes.

Analítico: "Estoy sintiendo o previendo cierta vacuidad" (subexcitación):
- Sentirse desvalido acerca de alguna situación externa.
- Sentir la pérdida real del ego y la autoestima.
- Sentirse triste por una pérdida.
- Tener preocupaciones constantes, cavilaciones.
- Preocuparse y sentir desvalimiento por alguna pérdida futura.
- Sentir desvalimiento en cuanto a controlar resultados.
- Sentirse vacío, triste o preocupado por ninguna razón aparente.

Expresivo: "Me he convertido en un objetivo de la aversión o negativo" (sobreexcitación):
- Interrupción de toda conducta dirigida a un objetivo.
- Todo acontecimiento o gente frustrante impide lograr algo.
- Ataques percibidos al propio valor y a la autoestima por parte de otros.

- Incapacidad para controlar el ambiente o a otra gente.
- Excitación que crece por ninguna razón y que conduce a irritabilidad no específica.

Investigadores: "Tengo el deseo de algo" (subexcitación):
- Aburrimiento o falta de novedad.
- Familiaridad de la situación.
- Saciedad debida a experiencia repetida con las mismas situaciones o actividades.
- Tentación de situaciones o actividades nuevas que prometen sensación.
- Placer potencial en algún acontecimiento o situación previstos.

Cuando se descifran los sentimientos y pensamientos y se identifica la provocación, entonces se puede emplear la tarea correctiva específica para el temperamento. Tomar serenamente conciencia de lo que se siente y de cuál puede haber sido el desencadenante, suele ser suficiente para poner a la persona en movimiento hacia esa tarea que, a su vez, tiene como consecuencia que se sienta más cómoda. Con el tiempo, se expande la zona de satisfacción de esta manera, porque la conciencia torna menos perturbador lo que una vez era desagradable.

EXPRESION EMOCIONAL E INDIVIDUALIDAD

Para mucha gente con la que he trabajado, el descubrimiento y la aceptación del temperamento es la pieza faltante final en su búsqueda de identidad completa. La mayoría posee un sentido de quién es en virtud de ideas que se tienen sobre sí mismo. Pero es la misma singularidad e individualidad lo que se teme a menudo. Se quiere ser un individuo, pero no se desea ser considerado diferente. Se está desgarrado entre el deseo de destacarse y el deseo de mezclarse en la multitud. Para muchos, esa es una lucha constante.

Es esencial entender que se está aprovechando la probabilidad de expandir la identidad. Las nuevas opciones emocionales llevan a conductas nuevas. Las nuevas maneras de conducirse llevan a nuevas percepciones de uno por parte de los otros. Para algunos, eso es agradable, para otros, la nueva identidad puede crear cierta ansiedad en cuanto a la aceptación por parte de los otros.

Afirmar y expresar las emociones significa que se debe elegir ser quien se es. La noción de opción es difícil para muchos de nosotros. Es muchísimo más fácil decir: "No puedo mostrar este o aquel sentimiento porque mis amigos no pueden manejarlo", o "Seré malentendido" (lo que significa que los amigos no aceptarán la imagen que se ha estado tratando de proyectar). Actuar según el coraje de las convicciones significa que se está tomando una decisión acerca del modo en que se llevará la vida, la decisión de no gastar energías en la creación de impresiones falsas. Cuando se reduce a eso, tratar de ser la persona que se piensa que los otros quieren que se sea, o tratar de ser la persona que se cree que a ellos les gustará, no es más que una danza de sombras.

Si es que debe haber una persona real, hay que despojarse de los mitos que hemos discutido. Esforzarse por ser emocionalmente perfecto sólo hará que uno se sienta terriblemente insuficiente. Tratar de expresar sólo emociones "buenas" y suprimir las "malas" agota de energías en una búsqueda que está condenada al fracaso. Ser un individuo significa que se acepta y se respeta toda la variedad de emociones que revelan toda la humanidad propia. Ser un individuo significa que no se permitirá que las teorías de moda sobre lo que se considera "saludable" o lo que se estima "disfuncional" sean las guías emocionales.

Es innecesario decir que ser un individuo significa que no es necesario adecuarse al modelo de otro de lo que es "normal". La prueba de que se acepta el propio temperamento es fijar las propias pautas, no permitir que las pautas externas sean las que definen. Por mucha independencia que se tenga, la gente que rodea a uno, y la sociedad en una escala mayor, transmiten mensajes sobre el modo de comportarse, qué emociones son apropiadas y qué hace falta para que a uno se le considere apreciable.

Extrañamente, el hombre o la mujer que descubrimos verdaderamente admirable es la persona que tiene el coraje de sus convicciones. Esa es una verdad que se debe entender. Cuando se trabaja para expandir la zona de satisfacción emocional, es probable descubrir que el mayor temor no son las emociones específicas del temperamento que se deben experimentar, sino si la gente gustará de uno si ve esas facetas de la personalidad que se han negado o mantenido ocultas por tanto tiempo. No hay ninguna garantía, claro, ¡pero la gente suele aceptar mejor nuestros cambios que nosotros mismos! Ahora, el lector está preparado para los cursos de acción específicos necesarios para sentirse más cómodo la mayor parte del tiempo.

10

Reajustar el termostato emocional

Como hemos visto, no es posible cambiar los determinantes biológicos viscerales de los sentimientos. Lo que se puede hacer es cambiar el modo de relacionarse con las propias emociones y modificar los modos en que se responde a ellas.

Todo deseo de alterar la existencia psicológica comienza con una aceptación de lo incambiable. Al aceptar el propio temperamento y las emociones, se produce algo que es bastante extraño, paradójico, pero enormemente poderoso. En el momento de aceptación, automáticamente se altera el modo de experimentar los propios sentimientos. Esta es la magia del momento existencial, el momento en que se hace la opción consciente. Cuando se decide tener conciencia de los propios sentimientos y aceptarlos, se afirma y se respeta el yo mismo. (El autoengaño y la negación hacen perder el sentido de quién se es realmente y dejan a la persona a la deriva y confundida.) La aceptación es un proceso activo, no es pasivo, ni es resignación. La aceptación es el primer paso en la habilitación y el manejo emocional.

UNO ES EL AGENTE DEL CAMBIO

La mayoría estamos metidos en antiguos modelos más profundamente de cuanto nos damos cuenta. Lo familiar parece seguro aunque perturbe. Sé que esto suena paradójico, pero es así como estamos construidos psicológicamente. He descrito cómo aun la noción de zona de satisfacción se basa más en lo que es familiar y esperado que en lo que es realmente agradable y cómodo. Cambiar las respuestas y la conducta requiere desprenderse de antiguos modelos que hacen sentir mal.

Declarar que se posee autodeterminación es afirmar que se es el agente del cambio. Esto es lo que el eminente psicólogo Albert Bandura caracteriza como autoeficacia, la esencia de lo que es más comúnmente conocido como confianza. Autoeficacia significa verse a uno mismo y al mundo como un sistema de retroalimentación: se causan efectos en el mundo, los que a su vez influyen sobre uno y lo que siente.

Bandura cree que siempre estamos procesando información de nuestro ambiente que nos dice cómo adecuar nuestro pensamiento y conducta para maximizar nuestra efectividad. Bandura cree que procesamos expectativas y, cuando discrepan respecto de lo que deseamos, entonces hacemos ajustes. En mis términos, eso significa procesar la información que nos dice cómo adecuar o reajustar el termostato emocional: la tarea que se puede emplear para ampliar la zona de satisfacción dictada por el propio temperamento.

Se debe creer en el propio poder de autoeficacia antes de poder encarar el estrés exterior o los desencadenantes emocionales. El grado de autoeficacia predice qué desafíos se enfrentan, cuáles se evitan y si se pueden superar los obstáculos. Incorporando el concepto de Bandura en mi teoría del yo mismo natural, se puede decir que es posible desarrollar una forma de autoconfianza emocional.

En el capítulo 9 vimos los proceos de conciencia en general: el reconocimiento del propio temperamento y cómo este dicta el flujo y el reflujo de las emociones de manera continua. Ahora revisemos los pasos generales que corresponden a todos los temperamentos.

1. *Conciencia.* Aceptar la excitación, fluir con ella sin vergüenza y sin juzgar.

2. *Desapego*. Aceptar la subexcitación o la sobreexcitación y detener la tendencia instintiva a la acción. Esto significa ser oportuno: si se es sensible, antes de evitar; si se es expresivo, antes de la expresión prolongada; si se es analítico, antes de la cavilación extendida; si se es investigador, antes de perseguir nuevas sensaciones. Aceptando la excitación antes de emprender la acción, automáticamente se está modificando la tendencia a la acción que, si bien es innata, de todos modos está sometida a las leyes psicológicas generales del aprendizaje y el condicionamiento. En otras palabras, el desapego quiebra el hábito que se ha construido en el curso de los años. La respuesta instintiva disminuye en lugar de reforzarse.

3. *Acción*. Ahora es el momento de implementar la tarea de reajuste para el temperamento.

La tarea del sensible: desensibilización

Primero es la conciencia de la excitación. Luego es permitirse tolerarla, simplemente. Permitir que la excitación, en efecto, lo cubra. Eso lleva a la desensibilización, lo que significa que con el tiempo disminuirá la excitación y será menos probable que conduzca instintivamente a la evitación o a la retirada. Con la reiterada desensibilización, el investigador se expone más valientemente a situaciones inquietantes. La variedad de emociones mientras se aprende la tarea es: aterrorizado-aprensivo-ansioso-incómodo-calmo-indiferente-efectivo-confiado-valiente.

La tarea del expresivo: liberación benigna

Primero, identificar la provocación, retirarse uno mismo del desencadenante y brevemente expresar la energía emocional (liberación benigna). Luego continuar desplazando la atención del objetivo y empezar a autoconcentrarse en la propia excitación. La variedad de emociones posibles mientras se aprende la tarea es: odio-ira-enojo-disgusto-irritación-resentimiento-petulancia-alivio-liberación-contento.

La tarea del analítico: distracción

Primero, enfocar internamente la falta de excitación interior. Luego, aislar la fijación y la autoconcentración. Pasar a buscar distracciones. Finalmente, cambiar el foco por vía de la distracción. La variedad de posibles emociones mientras se aprende la tarea es: desesperación-pena-depresión-tristeza-cavilación-preocupación-seriedad-relajación-animación.

La tarea del investigador: oscilación o alternación

Debe haber un desplazamiento entre la conducta de descanso y la búsqueda. El investigador debe aprender a tolerar aun períodos relativamente breves de descanso, y al mismo tiempo debe explorar objetivos de búsqueda de sensación más de adaptación. La variedad de emociones posibles mientras se aprende la tarea es: agotado-fatigado-aburrido-desinteresado-satisfecho-curioso-decidido-entusiasta-excitado.

SENSIBLES: AMPLIAR LA ZONA DE SATISFACCION

Se puede vivir más cómodamente como sensible. Nótese que digo vivir más cómodamente: tratar de eliminar emociones perturbadoras es lo que causa el problema y la razón de que tantos sensibles fracasen en su búsqueda de alivio emocional. Si se es un sensible, los intentos fracasan si lo que en realidad se trata de hacer es obligar al propio temperamento a la sumisión.

La clave para aumentar la zona de satisfacción como sensible es modificar su tendencia a la acción, que es típicamente la retirada del peligro potencial. Utilizando la desensibilización, en la que se experimenta el pensamiento o la situación inquietante y se le quita su poder, es posible condicionarse para volverse menos excitado. Cuanto más se evita y más se enfrenta la amenaza, más se eleva el umbral, teniendo menos excitación y así una zona de satisfacción ampliada.

Este proceso debe hacerse de manera consciente, sistemática y cuidadosamente orquestada.

Desensibilización sistemática es una expresión que emplean los psicólogos conductistas. Significa una exposición gradual y medida a situaciones temidas que dan origen a la ansiedad. Un ejemplo clásico es la fobia a las serpientes. Si se expone a una persona con tal fobia a una serpiente, inicialmente se siente altamente excitada. Pero con la reiterada exposición a la serpiente, gradualmente siente menos excitación y puede empezar a tocar, incluso a sostener a la serpiente. Oportunamente, con la exposición gradual a toda circunstancia temida, se suscita menos ansiedad. A menudo ese trabajo puede tener lugar en otra situación de la que produce temor, por ejemplo una oficina, empleando imaginería mental y visualización como una especie de ensayo. Si se debe dar un discurso, cuanto más se lo ensaya mentalmente, menos ansiedad se siente.

Los psicólogos se están centrando ahora en las autoevaluaciones de las personas que se ponen ansiosas. Descubren que lo peor que se puede hacer es tratar de controlar o atenuar la ansiedad, ya que eso sólo hace sentir impotencia. Al sentir impotencia uno se vuelve ansioso, se tiende a magnificar el dolor y la incomodidad, porque de hecho no se puede controlarlos. Esos investigadores no dan el salto teórico que doy al postular los tipos emocionales innatos, pero está implícita en su obra la convicción de que la excitación existe no porque la persona sea neurótica sino debido a su temperamento.

Lo más importante que se debe tener en cuenta es que cuanto más cómodo uno se siente con el yo mismo natural, más fácil es empezar a reajustar el termostato. Tal vez se desee volver al capítulo 2, a la parte sobre los mitos emocionales, para liberar la mente de mitos poco realistas y expectativas tontas. Dejar de mirar alrededor según la antigua manera. Dejar de comparar el interior con el exterior de otra gente. Dejar de autorrechazarse.

Paso a paso

1. No intentar medicación a menos que se esté tan ansioso que ni siquiera se puedan considerar otras opciones. En ma-

nos de doctores que no educan, los ansiolíticos sólo distancian más del yo mismo natural. Se llega a considerar los mensajes del yo mismo natural como indeseados síntomas de enfermedad. En manos de aquellos pocos doctores que saben qué están haciendo, se dirá que la medicación es sólo un impulsador para reajustar el termostato y disminuir una excitación debilitante. En cualquier caso, el paciente no tiene acceso a los datos emocionales y fisiológicos necesarios para vivir cómodamente con el propio temperamento. (En el capítulo 12 se dará un conjunto de pautas sobre medicación, y cómo verificar que un doctor tiene amplios conocimientos sobre medicación.)

2. No pensar que la simple meditación o la relajación sea la respuesta para los aspectos indeseados del propio temperamento. Si bien esas técnicas pueden hacer que uno se sienta mejor, fueron ideadas por personas en solitarias cimas montañosas, personas que no debían enfrentar el ataque continuo de estímulos que desencadenan emociones día a día y momento a momento. Esas técnicas no se desplazan bien de la habitación tranquila al mundo ruidoso. Se debe aprender a hallar comodidad en situaciones de estrés.

3. Tomar conciencia del propio cuerpo y de sus señales de excitación. Ser capaz de describirlo en vívido detalle, incluida la respiración, la transpiración, el desasosiego, la falta de concentración, los pensamientos inquietantes, el contenido de esos pensamientos (es decir, los peligros específicos). Empezar por mirar esas manifestaciones exteriores de excitación interior como naturales y comunes. Empezar a recordar que no matan. La conciencia les quita el poder a esas señales.

4. Tener conciencia de las secuencias de excitación, cómo una conciencia conduce a la otra. Permitir que suceda esa secuencia. La angustia común conduce a la aprensión, la preocupación, la ansiedad, incluso el pánico. Revisar la secuencia y descubrir qué natural y qué irracional es el temor.

5. Ensayar en la mente situaciones que típicamente desencadenan la excitación. Cerrar los ojos y pensar en la cita que

inquieta, en la charla que se debe dar o en el jefe que critica. Ahora centrarse única, fría y deliberadamente en la excitación: lo que se siente en el cuerpo. Se producirá cierta desensibilización. La excitación tiende a decrecer ya que ahora se está elevando el umbral, paradójicamente por la atención a la excitación y su aceptación. Y, por supuesto, se puede sentir un estado de sobreexcitación sin ningún desencadenante aparente.

6. Luego, dar el último paso en la vida real. Elegir una situación inquietante. Tal vez sea una llamada telefónica que se ha estado evitando. Permitir que la excitación se imponga mientras deliberadamente se enfrenta la situación que produce ansiedad, permitir que suceda. Se descubrirá que no se está abrumado. También se descubrirá que ahora, en efecto, se está creando una ampliada zona de satisfacción. La próxima vez que se enfrente esa situación, el nivel de ansiedad no será tan alto.

7. Exponerse a situaciones y pensamientos inquietantes como un modo de familiarizarse con el umbral de excitación. Los umbrales de excitación para todos los temperamentos tienden a flotar más de cuanto pensamos. Esa flotación deriva de la fusión de la química cerebral, el flujo y el reflujo de los neurotransmisores. Los ejercicios que estoy sugiriendo son modular el flujo de esas sustancias químicas.

8. Hacer una lista de las situaciones y las personas que han causado estimulación excesiva y descargarse con ellos. No creer que se ha perdido el temperamento: sigue ahí. Tener una sensación del temperamento en todas las situaciones que perturbaron. Sin expectativas poderosas, será más fácil hacerlo. Es un modo de conocerse.

ANDREW: UN SENSIBLE

Andrew está casado pero, incluso con su gregaria esposa al lado, aún se siente nervioso cuando conoce gente nueva o asiste a una gran fiesta. En el pasado, la solución de Andrew era tratar de ignorar su ansiedad y hablar sin parar con un nervioso torrente de palabras cada vez que se hallaba en situaciones sociales. Se agotaba, pero se sentía feliz de haber evitado el desastre de que la gente viera qué nervioso y tímido era. Invariablemente, se marchaba temprano y luego volvía a su hogar para relajarse... y ser él mismo.

Una vez que supimos cómo se sienten los sensibles y qué pueden hacer con sus sentimientos, elaboramos dos ejercicios para él:

1. Se le dijo que visualizara o ensayara cómo es entrar en una habitación donde todos le están mirando. Cuando lo hacía, sentía que se elevaba su excitación. Lo hizo un número de veces con la instrucción de sentir la excitación, simplemente. Con el ensayo reiterado disminuyó su excitación, aunque se lo hice más difícil: debía imaginar que la gente le ignoraba o no le encontraba interesante y se apartaba tras unos pocos momentos de conversación.

2. Andrew fue a un número de reuniones sociales sin la esposa. Le di instrucciones para que se detuviera antes de entrar en la habitación y experimentara su excitación, su anticipación nerviosa. Una vez adentro, debía tener en cuenta su excitación, sin suprimirla ni conversar nerviosamente, sin hacer nada, sólo dejar que sucediera y sentirla. De hecho, le dije que, si realmente deseaba ampliar su zona de satisfacción, debía tratar de insensibilizarse a todos los desencadenantes que le ponían nervioso, lo que significaba que debía tolerar quedarse sentado solo, no hablar con nadie y correr el riesgo de ser percibido como tímido o poco comunicativo. Este ejercicio realmente le puso nervioso al principio, pero con el tiempo, su umbral se hizo más alto y pudo sentirse relativamente cómodo.

Tras meses de experimentación, Andrew se encontró con un umbral en general más alto y por lo tanto con menos excitación en las situaciones públicas. También descubrió que se sentía más cómodo porque ya no le avergonzaba que le vieran como tímido. De manera interesante, también descubrió que ciertas antiguas ansiedades eran reales pero que tenían solución. En secreto, pensaba que no tenía mucho de qué hablar. Empezó a leer más, a mantenerse actualizado con los sucesos de la realidad y en general estaba más informado. A veces hay consideraciones de la realidad detrás de los temores enmascarados por las luchas del temperamento.

Andrew aprendió a aceptar que siempre tendría una predisposición a sentirse sobreexcitado en ciertas situaciones. Pero aprendió a trabajar con su temperamento en lugar de combatirlo o negarlo. Aprendió que las variaciones de su excitación de sensible podían orquestarse y modularse. Se volvió emocionalmente más confiado cuando su excitación se hizo más manejable.

EXPRESIVOS: AMPLIAR LA ZONA DE SATISFACCION

No se puede expandir la zona de satisfacción si se está enojado consigo mismo o en estado de negación. Se deben dejar las excusas, la racionalización y el autoengaño. También se deben desalojar los mitos y reformular los sentimientos acerca de uno mismo. Recordar las facetas deseables del propio temperamento: la energía, el dinamismo, la espontaneidad. Pensar en la regulación emocional como un ejercicio habilitante.

La tarea para el expresivo es la liberación o la catarsis benigna: desplazar la atención del objetivo y volverla a la excitación. La catarsis tiene un atractivo inherente para el expresivo, porque la liberación es parte de lo que necesita. Pero los expresivos habitualmente no se dan cuenta de que la expresión sencilla o breve es lo que hace falta, en lugar de fijarse en un objetivo y atacarlo. Por catarsis benigna quiero decir expresar la emoción de una manera que no le haga daño a los otros o a uno mismo. No se golpea a personas o cosas, no se insulta a los otros ni se mortifica al jefe o al mejor amigo. Esas son estrategias contraproducentes. Darle curso brevemente al enojo mientras se está solo es suficiente para darle curso a la excitación. Hay maneras seguras y éticas para encarar el componente explosivo del enojo.

Este consejo no significa que nunca se deba volver a estar enojado. Es posible enojarse con la misma frecuencia que ahora, pero puede durar segundos antes que minutos, horas o días. Recuérdese que más allá de la catarsis breve, toda la evidencia de la investigación sugiere que la expresión de enojo crónica o prolongada crea un hábito de enojo.

Lo que debe comprender el expresivo es que la mayor parte del tiempo, cuando está excitado, la excitación viene de adentro. A menudo no tiene ningún significado ni propósito: es un fenómeno biológico. Sin motivo (por así decir), los expresivos son buenos para hallar objetivos: ya están en acción antes de darse cuenta de que les ha puesto en marcha un "ruido" interno del sistema biológico. Parte de la solución es revertir la tendencia natural del expresivo a salir de sí mismo reenfocando y desarrollando la conciencia interior. El proceso básico es la expresión seguida por la concentración en uno mismo.

Paso a paso

1. Identificar los desencadenantes. En su mayoría son familiares y no necesitan análisis: el cónyuge, el jefe, un amigo, una disputa familiar, hasta una figura política. La chispa puede generarse internamente sin ningún desencadenante aparente.

2. No sofocar el enojo. Sólo se forma porque se presenta la excitación, pero no se debe permitir que estalle. Seguir el paso siguiente.

3. Permitirse alguna liberación o catarsis. Apartarse del objetivo: salir del lugar, ir a dar un paseo. Aunque el objetivo no está físicamente presente sino en la mente, cambiar de lugar y dar un breve paseo. Mientras se camina, tensar los músculos, respirar profundamente, expeler el enojo con cada exhalación, gritar, caminar vigorosamente moviendo los brazos. A eso me refiero por catarsis benigna. Se debe hacer algo con la energía, de lo contrario se vuelve hacia la excitación. La liberación benigna eleva el umbral y desciende el enojo causado por la excitación. Por otra parte, no se debe exagerar: correr ocho kilómetros puede exaltar y agitar más. Lo que estoy sugiriendo son cinco minutos de ejercicios.

4. Distraer los pensamientos del objetivo. La mayoría de los expresivos creen ingenuamente: "Si me centro (fijo) en el objetivo y pienso en eso, o en él o en ella, entonces hallaré

una nueva manera de interpretar la situación." Tal vez se deba analizar la situación luego, pero centrarse en el objetivo típicamente enoja más. Se debe quebrar la tendencia a la acción hacia afuera.

    5. Centrarse en la excitación interior. Cuando se percibe que el ánimo se está caldeando, volver el foco del objeto hacia uno mismo. Enfocar las sensaciones físicas, lo que está sucediendo en el cuerpo. El relajamiento es inmediato porque el umbral se elevó de inmediato por el desplazamiento del foco. Sin embargo, la mente volverá a llevar hacia el objetivo y se deberá reenfocar en uno mismo.

    6. Condicionarse usando terapia de conducta. Cuando se enfoca en uno mismo, flexionar los músculos de manera sistemática desde la cabeza a los pies. Tensar o flexionar los dedos de los pies, mantenerlos, luego aflojar, ahora el pie, etcétera, trabajando hacia arriba. Lo que se está haciendo es aparear la relajación con la excitación, lo que tiende a reducir la intensidad de la excitación.

    Recuérdese que, a diferencia del analítico, cuando el expresivo se centra en sí mismo es bueno para él, ya que ello baja la excitación, que es exactamente lo que necesita.
    Una palabra para la pareja de un expresivo. ¿Cómo se hace para cambiar a esa persona que puede ser tan deliciosa y sin embargo tan difícil? Bien, ¡no se la cambia! Se le debe ayudar a que aprenda a modular y orquestar la excitación que estalla con tanta frecuencia. Olvidar el cambio en el sentido de una lobotomía psicológica. El enojo y la impulsividad han recibido un mal nombre en nuestra sociedad. En cuanto oímos palabras como enojo e impulsividad, automáticamente pensamos en abuso de cónyuge, abuso infantil, ataques cardíacos. El enojo suprimido que se convierte en hostilidad crónica es lo que suele estar en el fondo de las conductas y de los modos de relacionarse peores. Es en particular la supresión de la naturaleza innata lo que agota.

NANCY: UNA EXPRESIVA
    Nancy trabaja por su cuenta en promoción para un gru-

po de médicos. Está llena de energía y tiene una personalidad magnética, lo que explica su éxito en ese campo. Su tarea es conseguir agresivamente nuevos trabajos en hospitales y entre abogados que se ocupan de daños personales. Su único problema es que es una expresiva y en ocasiones se le vuelan los pájaros con un cliente.

Cuando vino a verme, me dijo que anteriormente creía que esos estallidos estaban relacionados con el síntoma premenstrual, pero cuando revisó su agenda y comparó los incidentes con su ciclo menstrual, vio que no había ninguna relación. Deseaba ayuda. "Antes me reía de mí misma, porque a muchísima gente le encantaba mi temperamento. Solían considerarme enérgica, ahora me dicen terrible. Por años me he defendido, pensando que alguna gente no puede manejar a las mujeres fuertes. Ahora estoy un tanto preocupada con mis estallidos. Veo que las cosas se están deteriorando, tanto en mi trabajo como con los hombres con los que salgo. Hay mucha gente que se está alejando de mí. Francamente, lo que más me asusta es mi carrera, estoy empezando a tener una mala reputación."

Mientras le explicaba a Nancy el temperamento del expresivo, ella asentía mucho con la cabeza. Se identificó de inmediato. Las descripciones dieron en el blanco, en especial cuando señalé cómo el bajo umbral del expresivo crea excitación aun sin un desencadenante o un objetivo exterior. Nancy dijo: "Sí, tiene razón. A veces voy conduciendo por la autopista, escuchando música, y de repente me pongo a pensar en alguien que no me ha enviado ningún trabajo desde hace un tiempo. En lugar de pensar cómo cultivarlos mejor, estoy apretando los dientes, furiosa. Si no me libro de ese sentimiento, sale al hablar por teléfono con ellos o con cualquiera que hable en la próxima hora". Tenía conciencia de que al no entender su temperamento era susceptible al "ruido" intermitente o al azar en el sistema. Empezaba a justificar su enojo, lo explicaba, lo racionalizaba y actuaba en consecuencia. Este es el programa que creé para Nancy:

1. Primero, exploramos las provocaciones en la vida de ella. Los desencadenantes eran principalmente personas que la frustaban impidiéndole lograr un objetivo. Como no había

ningún desencadenante o persona fastidiosa en particular con la que debiera tratar, no había ninguna necesidad de un encuentro con el objetivo. Le dije que tenía prohibido discutir toda queja con nadie en su vida. Esa era una tarea que debía hacer sola para dejar de contaminar su mundo exterior con su enojo.

2. Luego practicamos la liberación benigna. Si estaba a solas, debía exclamar o gritar algo. Si estaba en público, debía dar un paseo rápido y enérgico, o disculparse y hacer un corto paréntesis. Ir al baño de mujeres podía ser una excusa plausible en situaciones de trabajo o sociales. Debía descargar parte de la energía antes que suprimirla. Podía pensar en el objetivo de su ira, pero sólo durante los cinco o diez minutos que tomaba esa liberación.

3. Desconectarse del objetivo fue el paso siguiente. Ella debía permitir que los pensamientos enojados sobre los clientes salieran de su cabeza. Eso fue más fácil de cuanto ella había pensado porque le dije que exploraríamos sus preocupaciones juntos, en sesión, donde podríamos ver acciones positivas disponibles para que realizara sus objetivos.

4. Luego, después de la desconexión, ella debía autocentrarse en su excitación. Debía permitir que los pensamientos salieran de su cabeza y centrarse sólo en sus sensaciones físicas. Primero en la cara y la mandíbula, luego en la respiración dificultosa y en el pecho apretado. Se le dijo que hiciera eso por cinco minutos siguiendo su expresión o liberación de enojo.

Nancy aprendió este proceso de liberación, desconexión y centrarse en sí misma paso a paso, y sus períodos de enojo disminuyeron. Siguió sintiendo excitación pero la manejaba con fluidez, por sí misma, sin expresarla exteriormente. Se sentía muchísimo mejor respecto de sí misma. Comprendía que aún tenía toda su naturaleza dinámica. En realidad, se volvió más enérgica, pero no se sofocaba ni estallaba.

ANALITICO: AMPLIAR LA ZONA DE SATISFACCION

Para los analíticos, la solución es manejar el proceso de distracción. Demasiada cavilación es como hacer girar los neumáticos en el fango: sólo se consigue hundirse más. Hay un balance ideal entre la actitud atenta y la distracción. Muchos de nosotros nos desplazamos entre ambas de manera instintiva. Si nos preocupamos demasiado, nos levantamos de la silla, damos un paseo, devolvemos una llamada telefónica. Lo que hacemos es aislar el ciclo improductivo. Utilizando la distracción, el analítico halla alivio emocional.

Cuando se aprende a reajustar el termostato emocional, se descubre que el antídoto para la incomodidad de la excitación es la conciencia de que posee un tiempo limitado. Buena parte del temor de no sentirse vivo, o de verse apresado en una cavilación interminable, deriva de la inquietante aprensión de que nunca cesarán.

Paso a paso

1. Tener fe. Los analíticos a menudo terminan sintiéndose muy pesimistas. Muchos se han retirado precisamente de actividades de su vida que podían ser distracciones. Se han retirado y se han aislado porque se sentían tristes o preocupados. Se avergüenzan de sus emociones: se sienten débiles, vulnerables. No desean que nadie los vea así y no quieren infectar a otros con su negatividad. Se atacan a sí mismos: "Si tuviera más autocontrol, sería feliz". Por vergüenza se quedan en confinamiento solitario, donde pueden ir hundiéndose más y más.

2. No dejarse seducir por el sentido común. Los estudios demuestran que la supresión del pensamiento o la detención del pensamiento van en contra del analítico. Crean un vínculo entre el pensamiento y la falta de excitación. Esa técnica es destructiva para la mayoría, en especial para los sensibles y analíticos. Cuanto más se trata de detener el pensamiento sobre algo, más se piensa en eso. Es como tratar de no pensar en elefantes rosados. Cuando se intenta hacer, los elefantes bailan continuamente en la mente. ¡Con algo de suerte, bailan el vals!

3. Centrarse deliberadamente, luego distraerse. Hay que despotenciar la fijación antes de poder perseguir las distracciones o estar abierto a ellas. Por despotenciar quiero decir aceptar los estados de ánimo y los pensamientos asociados con ellos, luego enfocar brevemente la excitación o su falta. Ahora se está en condiciones de distraerse. Se encaran las emociones decididamente, sin temor. La cadena de sucesos es crítica: enfocar deliberadamente las sensaciones físicas interiores, eliminar los pensamientos conscientes (concentrarse en el sentimiento puro o en la falta de sentimiento, entender que se trata del propio temperamento) y luego actuar voluntariamente para aceptar las distracciones. Esto se convierte en una cadena de aprendizaje, por la cual se quiebra el vínculo entre excitación y concentración reflexiva en sí mismo. (Este proceso ha sido denominado intención paradójica.)

4. Es importante desarrollar un repertorio de distracciones: amigos, actividades deportivas, vídeos para hacer ejercicios, películas, compras. Aun cuando las distracciones sean sólo momentáneas, pueden ser efectivas, porque crean espacio para quebrar la fijación en la conducta autocentrada y dirigir la atención a otra parte.

5. Actuar para resolver problemas. En el caso de pérdidas y preocupaciones reales, por ejemplo, como un grave rechazo personal o un proyecto de trabajo fracasado, la acción apropiada es lanzarse a buscar sustitutos. Si es terminar un romance, no quedarse sentado en casa y hundirse en la tristeza, sino ocupar el tiempo con amigos, tranquilas salidas con grupos de solteros, etcétera. Si se sufre un inconveniente en una carrera o un despido, no hay que quedarse en casa pensando de tal modo que uno se crea carente de valor. Ocuparse enfrentando el problema.

Laurel: una analítica

Laurel está felizmente casada y tiene varias amigas íntimas. Sin embargo, se siente insegura acerca de sus amistades. En ocasiones, se siente bastante solitaria y vacía. En respuesta a esa subexcitación, empieza a cavilar acerca de cada amiga: por qué no ha llamado Susan últimamente, o por qué no la invitó Kathleen a una excursión. Cuando vino a verme para una consulta, pensaba que tal vez toda esa preocupación derivara de una soledad residual de su adolescencia, cuando tenía períodos tristes semejantes, o tal vez faltara algo en su matrimonio.

Aunque su esposo la tranquilizaba en cuanto a su amor y su compromiso con el matrimonio, Laurel seguía intranquila por la recurrencia de esos estados. Lo que más la inquietaba era algo que le molestaba mucho compartir con su esposo. Se obsesionaba tanto durante el día que continuaba diálogos imaginarios con sus amigas. Para empeorar las cosas, llegaba a actuar. Llamaba a una amiga y compartía sus inseguridades sobre la amistad de ambas. Las amigas parecían sorprendidas y la tranquilizaban. Pero en esos últimos meses, habían empezado a apartarse de ella. Las preocupaciones de Laurel y el modo en que reaccionaba se convertían en profecías que se autorrealizaban.

Al trabajar con Laurel, describí cómo son los analíticos, cómo pueden sentirse vagamente vacíos o subexcitados y cómo eso lleva al hábito de centrarse en sí mismos de manera continuada. Eso era lo que ella estaba haciendo y la preocupaba hasta deprimirla. Para empeorar las cosas, había comenzado a difundir sus obsesiones hacia el mundo real, creando dificultades sociales verdaderas (antes que imaginarias). Desarrollé el siguiente programa para Laurel:

1. Primero, le expliqué que aprendería a distraerse cada vez que sintiera esos períodos de subexcitación. No debía compartir sus sentimientos con nadie, incluido su esposo. También le expliqué a él cómo eran los analíticos y le delineé nuestro programa.

2. Laurel y yo exploramos los mitos sobre las emociones porque primero debíamos ocuparnos de su sensación de vergüenza y turbación. Era una mujer muy capaz y brillante que se sentía cada vez más aprisionada por sus estados de ánimo.

3. Luego, Laurel empezó a aprender la tarea correctiva de centrarse deliberadamente para después despotenciar su fijación. En lugar de esos momento de autoconcentración que

aparecían y desaparecían en el curso del día, convinimos dos períodos separados de una hora cada uno durante los cuales podía centrarse en sí misma para contento de su corazón. Si sentía que se acercaba un momento de tristeza, debía pasarlo por alto, sabiendo que podría cavilar durante uno de sus períodos de preocupación. En ese período, debía centrarse en sus sensaciones físicas y dejar que los pensamientos conscientes derivaran hacia afuera, sentir la falta de excitación hasta que pudiera hacerlo sin sentirse inquieta. Entonces estaba preparada para quebrar el vínculo de fijación.

4. Inicialmente, la mejor distracción para Laurel eran las revistas, todo desde las revistas de hobbies hasta las de cotilleo. Con el tiempo, otras distracciones incluyeron pasar tiempo con sus amigas, pero no de la manera ansiosa típica de los encuentros. Le había dicho que cada preocupación de un analítico tenía cierta base en la realidad. Para Laurel, eso significaba que debía tratar de ser la mejor amiga posible, con un saludable intercambio y nada de descargar sus ansiedades.

Laurel aprendió a orquestar sus emociones a tal punto que aguardaba los períodos de subexcitación y de falta de animación. Y desarrolló una variedad mayor de distracciones que podía incorporar automáticamente en su vida cuando se presentaba la necesidad. Incidentalmente, sus períodos de sentirse triste o preocupada disminuyeron, pero no desaparecieron: ese es su temperamento. Ahora experimenta esos períodos pocas veces por semana y duran de unos pocos minutos a media hora.

INVESTIGADORES: AMPLIAR LA ZONA DE SATISFACCION

Cuando el investigador no está en movimiento, buscando activamente la sensación, se siente subexcitado y abomina esa sensación apagada. Su innata tendencia a la acción que consiste en escapar de esa subexcitación es buscar estímulo externo. Su tarea, por lo tanto, es aprender a tolerar períodos de calma y relajamiento, y alternar esos períodos con actividades saludables, constructivas e interesantes que satisfagan su necesidad de estímulo. Su tarea es balancear descanso y búsqueda.

Un aspecto de mi prescripción para el investigador es la búsqueda de conductas que proporcionen una compensación para la búsqueda de sensación. Librados a sus propios recursos, los investigadores suelen cambiar una actividad sensacional por otra. Jake, un contratista electricista de treinta y cuatro años, se sintió triunfante cuando abandonó cuatro años de juego compulsivo en las carreras. Se recompensó comprándose una enorme motocicleta rápida y se dedicó a conducirla a gran velocidad por caminos de montaña. El hábito "más saludable" de Jake podía terminar siendo más destructivo (literalmente) que tener perpetuamente la cartera vacía.

La única respuesta real para que el investigador halle alivio emocional es alternar entre la sensación moderada y la calma. El investigador necesita sentir suficiente sensación para estar vibrante, pero no tan intensamente que caiga en la conducta adictiva. Debe disciplinarse para sentirse bien como resultado de una actividad moderada, sea la actividad sexual o el trabajo o los deportes.

El equilibrio es la clave para el investigador, no una situación estática, sentado en el terreno medio, sino un equilibrio entre la calma y la sensación. Es importante que el investigador halle la calma de manera regular. Su tarea es crear suficiente balance de modo que su conducta de búsqueda baje fácilmente su umbral. Cuando está sumamente intenso, todo el tiempo, su termostato se condiciona para registrar sólo sensaciones o emociones intensas. El investigador puede reajustar gradualmente su termostato emocional para sentirse satisfecho la mayor parte del tiempo.

El investigador también necesita una variedad de fuentes para su excitación. Tiende a dedicarse a algo, trabajar en eso hasta la última gota de excitación que pueda brindarle y luego pasar a otra cosa. Con varios focos diversos —amor, trabajo, deportes, comunidad— él no agota las partes individuales de su vida. Como el balance entre la sensación y la calma, necesita balance en todas las áreas de su vida. Eso es posible, y lo busca, sólo si él entiende y acepta su temperamento.

RICK: EL INVESTIGADOR

Rick, de cuarenta y un años, era un exitoso agente de bienes inmuebles a punto de casarse. Y estaba aterrorizado. Sus amigos pensaban que era "fóbico al compromiso", que es una expresión bastante desorientadora. Desesperadamente quería casarse, pero pensar en todas las responsabilidades, las adecuaciones y en un estilo de vida cambiado le angustiaba.

Durante la mayor parte de su vida, Rick había sido un fanático del deporte y de las actividades. Le encantaba esquiar, hacer alpinismo y competir en carreras ciclísticas en las montañas. El sueño de toda su vida era navegar alrededor del mundo. Su prometida, Lynn, gustaba mucho de los mismos deportes de montaña, pero también quería hijos y una familia. Rick trataba de analizar su temor al matrimonio y lo conversaba con sus amigos varones casados, pero no le calmaban las seguridades que le daban de que Lynn sería magnífica para él.

Rick vino a verme urgido por un amigo que era paciente mío. Tras explorar su infancia y la personalidad subyacente, quedó claro que Rick era un investigador y se sentía muy incómodo en los períodos de soledad, quietud y refrenamiento, que le resultaban aburridos.

Le expliqué que aun cuando antes hubiese vivido con mujeres, siempre se había sentido libre. Pero ahora, hacer un compromiso permanente le hacía pensar que no tendría escape cuando entrara en una de sus depresiones. Además, temía que si su esposa presenciaba esos estados de ánimo, se lo tomara personalmente y llegara a creer que él no la amaba. Fue así cómo ayudé a Rick:

1. Primero, con sólo entender su temperamento, se sintió enormemente aliviado y en realidad deseó su matrimonio. No debimos hacer nada. La pura comprensión puede ser curativa por sí misma.

2. Luego le expliqué la alternación. Para modificar u orquestar sus emociones, debía evitar lanzarse en busca de estimulación. Le expliqué que la mayoría de sus actividades eran buenas distracciones y nada perjudiciales en ningún sentido, pero debía realizarlas con más calma, completarlas y

gozarlas. Debía superar la conducta investigadora a que le llevaba la subexcitación.

3. Rick podía hacerlo saboreando más los momentos de tranquilidad, sin tener que andar por ahí en busca de sensaciones. En tanto aprendiera a alternar rítmicamente entre el descanso y la sensación, estaría bien. En tanto integrara las actividades estimulantes en su vida, se sentiría bien. Si intentaba convertirse en un individuo casero total, era probable que el matrimonio se disolviera rápidamente. También sugerí que una actividad que estuviera menos cargada de sensación pero que también llevara a la satisfacción podía ser buena para él, algo no demasiado físico. Entre risas, él contó que en una época había alquilado una casa y cultivado un huerto. "Me equilibraba. Me gustaba realmente."

No he conversado con Rick desde ese par de sesiones que tuve con él, pero tengo entendido que se ha casado, que es feliz y le va bien.

LOS DESAFIOS EMOCIONALES DE LA VIDA

Ahora el lector está en condiciones de aceptar su temperamento y de ampliar sus zonas de satisfacción si lo desea. Agrego esa advertencia porque he descubierto que mucha gente se queda satisfecha al entender por qué siente lo que siente y no tiene ninguna necesidad y/o disciplina para modular sistemáticamente sus emociones.

Es imposible acentuar de manera suficiente la importancia del entendimiento puro. Tan a menudo se impacientan las personas que están en terapia. Cuando explico mis ideas y hago mis observaciones, me dicen: "Sí, bien. Lo entiendo. ¿Ahora qué hago?" Eso sucede en toda terapia. Lo que el paciente está diciendo es: "No me interesa la teoría, no quiero analizar y todo eso. Sólo quiero solucionar las cosas rápidamente y librarme de lo que sea que estoy sintiendo." Algunos pacientes no se dan cuenta de que toda estrategia o proceso construido sobre el autoengaño o el autorrechazo está condenado a fracasar: la negación es el núcleo mismo de su problema.

Pero últimamente me siento cómodo con todo lo que hace sentir bien a mis pacientes. No soy un salvador y no necesito que cada tipo de temperamento haga todo lo posible para lograr el máximo de satisfacción. Cuando se evalúa el propio flujo y el reflujo de emociones y de excitación, en el trabajo o en la vida personal, es opción de cada uno hacer lo que se debe hacer.

Espero haber convencido al lector de que una vida de negación o supresión del temperamento es un camino a la desdicha innecesaria. Se puede aprender a modelar y diseñar la propia zona de satisfacción mediante la conciencia de los propios modelos de respuesta. Se debe recordar que la propia biología no tiene que ver con los límites sino con los perímetros de la satisfacción.

11

El temperamento de otras personas

La capacidad para llevarse bien con otra gente es crucial en la vida personal y laboral. Es una capacidad de supervivencia decisiva, como saber leer y escribir. La comunicación emocional es una parte importante de lo que sucede entre la gente, es lo que subyace en las expresiones: "Tratar a alguien de la manera incorrecta", "Conflicto de personalidad", "Es un tipo agradable, pero no puedo trabajar con él", "Hablamos el mismo idioma", "Entre nosotros la química es magnífica", "No nos entendemos", "El es el jefe que consigue lo mejor de su equipo."

Comunicar las propias emociones es la mitad de la ecuación. Si se pone a dos candidatos con antecedentes educacionales y laborales comparables frente al gerente de personal, el cálido y vibrante que se "conecta" con el entrevistador se impone al candidato que está sentado rígidamente en su silla, habla de manera monótona y no hace conexión con el entrevistador.

La comunicación emocional, por supuesto, es un proceso en dos sentidos. No sólo debemos comunicar nuestras propias emociones a los otros sino también experimentar la emotividad de los otros para confiar en ellos, conocerlos, tener una idea de cómo son. En ausencia de esa comunicación esencial, nos mantenemos cautos. "No sé qué piensa él... acerca de nada. En realidad, no le conozco", dice la esposa sobre el marido en la terapia marital. Tener ese vacío en una relación personal es sentirse solitario y alejado.

Y en los negocios, un apretón de manos puede cerrar un trato por un millón de dólares si las partes se sienten bien entre sí, si sus instintos viscerales les dan un nivel de comodidad al confiarse uno al otro. La necesidad de hacer juicios emocionales sobre los asociados comerciales es el motivo de que la gente vuele por todo el mundo para las reuniones cara a cara.

Hace unos pocos años, un amigo mío estaba a cargo de un importante proyecto de una empresa de telecomunicaciones para la instalación de sistemas de teleconferencias por satélite en las principales ciudades de Estados Unidos. Son como estaciones de televisión de dos sentidos. Por ejemplo, un grupo de gente de Chicago podía reunirse vía satélite con sus contrapartes en Los Angeles. Nadie tenía que desplazarse, las compañías podían ahorrar muchísimo dinero y muchas horas de trabajo productivo, pero el proyecto fue un fracaso: faltaba el contexto emocional. Como descubrió mi amigo: "La gente no deseaba hacer tratos con personas con las que no se había encontrado cara a cara". Las teleconferencias se utilizan ahora principalmente para reuniones entre sucursales de compañías: asociados que ya se conocen de un previo contacto personal.

FLUJO EMOCIONAL: LIMITES Y VULNERABILIDAD

Cuando la gente se entera de sus emociones, siempre se sorprende cuando le digo que siente todo el tiempo. Hay un flujo constante de energía tanto desde nuestro mundo exterior como desde el interior. Aun cuando dormimos, nuestro cerebro está procesando imágenes generadas internamente. Es tan incesante y, la mayor parte del tiempo, tan inconsciente como inhalar y exhalar. Estamos experimentando de manera perpetua el flujo de energía y autorregulamos ese flujo. Ese procesamiento constante nos une a nuestro mundo exterior mientras vivimos. Hay una oscilación o reciprocidad de energía:

los estímulos penetran nuestros límites, nosotros los procesamos y reaccionamos.

La mera presencia de alguien nos devuelve nuestra energía. No estamos hablando de intimidad sino de una cuestión subyacente más básica, que es que obtenemos vibraciones de los otros. Las emociones pueden ser infecciosas o contagiosas por ósmosis emocional. Considérense las expresiones siguientes: "Es tan melancólico que deprime a todo el mundo", "La risa de ella es contagiosa", "Cuando él interviene en las reuniones de venta, la moral sube veinte puntos", "Hay algo muy pavoroso en él, se puede oler casi su temor y su inseguridad", "Esa mujer irradia tensión, me produce dolor de cabeza con sólo sentarme en el escritorio de al lado", "Ella consigue que todos se sientan bien a su alrededor: si pudiese embotellarla, sería multimillonaria."

Todos estamos familiarizados con la gente como la que se acaba de describir. Sin decir una palabra, nos comunican sus estados de ánimo, buenos o malos, y podemos "captar" sus estados cuando estamos juntos. Una cosa es captar el ánimo brillante o sombrío de alguien, pero resulta más confuso cuando la persona encubre sus emociones. Por ejemplo, considérese un jefe que se muestra optimista y alentador, pero se advierte su hostilidad subyacente. O una secretaria que se comporta de manera enérgica y profesional, pero en la que se percibe melancolía y depresión. Todos hemos tenido contacto con personas que sonríen y tienen una conversación superficial optimista pero envían mensajes emocionales muy contradictorios con los ojos o con el lenguaje corporal o la energía general. Sus palabras o su comunicación abierta no concuerda con los indicios emocionales que estamos percibiendo a un nivel más intuitivo. Como sin duda se sabe, eso es bastante común. El resultado final es que nos sentimos perturbados, distraídos, inseguros. No nos sentimos cómodos con esas personas y no confiamos en ellas.

¿Qué es lo que está en juego detrás de esas señales mixtas? Saber cómo interpretar y entender el temperamento —directo o encubierto— de otras personas nos permite saber cómo son, cómo se disfrazan, qué las destaca, de qué tienen miedo, de qué están avergonzadas y qué necesitan para sentirse seguras y confiadas. Se debe recordar que el temperamento es predecible. Cada tipo tiene una dinámica emocional comprensible y respuestas predecibles. Un entendimiento sólido y funcional del temperamento conduce no sólo a una mayor autoconciencia y a la autoconfianza emocional, sino también a interacciones más gratas con otras personas, se trate del vecino raro o del sobrino reservado o el errático jefe o el melancólico subordinado.

En este capítulo nos centraremos en la comunicación de la propia emotividad de una manera genuina y aprenderemos a leer, entender y enfrentar el temperamento emocional de los otros. Más adelante en este mismo capítulo exploraremos lo que es necesario saber sobre el temperamento de los otros en las importantes relaciones de la vida: el amante o la pareja, el amigo y el hijo, el jefe o el empleado. Pero comencemos con las actitudes y los entendimientos más generales que se deben aportar a toda interacción lograda.

En términos muy simples, las interacciones poco felices con otras personas derivan de la conciencia del propio temperamento y de no entender y aceptar el temperamento de los otros. Toda incomodidad y discordia entre seres humanos derivan de esto. A la inversa, llevarse bien con la gente puede realizarse mediante un proceso paso a paso que consiste en:

1. Entender y aceptar el propio temperamento.
2. Comportarse de manera auténtica, comunicando las propias emociones a los otros en estilo abierto y directo.
3. Tener conciencia de lo que se está sintiendo y de la emoción que está sintiendo la otra persona.
4. Entender el temperamento de los otros y aceptarlos por lo que son, no tratar de cambiarlos.
5. Respetar y tolerar las diferencias entre uno y los otros.
6. Practicar el desapego positivo. Poseer un claro sentido de los límites personales: saber dónde termina uno y empieza la otra persona. Este sólido sentido de los límites permite dar curso o no al proceso de ósmosis emocional, de modo que se pueda elegir mezclarse con la otra persona y captar sus emociones, o no captar sus estados de ánimo.

Este nuevo modelo de comunicación emocional comienza con la propia autoconfianza emocional.

VOLVERSE MAS ABIERTO Y RECEPTIVO

Estoy seguro de que se habrá tenido la experiencia de estar de muy buen ánimo, y tener la impresión de que todo lo que se ve y toda la gente a la que se encuentra parecen positivos y dignos de atención, y hasta los colores se ven más vibrantes. Un parque parece más hermoso y un vendedor parece más agradable.

No se elige percibir de manera diferente: antes bien, se está abierto al mundo y así las percepciones están ampliadas. Si se pudiera elegir eso, simplemente, la mayoría lo haría. Pero si no es actitud o elección, ¿cómo sucede? Experimentamos la vida como si estuviésemos rodeados de membranas o límites invisibles que nos separan del mundo. Algunos somos perceptivos, abiertos y accesibles, otros son reservados y aislados.

En mi opinión, la clave es la autoconfianza emocional. Cuando se carece de confianza o de autoconciencia, cuando no se tiene un sentido sólido del yo mismo, el mundo es un lugar más peligroso y se debe estar en guardia, uno se siente frágil y vulnerable. En las relaciones tememos ser abrumados no sólo por las demandas de la otra persona sino por su mismo ser, su energía o emotividad. Como autoprotección, levantamos un poderoso cerco en torno de nuestros frágiles límites. Se refuerzan nuestros confines psicológicos, aislándonos. Con el tiempo, ese aislamiento puede hacernos sentir apagados o entumecidos. Las expresiones "El está bloqueado" o "Ella está rodeada por una pared" son imágenes visuales de esas estrategias defensivas.

Creo que cuanto más confiados estamos acerca de quiénes somos (incluido nuestro temperamento), más sólidos somos y más fuertes nos sentimos. En consecuencia, podemos ser más abiertos e interactivos cuando nos movemos en el mundo. Cuando poseemos un buen conocimiento funcional de la propia personalidad y del temperamento emocional, actuamos y reaccionamos con un sentido de poder personal y de autoconfianza emocional. No sentimos la necesidad de protegernos, podemos estar abiertos a la gente y las experiencias.

SER UN MODELO PARA LAS EMOCIONES AUTENTICAS

Pocos son los que reciben realimentación de los otros sobre sí mismos, y tendemos a ser reservados en cuanto a lo que sucede dentro de nosotros. Aun en estos tiempos en que la mayoría cree ser bastante sofisticado psicológicamente, aún se puede ser bastante reservado cuando de lo que se trata es de compartir las emociones con los demás. Todos deseamos ser conocidos y aceptados, pero todos nutrimos dudas secretas sobre la aceptabilidad de las verdades emocionales más profundas sobre nosotros.

Creo que parte de la aceptación del propio temperamento implica permitir que otra gente nos conozca más de cuanto hemos permitido en el pasado. Debemos hacerla saber a algunas personas que estamos asustados, o tristes, o enojados, o emocionalmente hambrientos. Es importante la discreción acerca de quién se elige para compartir esa información, pero si no se pueden exponer algunas de las emociones a otros, se obstruye la comunicación emocional auténtica, la intimidad y la confianza tanto en las relaciones personales como en las laborales.

Si bien todos tenemos una cara privada además de una cara pública, la renuencia a ser abierto en lo que respecta a los sentimientos es típicamente una reflexión de ser víctimas de los mitos sobre las emociones. Por independientes que creamos ser, aún deseamos adecuarnos: todos tememos ser juzgados negativamente. Pero pensemos en situaciones en que hemos revelado alguna emoción que habitualmente mantenemos oculta, tal vez alguna angustia laboral confiada a un amigo mientras se bebe una taza de café, un momento de abatimiento comentado a un compañero de trabajo, o un estallido de enojo cuando típicamente mantenemos esas emociones bajo una rienda corta. Probablemente hayan hecho que la otra persona se sintiera más cerca de uno, o nos quisiera más. ¿Por qué? Porque todos estamos deseosos de algo real.

Si observamos a los políticos y líderes que hoy nos atraen, el denominador común es la cuestión del carácter. No estamos buscando necesariamente buen carácter, buscamos algún carácter. Tenemos tanta ansia de hallar autenticidad, o realidad, en un mundo donde se pone tanto el acento en la imagen, que la persona que es real resulta carismática.

Cuando nos volvemos más genuinos en la expresión emocional, cambian las percepciones que la gente tiene de nosotros. La gente que pensaba que éramos tozudos puede sorprenderse si se revela más de los rasgos sensible. El expresivo que empieza a comportarse de una manera más expresiva sin duda provoca comentarios entre los que lo rodean. Habrá un período de ajuste, pero se verá que el ejemplo de ser real permitirá que otra gente devuelva el gesto, y en consecuencia se harán relaciones más íntimas con otros.

En el matrimonio o en las amistades íntimas se tiende a alentar a la otra persona a compartir sus sentimientos. Pero hay un lugar apropiado para trazar una línea entre intimidad y actuar como el terapeuta de alguien. ¿Dónde compartir se convierte en volcar las emociones en un amigo? ¿En qué medida se debe depender de la pareja para que nos haga feliz, para regular nuestras emociones? En mi opinión, cada uno tiene una responsabilidad primaria por el propio bienestar. Y tenemos la responsabilidad de imponer límites a las demandas y la conducta que aceptamos de otra gente.

¿LLEVARSE BIEN CON LOS OTROS, O CAMBIARLOS?

Las librerías están llenas de libros que dicen cómo atraer al sexo opuesto, hacer que el cónyuge sea más amable y cariñoso, desarmar a gente difícil que nos hace sentir mal y ganar amigos y personas de influencia. Cuando vemos lo que en realidad queremos de los otros, no deseamos aceptarlos como son y aprender a encarar sus particularidades. No queremos llevarnos bien con ellos, ¡deseamos cambiarlos! Dado que tantos de nuestros dilemas emocionales implican a otra gente, hacemos todo lo posible para hallar estrategias tendientes a alterarles la conducta y a reprogramar sus respuestas, de modo que nos den placer y dejen de causarnos angustia.

Como lo sabe todo psicoterapeuta, efectuar un cambio en un paciente es difícil, por motivado que esté el paciente. Tratar de alterar la personalidad de alguien cuando esa persona no desea cambiar es temerario. Tratamos de cambiar a otra gente como método para controlar nuestro ambiente. Pero el mundo es, en su mayor parte, y la gente simplemente es, no está ahí para hacernos infelices y no se la puede controlar o manipular como si se tratara de maleables actores de nuestra propia película personal.

No tomar en forma personal los estados de animo de otra gente

Mi primer consejo a aquellos que se inclinan al proyecto de "rehabilitación" es: "No tomárselo personalmente". Se puede decir: "¿Cómo puedo no tomármelo personalmente cuando él me hace eso? Me hace sentir tan enojado y frustrado". A lo que respondo: "El no le está haciendo nada, usted se está haciendo algo a sí mismo en respuesta a la conducta de él". Uno de mis dichos favoritos es: "Lo que te vuelve loco, mantiene cuerdos a los otros". La mayoría de la gente no intenta hacer infeliz a otra gente, sólo hace lo que necesita hacer, como expresar cierta emoción, darle curso a algún pesar, proteger su ego o su identidad del dolor.

Si sinceramente se trata de no personalizar lo que hace otra gente, uno se siente inmediatamente más relajado, más cómodo y no herido por las acciones ajenas. Se debe tratar de tener esto presente la próxima vez que alguien realmente moleste. Aceptar a los otros permite que uno se acepte a sí mismo. "Vive y deja vivir" es un credo sobre la tolerancia. La plegaria de la serenidad de Alcohólicos Anónimos (tomada del teólogo Reinhold Niebuhr) resulta muy instructiva aquí: "Dios, danos la serenidad para aceptar las cosas que no podemos cambiar, el coraje para cambiar lo que podemos y la sabiduría para conocer la diferencia". Todos debemos ampliar nuestros conocimientos de las emociones humanas. El poder de la tolerancia y la aceptación, como la plegaria de la serenidad, es enorme cuando se lo pone en acción en la vida cotidiana.

Desapego positivo

La esposa está de pésimo humor. Arroja los platos al fregadero, golpea las puertas del armario, suspira y protesta:

"¡Esta cocina nunca se limpia a menos que lo haga yo!" El jefe está gruñón y le critica injustamente. Su pareja está irascible, su paseo del domingo por las montañas dista de ser la tarde romántica de la que ambos habían conversado toda la semana. ¿Cómo se reacciona? ¿Hay que lanzarse a la pelea que obviamente desea iniciar la esposa? ¿Se reacciona al mal humor del jefe con irritabilidad y se empieza a protestar por la crítica injusta? ¿Se contagia el mal humor de la pareja?

No debemos reaccionar, ni contagiarnos las emociones de otra gente. Considérese el dicho: "No hay que ladrarle al perro que ladra". La técnica del desapego positivo va más allá del mero alejamiento de una pelea. Al retirarse, uno reacciona internamente a las emociones de la otra persona y siente nuevas emociones en respuesta, sólo que no se las expresa.

Aun cuando uno no reaccione ni se defienda ni diga nada, probablemente se marche de mal humor y se pase las dos horas siguientes perturbado o enojado. Aunque se pueda perdonar y olvidar intelectualmente el encuentro, la memoria emocional registra el momento y lo mal que nos hizo sentir. Uno se siente alejado y resentido respecto de la otra persona.

Con el desapego positivo, no nos impregnan las emociones de la otra persona, uno no se funde con ella ni se pone a la par, no se racciona con emociones propias. Se comunica entendimiento y compasión a la otra persona, en lugar de permitirle que nos atraiga a su estado de ánimo negativo, reconocemos y respetamos su derecho a sentir lo que siente sin reaccionar a ello. Se puede terminar la interacción en ese punto, o se puede optar por ayudar a disipar el estado de ánimo de la otra persona y devolverla a la calma y la comodidad, compartir el estado de ánimo positivo con ella. Vemos que el entendimiento, la aceptación y la tolerancia conducen a un resultado ganar-ganar sin que quede separación o resentimiento en ninguna de las partes.

El desapego positivo comienza con una sólida sensación de límites personales, de ser capaz de discernir el propio ánimo de las emociones o el ánimo que se percibe en otra persona. "Me siento muy contento, pero estoy percibiendo mal humor en mi esposa. Yo siento esto, ella siente aquello."

El desapego positivo no significa contenerse, es decir, enojarse con la esposa irritable pero no decir nada, marcharse, y luego estar silenciosamente resentido con ella por el resto de la velada. El desapego positivo significa elegir no reaccionar a las emociones de otra persona, mantenerse en el propio estado de ánimo o emoción, seguir centrado en uno mismo. En esta situación, no significa que uno mantenga la paz ofreciendo limpiar la cocina uno mismo. El asunto es el mal humor de la esposa, no la cocina. Sin decir una palabra, se puede expresar amor y simpatía dándole un abrazo. Lo que ella desea y necesita es comprensión. La expresión de amor y consuelo de inmediato comenzará a disipar el mal humor y es probable que ella pueda comenzar a reírse mientras cuenta el embotellamiento del tráfico en el viaje de regreso a casa, o su día difícil en el trabajo, lo que sea que en realidad desencadenó su mal humor. El resultado es que ella se sentirá amada y tranquilizada y apreciativa del esposo, y ambos podrán pasar una velada juntos. Nuevamente, es una situación ganar-ganar que lleva a una mayor intimidad antes que al alejamiento.

RELACIONES ROMANTICAS

La mayoría de los problemas en las relaciones románticas derivan de la incapacidad de entender y aceptar el temperamento de la pareja. Ya he descrito cómo es cada tipo de temperamento en la parte II. Ahora desearía encarar brevemente algunas cuestiones que surgen cuando uno se enamora de personas de diversos tipos de temperamento.

EL SENSIBLE

La pareja debe proporcionar los límites al aceptar el estilo más sensible del sensible. Un dilema común para el sensible se presenta cuando la química resulta contraproducente. La misma calidad que propulsa la atracción, la promesa de una zona de satisfacción expandida, es lo que lamentablemente conduce a problemas. Lo que al principio parece prometedor luego puede tornarse amenazante. Los opuestos se atraen, pero las diferencias pueden llevar a la pareja de un estado de equilibrio emocional a la insatisfacción. Por ejemplo, un sensible reservado encuentra a una mujer que es directa, osada y aventurera. El sensible cree que esas cualidades no tendrán peso sobre él pero, a menos que se sienta seguro del amor de ella, la naturaleza de la mujer tarde o temprano se convertirá en una amenaza. El piensa: "Ella conocerá a alguien más aventurero y se marchará con él. Se aburrirá conmigo."

Hay probabilidades de haber experimentado esto si se ha estado con un sensible: un hombre o una mujer inicialmente hechizado por la independencia, el espíritu y la espontaneidad, que luego hace todo lo posible para extinguir esas cualidades y convertir a la pareja en una persona dócil. Es injusto tratar de atenuar el espíritu de alguien.

Al estar casado, el sensible disfrazado puede parecer apartado o impaciente a veces, pero esa suele ser una máscara para la ansiedad. La seguridad y la aceptación tienen inmediatos efectos positivos. La seguridad es esencial para que el sensible se sienta íntimo y relajado y seguro durante el acto amoroso. Cuando las necesidades de amor y de seguridad del sensible están satisfechas, puede ser una magnífica pareja.

El analítico

El analítico espera que una pareja excitante proporcione estímulo y distracción. Se puede descubrir que los analíticos son malhumorados o que hacen demasiadas demandas de estimulación. Pueden darle a la pareja extensas charlas sobre la relación o el matrimonio, charlas que no llevan a soluciones ni hacen sentir más cerca a la pareja. Es importante fijar límites acerca de la medida de introspección, disección y preocupación que se está dispuesto a atender. Se deben fijar límites en cuanto a la cantidad de excitación que se está dispuesto a proporcionar en la relación, y de cuánta debería ser responsable la pareja analítica. Lo que es más importante, no hay que tomar de forma personal los estados de ánimo del analítico.

Una paciente, Sally, comentaba que volvía del trabajo y notaba una expresión malhumorada en la cara del marido. Me dijo: "Odio eso, siempre pienso que hice algo mal o que no estoy haciendo lo suficiente para complacerle. Siento que le estoy fallando al no hacerle feliz". Le pedí al esposo que viniera a una sesión y resultó ser un analítico. Cuando parecía un tanto malhumorado, Rob no se sentía tan mal y fácilmente se le podía sacar de ese estado. Cuando Sally le preguntaba qué sucedía y él le contestaba que no era nada, lo decía de verdad. Pero Sally lo entendía como: "No me estás haciendo feliz. Estoy desilusionado con el matrimonio, me has fallado como esposa". Le advertí a ella: "No debe tomar en forma personal el temperamento de su esposo, él es así."

Si se está cerca de un analítico, se debe tener en cuenta que la distracción es la tarea que le libera de la fijación y la cavilación. Si el analítico parece aburrido, o triste, o hundiéndose en un estado de ánimo pesimista, se puede ayudar a anular ese ánimo distrayéndolo con noticias sobre los amigos o un proyecto para mejorar el hogar. O se le puede sugerir salir a dar un paseo o a un restaurante. Conversar sobre el estado de ánimo sombrío no es una solución.

El expresivo

El expresivo necesita una pareja que sea capaz de encarar su intensidad, responder a su pasión y tal vez consolarlo cuando se siente avergonzado tras haber estallado con alguien. Lo que el expresivo necesita de su pareja es la capacidad de gozar de su vivacidad y al mismo tiempo de aceptar la irritabilidad o los estallidos ocasionales. Se debe entender que no ha perdido el control, ni es investigador ni difícil. Tiene el imperativo biológico de expresar la alta energía emocional que típicamente siente.

Entender y tolerar no significa dejarse abrumar o aterrorizar o abusar emocionalmente. No hay ninguna obligación de ser un blanco constante para el enojo. Se pueden y se deben fijar límites acerca de la medida en que se está dispuesto a permitir ser utilizado como blanco de su furia. Es responsabilidad del expresivo, no de la pareja, encarar por sí mismo los aspectos difíciles de su temperamento. La tarea correctiva del expresivo es la liberación benigna, es decir, la breve descarga de su energía emocional, habitualmente a solas. Se le puede recordar esa solución al expresivo: un régimen diario de actividades hechas de manera fácil y casual.

El investigador

Los investigadores pueden ser muy atractivos compañeros de salidas. Suelen ser personas activas y brillantes, pero pueden resultar menos que ideales si se desea una relación más comprometida. Los investigadores son inquietos, les impulsa la sensación y no la seguridad. Hombre o mujer, pueden sentirse cautivados por alguien mientras lo están persiguiendo, luego perder todo el interés una vez que están seguros de tenerlo. Bioquímicamente programado para preferir el enamoramiento al amor maduro, las sensaciones físicas y sexuales a la devoción fiel, el investigador puede ser un verdadero desafío como pareja.

Dada su naturaleza dinámica, los investigadores suelen ser los hombres carismáticos que las mujeres desean. A menudo son una opción tonta para las mujeres que quieren una relación duradera o un matrimonio. El investigador puede ser el don Juan o el amante elusivo sobre el que escribí en mi libro "Smart Women, Foolish Choices."

Hay una razón para que el investigador sea tan problemático y decepcionante para las mujeres. Ese varón evasivo tiene un deseo de excitación que se satisface rápidamente. Cuando la pasión inicial se convierte en cómoda seguridad, él pierde interés y sigue adelante. No es fóbico al compromiso, sino que teme profundamente el estado emocional de falta de excitación que es inevitable para él. Un paciente mío investigador explica: "Después de unos pocos meses, en realidad me siento deprimido o abatido cerca de ella."

Las mujeres que simulan ser difíciles de alcanzar con ese tipo de hombre son intuitivamente sabias: como el pescador que pone el cebo en la superficie del lago, están provocando el umbral de excitación del investigador. Perciben correctamente que deben mantener hambrienta y al acecho a esa clase de hombre para mantener su interés.

Parejas potencialmente problemáticas

La pareja sensible/investigador

En cuanto a las parejas románticas, el sensible se siente fácilmente amenazado por la intensidad del investigador, pero la intimidación del sensible a menudo se ve superada por la fascinación que siente por la pareja valiente y carismática que es el investigador. La química produce un estallido cuando el sensible tímido siente un alto de osadía y confianza al conectarse con el investigador.

La pareja analítico/investigador

El analítico se siente amenazado por el investigador. Los analíticos son bioquímicamente "alérgicos" a toda amenaza de pérdida. La elusividad, la falta de compromiso y el inevitable abandono del investigador puede lanzar al analítico a la depresión. El analítico puede destruirse fácilmente por un asunto amoroso con un investigador.

La pareja analítico/sensible

Una de las combinaciones de temperamento más problemáticas es un analítico y un sensible. El sensible está predispuesto a sentirse ansioso, mientras que el analítico tiende a criticar a los otros y a hacer demandas. Y así se establece la batalla no-ganar. Cuando el sensible se retira, el analítico se preocupa y se torna más crítico. El sensible lastimado y atacado se retira aún más. Cuando se tiene a una persona que teme la sobreexcitación y otra que teme la subexcitación, se termina con dos personas que no pueden satisfacerse mutuamente. Mala química, pero no hay que preocuparse demasiado si se está en ese baile. La gente que tiene conciencia de su temperamento y sabe cómo orquestar sus aspectos difíciles puede ser muy flexible y animosa en casi cualquier pareja.

La pareja sensible/sensible

A pesar del peligro de exacerbar lo peor en cada uno, la gente con el mismo temperamento se lleva bien. Hay una pareja común sensible/sensible. El sensible cauto a menudo se casa con un sensible que niega su propio temperamento y ciegamente llega mucho más allá de su zona de satisfacción. Siempre que la parte más extravertida de la pareja sea al menos parcialmente abierta acerca de su propia emocionalidad secreta, pueden comprender la ansiedad del otro y sentirse entendidos. El cónyuge asertivo sirve como modelo o catalizador para la pareja más tímida. Pueden ser una gran pareja: catalizador y confiado.

Un problema que encontrarán es la ansiedad contagiosa. El negador abomina y desprecia su ansiedad: es por eso que está negando su temperamento, en primer lugar. Cuando percibe la aprensión de su cónyuge, se aparta. El cónyuge entiende esa retirada como rechazo y se duplica su aprensión y entonces se siente ansioso y rechazado. El sensible ansioso necesita que se le calme y tranquilice. Recuérdese que el rechazo y el abandono son los peores temores del sensible.

La pareja expresivo/sensible

El sensible puede soportar mucho si se siente seguro en un matrimonio o en un relación. No es infrecuente que el sensible hombre esté con una mujer que parece fuerte, dominante y controladora en exceso. Uno puede preocuparse y pensar que esa mujer le abrumará por la excitación, que acabará desbordándole. Pero eso no sucede, ¿y por qué? Si han estado juntos bastante tiempo, él se siente seguro de que ella lo ama, cuando otros puedan no verlo. La seguridad puede superar un estilo de confrontaciones, una conducta fuerte, emociones erráticas y aun la crítica. El puede sentirse excitado por la conducta de ella, pero no se siente amenazado.

RELACIONES EN EL TRABAJO

¿Cuán abierto se debe estar en cuanto a las emociones más profundas en una situación de trabajo? ¿Cuándo se debe sugerir que alguien se abra a uno? Eso depende de la relación y del grado de intimidad. En general, en las situaciones de trabajo es importante tener conciencia de los temperamentos, pero típicamente es temerario tratar de cambiar a alguien. ¿Se le dice a la jefa que se percibe que está deprimida y se le pregunta si desea hablar al respecto? Probablemente, no. Como jefe, ¿se le sugiere a un empleado enojado y perturbador que se desea hablar de eso para ver qué está sucediendo? Probablemente, no. Lo más probable es que se le informe que sus estallidos y su perturbación no serán tolerados, y tal vez se le remita a un profesional como condición para que permanezca en el puesto.

Entender el temperamento de los otros, aceptarlos por quienes son y no personalizar sus estados de ánimo puede transformar la vida laboral. Nuevamente, la técnica del desapego positivo permite no ser incluido en las emociones y los humores de otros. Permite mantenerse centrado en el trabajo y en la realización de la propia carrera.

El empleado sensible

Como teme sentirse turbado al sonrojarse, transpirar o aturullarse frente a los otros, el sensible prefiere las discusiones uno a uno antes que las grandes reuniones ruidosas. No se le debe criticar frente a los otros, porque eso puede amenazar su confianza. El necesita la fe del jefe en sus ideas. El gerente consciente le da la tranquilidad y la seguridad que necesita para desarrollar su potencial. Tal vez haya que animarle a adoptar nuevas responsabilidades, pero es un trabajador concienzudo que trabaja largas horas para cumplir con los plazos y las cuotas.

El sensible que no se siente apreciado o seguro puede ser un drenaje para la energía de su superior. Puede mostrarse irritable, quisquilloso, muy tenso y puede entrar en una actitud de resistencia. Se puede tornar tan temeroso e inseguro que se niegue a tomar una decisión sin consultar a otros cuatro o cinco miembros del personal. Si siente que el jefe le está evaluando negativa o injustamente, es probable que se marche. Realmente necesita seguridad y tranquilidad para florecer y, cuando se siente respetado y valorado, es un empleado magnífico.

El jefe sensible

Si se es leal, respetuoso y honesto con el jefe sensible, finalmente se mostrará cálido con uno y será un jefe comprensivo que apoya y alienta y da todo el crédito por los esfuerzos. Si no se le comunican esas cualidades a él, es probable que se mantenga frío y distante. Se está en su equipo o fuera de su equipo.

Conviene tener presente que aun el jefe sensible contrafóbico o disfrazado es muy sensible a la crítica o el rechazo. Aunque se comporte de manera dinámica y ruda, se tiene un enorme impacto emocional sobre él.

El empleado analítico

El empleado analítico es metódico, preciso y centrado en su trabajo. Esas cualidades conducen a empleados altamente efectivos y productivos. Se puede tener problemas con ellos: su propensión a preocuparse y a cavilar a expensas de seguir adelante con la tarea. Manejar al analítico puede volverse problemático si no cede una fijación en un problema particular.

El gerente inteligente fija plazos para el empleado analítico y le dice. "Haga todo lo que pueda en este plazo", o "¿Por qué no deja que me preocupe yo por eso?" El jefe astuto entiende que la solución no es frustrarse con el analítico sino ayudarle a soltar su fijación, aunque ello implique pasarle a otra tarea.

El jefe analítico

El jefe que tiende a fijarse y a cavilar también se torna muy perfeccionista. Y, por virtud de su posición superior, puede mantenerse fijado y perfeccionista aunque uno, como empleado, sabe que eso puede ser contraproducente a largo plazo. Si bien requiere premeditación y diplomacia, el empleado del analítico debe sugerir amablemente algo que resulte en una distracción, para que el lugar de trabajo pueda desbloquearse.

El empleado expresivo

El expresivo puede ser un real valor como empleado: cálido, divertido, lleno de personalidad, capaz de atraer y retener clientes con su magnetismo personal. Sin embargo, el expresivo puede ser impaciente, fácilmente frustrable y proclive a estallidos de irritación. Puede intimidar o alejar a otros empleados y granjearse la reputación de ser difícil. Es crucial permitir que el expresivo sepa que está causando un impacto negativo en los demás, porque puede no tener conciencia o negar su efecto sobre los otros. Pero es una mala idea tratar de reprimirle demasiado duramente. Es probable que se vuelva pasivo-agresivo y hostil.

El jefe expresivo

No se piense que se puede cambiar a un jefe que es un expresivo explosivo. No se debe perder el tiempo quejándose o haciendo comentarios sobre él o intercambiando historias de guerra sobre su temperamento o sus demandas. Sólo se conseguirá aumentar el fastidio que se siente por él. Es probable entrar en argumentos "si sólo": "Si sólo tuviera un jefe diferente, mi carrera andaría muchísimo mejor." Eso amarga la vida laboral y sólo hiere al que lo sufre a largo plazo. Se debe tener en cuenta que el expresivo suele estar avergonzado de su estallido y su falta de autocontrol. Si se comunica que se comprende que ese es su modo de ser, y se muestra aceptación y lealtad, es probable que él lo aprecie y devuelva la simpatía. Mantenerse desapegado y optimista, centrado en las propias responsabilidades y objetivos, en general no reaccionando a los altibajos emocionales del jefe expresivo, es la estrategia sensata.

El empleado investigador

El empleado investigador es dinámico y orientado hacia el objetivo y puede ser muy ambicioso. Su enemigo es el aburrimiento y la rutina. En consecuencia, puede descuidar los elementos de un proyecto: ya está en un nuevo desafío. El investigador puede ser sumamente político en el lugar de trabajo, centrado en su propia agenda antes que en la de la empresa o del equipo. El gerente inteligente establece amplios detalles en la responsabilidad del investigador y lo que se espera de él.

EL JEFE INVESTIGADOR

Cuando el investigador es el superior, enciende el entusiasmo de sus empleados como un modelo para la toma de iniciativa. Sin embargo, la dirección cotidiana de una organización no es necesariamente su fuerte. El investigador puede frustrar al empleado poniéndole a cargo de todos los detalles. Como consecuencia de sus tendencias a mirar más allá de la tarea presente, el investigador no delega cuidadosamente. Descuida el detalle y no tiene conciencia de que el ritmo del empleado puede ser mucho más lento que el propio.

ACEPTAR EL TEMPERAMENTO DE LOS AMIGOS

En ciertos sentidos, es más fácil aceptar a nuestros amigos que a nuestras parejas e hijos. Es en cierta forma una paradoja que cuanto más queremos a alguien, con más derecho nos sentimos a criticar a esa persona y a tener expectativas poco realistas en cuanto a ella. Con nuestros amigos suele haber suficiente distancia como para respetarlos y aceptarlos. Es más fácil tolerar los caprichos y las faltas de nuestros amigos porque no dependemos emocionalmente de ellos, y no vivimos con ellos. Pero si se piensa en las peleas que se ha tenido con amigos, se ve que el desencadenante de esos conflictos fue algún choque de temperamentos.

El sensible se siente atraído por el investigador porque envidia el aparente coraje de este. Pero la envidia puede adoptar la forma de una crítica creciente del modo en que el investigador halla alivio y satisfacción. Con el tiempo, el investigador (que ya puede sentirse culpable) puede no tolerar más esa crítica implícita y se distancia.

Los analíticos pueden resultar problemáticos como amigos. Propensos a la preocupación, pueden agotar a sus amigos con sus insistentes problemas y aprensiones. En este caso, la dinámica que desbarata tantas amistades es que el analítico se siente atemorizado de llegar a perder a alguien y su temor se torna tan emocionalmente agotador para quienes lo rodean que logra precisamente aquello que teme: al fin, la gente se aleja. De hecho, si bien he estado proponiendo la expresión más libre de las emociones, el analítico no debe interpretar ese consejo como una licencia para la queja incesante. Está bien hacer eso con el terapeuta, pero los amigos pueden no aceptar tanto.

El expresivo es obviamente el amigo más difícil. Si se reconoce a uno de los amigos como expresivo, es probable que ya se haya aprendido a pasar por alto o a ignorar los estallidos intermitentes de enojo y/o frustración. Se ha aprendido a no tomarlo personalmente. Si se tiene sentido de la propia singularidad y los propios límites, no reaccionar de manera excesiva es más fácil de cuanto se piensa.

En mi experiencia, la mayor dificultad que experimenta la gente para aceptar al sensible es que él la pone en contacto con sus propios temores. En la visión de uno, cuando el sensible está excesivamente nervioso o aprensivo, suele estar magnificando lo que uno también hallaría inquietante. Teniendo eso presente, ser compasivo y comprensivo y tratar de no quedar atrapado en la aprensión del sensible.

ACEPTAR EL TEMPERAMENTO DEL HIJO

Como padres, nos preocupamos más, amamos más y sin embargo a menudo aceptamos menos los cuatro temperamentos cuando se revelan en nuestros hijos. Los padres ven a sus hijos como extensiones de sí mismos. Estamos tan inundados por teorías acerca de la crianza que podemos ver a nuestros hijos como "proyectos": arcilla húmeda a modelar en la forma de los hijos perfectos.

Asumimos la reponsabilidad con orgullo, vergüenza y todas las emociones intermedias. Hacemos eso no sólo por los mitos que tenemos acerca de las emociones sino también porque aún somos unos ignorantes en lo que respecta a los factores genéticos que moldean a nuestros hijos. La verdad es que de ningún modo somos tan poderosos como pensamos al crear el destino de nuestros hijos. Esto es una buena o una mala noticia, según se vea a los hijos. Vuelvo a acentuar que el poder del temperamento de los hijos para influir en la conducta de los padres es en verdad la historia descuidada en la psicología.

Es común la creencia de que la personalidad y los logros de nuestros hijos son en alguna medida una reflexión y un determinante de nuestro propio valor. Si tenemos un hijo nervioso, hicimos algo mal, tal vez no fuimos suficientemente cariñosos como para darle la autoestima que merece. Si tenemos un hijo agresivo o excitable, tal vez no lo disciplinamos con la consistencia que prescribían los libros. Sin embargo, una parte significativa del temperamento emocional de nuestro hijo está determinada genéticamente. Lo que se puede hacer es reconocer y respetar la naturaleza de nuestros hijos y alentarles a hacer otro tanto.

Los padres del sensible deben aprender a prescindir del deseo de que su hijo sea valiente frente a nuevos desafíos y situaciones. Como se sabe, no es así como se comporta el sensible. El curso que sigue es diferente, a veces más angustioso, y él debe pagar su cuota emocional. La buena noticia es que el coraje y la osadía aún están abiertos para él siempre que sepa cómo encarar las inevitables emociones desagradables que surgirán en su interior. Si se le da la combinación de tranquilidad y de acicateo que necesita, crecerá para convertirse en un adulto confiado y flexible.

Los analíticos maduran más tarde en la vida. Es raro ver que un niño de menos de doce o trece años muestre claramente una conducta analítica. Será tarea de los padres mostrarle al hijo que la preocupación no es una emoción en la que deba fijarse interminablemente sino que se trata de una respuesta emocional predecible que requiere distracción y un desplazamiento de la atención.

Los padres de un expresivo necesitarán una paciencia excepcional. Le pueden diagnosticar hiperactivo y pondrá a prueba la paciencia con sus pataletas y su frustración. Es muy fácil gritarle a ese hijo o preocuparse por él. Es difícil tratar al hijo expresivo. Pero cuando se empieza a considerar su temperamento como innato y a verlo sin prejuicio, no se ve al hijo como a una mala semilla.

Los padres de un investigador a menudo se sienten frustrados por su nivel de energía y su tendencia a mostrar conductas difíciles. Nuevamente, aquí surgen cuestiones de género. La chica impulsiva es considerada más difícil que un muchacho investigador. La conducta "difícil" del investigador se acepta más en los varones.

Los padres y los falsos mensajes

Con independencia de lo psicológicamente astutos o lo afectuosos que seamos como padres, de todos modos enviamos mensajes dobles: "Quiero saber qué sientes, pero por favor no me preocupes con la profundidad o la intensidad de esos sentimientos." El enojo es un ejemplo de esa distinción. Pocos hogares toleran expresiones de enojo, que suelen recibir castigo. A los hijos se les insta a expresar su enojo en frases seguras: "Mamá y papá, me siento realmente enojado con eso." No deseo ridiculizar, pero algunos teóricos de la crianza de hijos que piensan que apoyan la expresión emocional, no lo hacen. Sólo proponen la idea o la expresión verbal de la emoción, no la energía pura de la emoción.

En el mundo psicológicamente esclarecido de hoy, los padres aceptan más las expresiones de temor o tristeza. Sin embargo, en la mayoría de los hogares nos precipitamos tan rápidamente a ayudar a nuestros hijos a librarse de esas emociones "negativas" que apenas si tienen tiempo de reconocerlas. Al precipitarnos a ayudar a nuestros hijos a encontrar alivio emocional, inadvertidamente comunicamos que "Lo que estás sintiendo es malo. Deja que te ayude a librarte de eso."

Aun el niño pequeño con temperamento investigador, que típicamente suscita menos preocupación en los padres, recibe mensajes negativos de niño. ¿Cuántos de nosotros hemos visto a padres de un niño excesivamente activo tratar de domar su naturaleza alborotada? Lamentablemente, parte de la tarea de ser padre es manejar a los hijos además de criarlos.

Cuando los padres están en la tarea de criar, desean que sus hijos sean perfectos. Todo lo que sea menos se traduce en ansiedad parental. Esa ansiedad se comunica de manera directa y tóxica al hijo. El hijo percibe que algo no anda bien, que no es bastante bueno, que le ha fallado a sus padres. Eso sólo sirve para complicar todas las otras ansiedades y los esfuerzos normales de la infancia. Los niños y los adolescentes se resienten por esa carga extra y le temen. Como padres, todos debemos lamentar la pérdida del hijo perfecto que deseábamos y que ninguno tuvo nunca. Se debe aceptar al hijo que sí se tiene.

Una advertencia sobre la terapia infantil

Aun cuando yo pueda estar haciendo algunos comentarios duros sobre mi profesión, advierto al lector que debe pensárselo más de dos veces antes de arrastrar al hijo a la psicoterapia por lo que en esencia no es un problema para el hijo sino un problema de manejo para el padre. Está bien buscar ayuda para uno mismo y, es de esperar, hallar grandes dosis de seguridad, además de algunos pautas útiles. Pero no se debe rotular al hijo con el estigma de tener problemas, que puede ser exactamente lo que sentirá si se le lleva al tratamiento.

Hay muy buenos terapeutas que se ocupan de niños y adolescentes y hay niños que en verdad necesitan un adulto menos emocional que les ayude a encarar una crisis aguda o un dilema. Pero con mucha frecuencia veo a padres que desean ver a sus hijos en tratamiento porque eso es más fácil que observar su propia dificultad con la aceptación. Un principio útil es ver a un especialista solo unas pocas veces antes de llevar al hijo. Los mejores terapeutas ayudarán a que explore sus preocupaciones sin caer en sus fantasías de rehacer a su hijo.

El proceso de conciencia, entendimiento, aceptación y tolerancia para el temperamento de los otros es una de esas situaciones en que no se puede dejar de ganar y crecer como persona. Sin aceptar a los otros, nunca podremos aceptarnos a nosotros mismos y nuestro propio temperamento emocional. Y, cuando se produce la aceptación, uno se encuentra apreciando lo que es emocionalmente único en uno mismo.

12

Buscar ayuda: psicoterapia y medicaciones

Soy un realista, sé que la gente que se encuentra en aprietos emocionales puede angustiarse tanto que siente la necesidad de guía y ayuda exteriores para manejar sus sentimientos. La angustia tal vez sea tanta que no se pueda llevar a cabo lo que he sugerido aquí.

Uno (no una guía diagnóstica) es el único juez en cuanto a si se necesita ayuda. Este capítulo es para aquellos que desean o necesitan guías para elegir a un psicoterapeuta y también medicaciones. También está dirigido a los que han buscado ayuda y quedaron desalentados por la falta de resultados, así como para los que actualmente toman medicinas para estados emocionales difíciles y sin embargo no están seguros de necesitarlas, y cuándo, si es que alguna vez, pueden librarse de ellas.

¿QUIEN TRATA LAS EMOCIONES?

Aquí debo hacer una advertencia: demasiada gente cree que porque alguien posee un título para practicar la medicina, el derecho, la psicología, la construcción, la plomería o lo que sea, está de alguna manera calificado para brindar un buen servicio a cambio del tiempo y del dinero de uno.

Toda vez que hablo con jóvenes psicólogos que preguntan sobre las escuelas de graduados, siempre les digo que busquen la mejor enseñanza posible en psicología académica aunque sólo piensen practicar la psicoterapia. Sin embargo, noto que en los veinte años de mi práctica privada, ningún paciente nuevo me ha preguntado nunca dónde me formé académica y clínicamente. Se deben controlar las calificaciones —es un punto de partida—, en especial en el área de la psicoterapia. Incidentalmente, una educación pobre no tendría que eliminar necesariamente a alguien. Hay notables terapeutas con relativamente poco aprendizaje o educación formal. El brillante psicoanalista Erik Erikson sólo posee un título de bachiller, ¡en arte! Y sé de al menos dos psicoanalistas nacionalmente famosos en los medios que poseen doctorados de "fábricas de diplomas": a pesar de sus talentos naturales e intuitivos, sintieron la necesidad de anteponer "Dr." a su nombre.

El primer paso es familiarizarse con las calificaciones de las personas que ayudan a aquellos que tienen problemas emocionales. Hay un número de profesiones. Sigue un breve panorama basado en años de experiencia y años de evolución de mis prejuicios:

1. *Psicólogos clínicos.* Un doctorado en un programa de enseñanza de psicología clínica en una escuela de graduados reconocida por la Asociación Psicológica Norteamericana. Capacitados en el tratamiento, el diagnóstico y el estudio de las perturbaciones mentales. En mi opinión, los mejores profesionales de la psicoterapia por su educación equilibrada en capacidades clínicas y su base en las ciencias de la conducta. Es absolutamente necesario poseer una mente educada crítica e inquisitiva para evaluar todos los nuevos hallazgos en el campo y separar con conocimiento de causa la paja del trigo.

2. *Psiquiatras.* Un doctor en medicina que ha completado la residencia en psiquiatría de un programa de enseñanza en una universidad/hospital reconocido, además de la instrucción en medicina. El único médico especializado en el diagnóstico y el tratamiento de las perturbaciones mentales. Más sobre

sus calificaciones luego, porque típicamente es bueno para prescribir medicaciones psicoactivas o psicoterapia, rara vez ambas cosas, aunque se haya condicionado al público para creerlo.

3. *Médicos*. Doctores en medicina. Tienen conciencia de que el 50 por ciento de todas las visitas al médico están impulsadas por problemas cuyos orígenes son de naturaleza psicológica. Una advertencia aquí: la gran mayoría de todas las medicinas psicoactivas como sedantes y antidepresivos son prescritas por médicos que no tienen instrucción en psiquiatría, que no están actualizados en la última investigación sobre psicofarmacología, que no dudan sobre la ciencia farmacológica y que no son propensos a quitarle la droga al enfermo. El médico de familia puede prescribir ansiolíticos o antidepresivos, pero básicamente está tratando un área sobre la que no sabe nada.

4. *Trabajadores sociales*. Maestros en trabajo social instruidos en el tratamiento de perturbaciones mentales así como otras subespecialidades de bienestar social más tradicionales. Generalmente con una buena instrucción en reconocidas escuelas universitarias de trabajo social.

5. *El resto*. Hay prácticamente un estallido de programas de enseñanza en todo el país que conducen a títulos de maestro (v.g., consultores de matrimonios, familia y niños) o a títulos doctorales en psicología. Muchos son buenos, algunos son fraudulentos. Algunos programas son amplios, otros son fábricas de diplomas. El consumidor debe ser cuidadoso.

Primero, investigue. El mejor modo de empezar es pidiendo referencias a amigos o parientes que han visto a un terapeuta que les resultó útil. O pedirle una referencia al médico, lo que no siempre es el mejor método porque, típicamente, él da el nombre de un amigo que le devuelve esas atenciones. Pero puede ser un buen comienzo.

Si no se consigue una referencia personal, llamar al departamento de psicología de la universidad más próxima o al departamento de psiquiatría de la escuela de medicina de la universidad más próxima. No buscar en las páginas amarillas: los avisos no son indicadores de competencia. También se puede llamar a una iglesia o sinagoga y pedir información.

No hay que preocuparse demasiado en cuanto a conseguir al profesional "adecuado", porque no se sabe si alguien es la persona adecuada para uno hasta que se la ha visto al menos un par de veces. Encontrar un buen terapeuta puede llevar tiempo.

¿QUE SE DEBE BUSCAR?

Ver como mínimo a dos o tres terapeutas al menos una vez. Ver cómo se siente uno. ¿Son comprensivos? ¿Conversan o se limitan a escuchar? Después de una sesión, si un terapeuta no ha dado un sentido de cuál es el problema, de cómo se propone ayudar al paciente y tratarlo, y en qué lapso (aunque sea vago), no se debe volver.

Si uno se marcha molesto, ¿por qué está molesto? ¿Acaso el terapeuta dijo algo que no se deseaba oír? Esa podía ser la persona adecuada. A la inversa, si alguien se muestra cálido y comprensivo, pero vago en su entendimiento y su programa para el paciente, no es eso lo que se necesita. Eso se puede conseguir gratis llamando a un amigo. No hay nada de malo en una terapia que apoye, pero con el tiempo un buen terapeuta que apoya debería señalar la necesidad de desarrollar un sistema de apoyo fuera de su consulta.

Preguntarle al terapeuta sobre su orientación y sus creencias para ver si es abierto a tales cuestiones. En caso negativo, abandonarlo. Se debe saber que el terapeuta posee un entendimiento y un enfoque concretos del dilema que se está experimentando. Por ejemplo, le aconsejo a la gente que, si la razón principal para que busquen ayuda es un problema marital, que le pregunten al terapeuta si él está casado. Si no lo está, su entendimiento podría ser delgado como el papel comparado con el de alguien que sí lo está.

Si se está principalmente preocupado por las emociones, si se tiene alarma por la ansiesad, la tristeza, el enojo o las ansias emocionales, creo que se debe inquirir acerca de la orientación y/o los prejuicios del terapeuta. Se debe preguntar al terapeuta cómo ve las emociones, específicamente la base biológica de las emociones. ¿Cree en los temperamentos emocionales innatos? En caso negativo, ¿por qué no? Comprensiblemente, pienso que si un terapeuta no cree en mis ideas sobre el yo mismo natural (temperamento, excitación, tendencias innatas a la acción), entonces no es tan preciso en su punto de vista como debe serlo. Si se está buscando a alguien que tenga un punto de vista semejante al mío, se le debe mostrar este libro a la persona y preguntarle qué opina. Obviamente, no es necesario que esté de acuerdo con todo, ¿pero comparte la noción del temperamento emocional innato?

Luego, si se tiene una seria angustia emocional, a tal punto que está pesando de manera significativa en la vida en el hogar o en el trabajo, y también se sufren signos físicos de malestar que están empezando a alarmar, se debería estar abierto a la posibilidad de medicación que alivie la ansiedad, la depresión o las cavilaciones en tal medida que pueda ser efectivo el tratamiento psicológico. Si bien pienso que demasiada gente está con medicación por un tiempo excesivamente prolongado, hay casos en que es necesario levantar a una persona hasta el punto en que puede beneficiarse de una terapia hablada.

¿A QUIEN VER PRIMERO?

Sería ideal hallar a un profesional que sea bueno en psicoterapia y también capaz en el arte de la psicofarmacología, es decir, en encontrar las medicaciones adecuadas. Esa persona no existe. Los psiquiatras pueden no estar de acuerdo, pero creo que se equivocan. Los psiquiatras están bien instruidos en psicoterapia (o psicoanálisis) o en psicofarmacología. Para ser un experto en medicación es necesario haber recibido una buena instrucción en años recientes o mantenerse a un nivel que sugiere que se está trabajando sólo con pacientes que necesitan medicación. La psicofarmacología es un arte basado en muchísima experiencia con diferentes drogas en forma cotidiana. Como discutiré luego, no es la ciencia exacta "una pastilla le sirve a todos" sobre la que se lee en las revistas.

Los programas de enseñanza de psiquiatría en medida creciente le restan importancia a la psicoterapia, porque se piensa que ya hay demasiadas profesiones que se ocupan de esa área. Cada vez más enseñan sólo biopsiquiatría, que acentúa la base bioquímica de las perturbaciones mentales. Hoy, prácticamente ninguno de los programas destacados de residencia psiquiátrica enseña psicoanálisis: ¡Freud ya no es bien recibido en la psiquiatría! En consecuencia, los jóvenes psiquiatras son idóneos en psicoterapia (que se está volviendo rara) o en biopsiquiatría (la ola del futuro en psiquiatría).

En ocasiones, es posible hallar capacidad humana y capacidad en psicofarmacología en el mismo psiquiatra. Estoy seguro de que aquí puedo sonar prejuicioso o cínico, pero el público rara vez tiene conciencia de que la psiquiatría siempre ha sido la oveja negra o el primo indeseado en medicina. Ahora los psiquiatras están aceptando con los brazos abiertos un modelo médico o de la enfermedad. Incidentalmente, creo que este desarrollo es bueno. Creo que el futuro del tratamiento deberá estar relacionado con las necesidades biológicas de la conducta. Mi único desacuerdo es que biológico no significa enfermedad. El punto aquí es que aun cuando se piense que se necesita medicación, y también se desean consejos o psicoterapia, se deberá buscar a dos profesionales diferentes, del mismo modo en que se va a un especialista en medicina y luego a un subespecialista, según el problema.

No permitir que eso perturbe o confunda. El modo de buscar ayuda sigue siendo un proceso bastante simple. Se debe ver a un terapeuta de cualquier disciplina y explicarle: "Vea, realmente me siento mal y deseo estar seguro de que, si necesito medicación, usted estará alerta a eso, y podrá derivarme a un psiquiatra de orientación psicofarmacológica con el que usted trabaje y que pueda estar pendiente de mi progreso." Si el terapeuta está en contra de la medicación, conviene evitarlo, porque es demasiado rígido. Por el contrario, si un profesional inmediatamente desea prescribir medicaciones psicotrópicas, ver si es capaz de responder a las siguientes preguntas (o preguntárselas a la persona a la que se es derivado):

1. ¿Por qué necesito esta droga? Si él dice que uno tiene una perturbación, pedirle que lo explique, y que explique por

qué uno no tenía la perturbación antes. Preguntarle cuál es la perturbación, cuál es su curso y qué clase de tratamiento debería acompañarlo. Si el profesional dice que sólo se necesita medicación, marcharse, no sabe de qué está hablando. Si dice que sólo es necesario ir a verlo una o dos veces por mes, marcharse. Decirle que uno entiende que en miles de estudios, ninguno sugiere que la medicación sola sea suficiente, y que muchos estudios demuestran que la terapia es superior a la medicación. No conviene mostrarse ofensivo ni fastidioso, pero si el profesional no puede manejar estas preguntas, es arrogante o ignorante, nada de lo cual se necesita cuando uno se está sintiendo emocionalmente angustiado.

2. Preguntarle cuáles son los efectos secundarios de la medicación, y cuánto duran. Más importante, preguntarle cuánto tiempo supone él que se deberá tomar esa droga. Si dice: "Hasta que decidamos que ya no hace falta", no conformarse con eso y preguntarle: "¿Qué cambiará en mi mente, en mis emociones y en mi conducta que indique que ya no la necesito?" Alentar al doctor a que explique cómo actúa la medicación y también qué sucede en el pensamiento y en la conducta que hace que ya no se necesite la droga.

Creo que la combinación ideal para todo el que busque ayuda para un problema emocional que causa gran angustia es un buen psicoterapeuta (de cualquier disciplina, pero que esté abierto a la posibilidad de que la medicación sea necesaria) más un biopsiquiatra versado en los últimos progresos en las medicaciones psicoactivas.

LIMITACIONES DE LA MEDICACION

Mientras escribo esto, tengo ante mí dos documentos. Uno es la revista *Time* del 6 de julio de 1992, cuyo artículo de fondo es: "Pastillas para la mente", que describe nuevas drogas para la esquizofrenia y la depresión. Pienso que debe de ser al menos el quincuagésimo de tales artículos que he leído en la prensa popular durante el año pasado. Estoy seguro de que todos habrán visto también esos artículos. En esa nota de *Time*, los autores observan: "Es el tratamiento de la depresión... el que representa la mayor historia de éxito de la salud mental." Estoy de acuerdo, pero luego agregan: *"Hoy la depresión puede tratarse, de manera rápida y efectiva, en siete de cada diez casos. Si hace falta una segunda ronda de tratamiento, la tasa de cura salta al 90 por ciento."*

El segundo documento que tengo ante mí es una reedición de 1992, "Curso de síntomas depresivos en el seguimiento: hallazgos del Programa de investigación colaborativa sobre el tratamiento de la depresión del Instituto Nacional de Salud Mental." Ese fue un estudio muy prestigioso y de largo plazo que compara la psicoterapia con el tratamiento antidepresivo. Los autores observan que los estudios anteriores demuestran de manera consistente que la terapia de conducta cognitiva es más efectiva que el tratamiento con medicación antidepresiva. Y en ese estudio descubrieron que entre los que se recuperaban y no tenían recaída, los mejores resultados (sólo el 30 por ciento de recuperación) procedían de la terapia cognitiva mientras que los peores (19 por ciento) venían de aquellos que tomaban antidepresivos además de visitas de "manejo clínico" con el médico.

No estoy tratando de decir que se eviten los antidepresivos. Si se está seriamente deprimido, sirven para que la persona se recupere de ese episodio o, preferiblemente, para permitir que se beneficie de la psicoterapia. Mi opinión sobre el artículo de la revista *Time* es que toda vez que se lee un artículo sobre perturbaciones psicológicas y se advierte la palabra cura, rápidamente se debe usar el artículo para envolver la basura. No hay ninguna cura para el propio temperamento.

La mayoría de las drogas son más complicadas, menos precisas en sus acciones y mucho menos efectivas de cuanto desean hacernos creer los expertos o los medios. Lo que se escribe sobre ciencia y salud para el público debe tomarse con prudencia. Decenas de "avances" se publicitan en la prensa cada año, pero cuando se los reexamina después resultan ser un espejismo. La química del cerebro humano es tan individual, tan compleja y tan fluctuante que no hemos encontrado ninguna droga milagrosa. La medicación psicotrópica requiere constante seguimiento y ajuste según una base individual. Muchas compañías de drogas solventan investigaciones que son bastante pobres, pero que les brindan buenos avisos, y los médicos que participan obtienen buenos suplementos en sus ingresos.

Los estudios honestos sobre drogas psiquiátricas (en oposición a las revelaciones selectivas de las compañías de drogas) abundan en resultados contradictorios, y también en resultados que no son muy impresionantes, que es por lo cual los expertos honestos se refieren al arte de la psicofarmacología.

Por ejemplo, la investigación de droga siempre debe comparar los efectos de la droga con un placebo para decidir si la pátina del tiempo está creando el alivio. Todo el mundo quedaría perplejo si supiera cómo la mayoría de esos estudios emplean placebos inactivos, es decir, pastillas que no tienen ningún efecto (una pastilla neutra o de azúcar). Después de leer este libro, es posible imaginar mi reacción a esa práctica. Creo que muchas drogas a menudo no hacen más que crear sus efectos siendo activadores de la excitación como los antidepresivos, o supresores de la excitación como los ansiolíticos. No usar un placebo activo (v.g. cafeína) es no determinar realmente que está causando en realidad los efectos de la droga.

Un placebo activo es todo ingrediente que puede producir efectos en la misma dirección de la droga que se está probando, pero no posee la misma estructura química que la droga. Por ejemplo, si un placebo de cafeína o adrenalina tiene los mismos efectos de un antidepresivo, entonces las sustancias químicas singulares de ese antidepresivo pueden no ser los ingredientes curativos específicos. Todo lo que levantara el estado de ánimo del paciente hubiese podido servir.

En toda mi investigación sobre las medicaciones, se destaca un libro. Escrito por profesionales de esa área, *The Limits of Biological Treatments for Psychological Distress*, de Seymour Fisher y Roger Greenberg del Centro de Ciencias de la Salud de la Universidad Estatal de Nueva York, es el panorama más comprensivo que se puede hallar en la literatura médica y psicológica. Considérese la siguiente cita de los autores:

"Cuando supimos más sobre los efectos secundarios ubicuos, empezamos a especular sobre su posible papel en el proceso de recuperación. Obviamente, pueden ser muy amenazantes y perturbadores. Pero nos hemos preguntado también si la creación repentina de un síntoma corporal por parte de una medicación, en ciertas circunstancias, no podía servir paradójicamente como *distracción* que puede desviar la atención del problema psicológico inmediato y de esa manera inducir una sensación de 'Sí, tengo una aguda molestia física, pero mi depresión o mi estado psicológico malo ahora parece menos importante'".

Mi teoría predice exactamente ese efecto de distracción para el analítico. El detallado análisis que hacen Fisher y Greenberg de cientos de estudios concluye:

"Si bien hemos sido críticos de los modos psiquiátricos biológicos, somos conscientes de que el trabajo de aquellos dedicados a esa área se ha visto marcado por las buenas intenciones, el vigor y un deseo general de tornarse científicamente más rigurosos. También tenemos conciencia de que la difundida existencia de perturbación psicológica crea una presión para el establecimiento de tratamientos que puedan darse en masa. La gente desea soluciones rápidas para sus intensas ansiedades, tristezas y sentimientos de alienación de la realidad. La medicalización de la angustia psicológica ha prometido 'soluciones médicas' análogas. Un aspecto particularmente tentador de tal medicalización es que transmite a los que sufren que pueden curarse sin ningún esfuerzo especial de su parte. Sólo deben ingerir un agente poderoso y el impacto bioquímico les curará".

MEDICACIONES Y TERMOSTATOS

Como he acentuado anteriormente, reajustar el termostato con sustancias químicas ingeridas es útil en la angustia aguda. Pero si se sigue con la medicación, nunca se aprende a reajustar el termostato emocional por uno mismo. Ese es el principal problema con las drogas y el motivo de que la tasa de recaída sea tan grande: el paciente no aprende nada. Las medicaciones son como las dietas rápidas: aparentemente efectivas, pero no se aprende a alterar antiguos hábitos y, antes de que pase mucho tiempo, se vuelve a tener un peso excedido.

En verdad, mientras se realizan más y más estudios, por ejemplo sobre la depresión, los expertos están sugiriendo que los resultados mejores se obtienen cuando la persona permanece con la medicación por años, en lugar de tomarla sólo cuando se presentan episodios depresivos. Ese de ninguna manera es un aviso alentador o un progreso.

Cuando hablo con mis pacientes acerca de usar medicación como solución permanente, empleo esta historia metafórica. Gordon compró una finca en Kansas donde los tornados vienen barriendo a través de las planicies casi todos los años. En su primer año en la finca, un tornado violento alcanzó la casa. Le quitó el techo y una viga se partió cayendo sobre él y quebrándole el brazo. El brazo fracturado se curó y estuvo como nuevo en tres meses, pero Gordon quedó aterrorizado de los tornados. Compró madera y clavos y tapió todas las ventanas de su bella y antigua casa de campo, y las dejó selladas. Con el paso de los años, llegaban y se iban las estaciones. Atrincherado en el interior, Gordon estaba seguro, pero se perdía la riqueza de la vida que le rodeaba. Mantenerse tomando medicación es como mantener las ventanas bien cerradas a las tormentas. Uno puede estar protegido de las tormentas, pero también se pierde la participación emocional en la vida.

ENFOQUES COMUNES DE LA MEDICACION

SENSIBLES

Las medicaciones suelen darse para ayudar a las personas a encarar episodios agudos de ansiedad (ataques de pánico) o para ayudar a otros que tienen niveles de ansiedad crónicamente altos (perturbación de la ansiedad generalizada) a elevar su umbral de excitación, de modo que puedan enfrentar acontecimientos cotidianos sin sentirse perturbados por su excitación. Algunos ansiolíticos de uso común incluyen benzodiazepinas tales como Xanax (alprazolam) o Halcion (triazolam). Esas drogas se prescriben a veces con la indicación de "tomarlas cuando se las necesita" en los episodios de ansiedad aguda. En el caso de ansiedad aguda periódica, las drogas de efecto más prolongado como Ativan (lorazepan) o Valium (diazepan) pueden prescribirse para alterar la bioquímica de la persona y elevar lo suficiente el umbral como para evitar esos episodios agudos.

La idea es que el umbral del sensible está suficientemente alto, una experiencia que de otra manera causaría ansiedad masiva (y posiblemente un ataque de pánico) produce en cambio poca ansiedad respecto de un umbral más alto, de modo que el nivel de ansiedad del umbral de la persona no sea superado, con lo que la persona no sale de su zona de satisfacción. En el caso de una ansiedad crónica, se suele dar la droga de efecto prolongado BuSpar (buspirona). En general se suele prescribir la medicación para un programa regular que mantiene bioquímicamente el umbral del paciente a un nivel más alto.

Los efectos secundarios de las benzodiazepinas incluyen la sedación durante el día y la resaca de la droga, así como mareos, falta de coordinación, laxitud, confusión, reacción física demorada, sueño REM (movimiento rápido del ojo) perturbado y amnesia. Esos efectos pueden ampliarse letalmente cuando la medicación se combina con alcohol. Pero en general esas drogas son seguras y rara vez conducen a depresión cardiovascular o respiratoria.

Analítico

Hay tres tipos básicos de antidepresivos. Los tres actúan alterando la cantidad de neurotransmisores disponibles en el sistema nervioso central para regular la transmisión nerviosa. Los tricíclicos (v.g. Tofranil [imipramine] o Elavil [amitriptilina]) actúan inhibiendo la absorción de norepinefrina, serotonina (o ambas) después de su liberación, incrementando de esa manera la cantidad de neurotransmisores disponibles para la transmisión nerviosa. Los bloqueadores de la absorción de serotonina actúan aumentando la disponibilidad de la serotonina para facilitar la transmisión. Los inhibidores de oxidasa monoamino (MAO) (v.g. Nardil [fenelzine]) constriñen la acción de una enzima (MAO) de modo que no pueda modular la cantidad de neurotransmisor presente, y por lo mismo los neurotransmisores se acumulan en las terminales nerviosas e incrementan la transmisión. En las personas deprimidas, ese incremento en la transmisión nerviosa conduce a un estado de ánimo elevado, aumentada actividad física y alerta mental, mejores pautas de apetito y de sueño y reducida preocupación con pensamientos enfermizos.

Las medicaciones antidepresivas han demostrado una efectividad general para tratar episodios agudos de depresión, pero típicamente requieren dos o tres semanas para que surtan efecto. Esas medicaciones también pueden ser útiles para prevenir recaídas de episodios depresivos y a menudo se las emplea para mantener el umbral de excitación del individuo a un nivel más bajo, de modo que tenga mayores probabilidades de gozar de las actividades cotidianas y no caiga en la depresión cuando son bajos los niveles de estimulación externa.

Los analíticos (a los que se diagnostica como deprimidos por su alto umbral de excitación y temperamento en general plácido) pueden recibir antidepresivos de sus médicos y descubren que su ánimo parece mejorar. No obstante, si bien el ánimo puede mejorar, su temperamento en general no se modifica con las drogas. Una vez que se retira la medicación, los analíticos vuelven a su estilo autocentrado.

Hay algunos problemas con las drogas antidepresivas. Un problema es la necesidad del uso de largo plazo para el mantenimiento de un umbral más bajo de excitación. Esas drogas no son estimulantes y no funcionan como drogas recreacionales aun en los individuos no deprimidos, de modo que no se produce la adicción en su sentido habitual. Sin embargo, los analíticos que experimentan depresión periódica pueden descubrir que necesitan seguir tomando esas drogas porque no han aprendido modos alternativos para regular su estado de ánimo. No han aprendido a trabajar con su temperamento natural para mantenerse dentro de una zona de satisfacción que pueda ser expandida con mayor esfuerzo.

Los habituales efectos secundarios del uso de largo plazo de antidepresivos son la somnolencia, la hipertensión, la boca seca, la visión desvaída, la constipación y una reducción del sueño REM. Cuando cesa el uso de esas medicaciones, los individuos pueden experimentar algunos efectos de retiración. Estos pueden presentarse porque el sistema nervioso central se ha acostumbrado a tener niveles más altos de neurotransmisores disponibles para facilitar la transmisión sináptica. Los individuos pueden descubrir que se sienten brevemente más deprimidos en el período inmediato que sigue al cese del uso de antidepresivos. Esta experiencia en sí misma puede perpetuar sus tendencias a enfocar hacia adentro.

Expresivos

No se dispone de ninguna medicación típica con droga. Los expresivos a menudo se parecen y en algunos casos pueden ser adultos con perturbación de hiperactividad con déficit de atención de tipo residual (ADHD-RT). El diagnóstico de esa enfermedad se basa en que el adulto posee una historia infantil del problema y actualmente experimenta hiperactividad y déficit de atención más otras indicaciones: mala organización, mala concentración o persistencia en la tarea o impulsividad.

Investigadores

Se caracterizan por la impulsividad. Asumir riesgos y buscar estímulo en su vida diaria es un intento (aunque a menudo inconsciente) de impulsarse a sí mismos más allá de su umbral alto de excitación.

Las medicaciones estimulantes pueden ayudar a los investigadores a regular su temperamento y controlar su impulsividad porque, al estimular el sistema nervioso central, las medicaciones elevan los niveles de excitación a un punto más próximo a umbrales de excitación satisfactorios. De ahí que sea necesaria menor estimulación exterior para mantener a esa gente en su zona de satisfacción. No sienten la necesidad de buscar estimulación extra o de actuar impulsivamente para mantener un nivel de excitación satisfactorio.

DROGAS DE MODA

En ocasiones aparecen medicaciones nuevas en el mercado que causan revuelo entre la comunidad médica y popular. El modelo habitual para estas drogas es que poseen el aura de ser una "pastilla milagrosa" y se las prescribe ampliamente hasta que se revelan sus efectos secundarios completos. Los medios suelen tener un papel en ese proceso, publicitando inicialmente la "droga maravilla" al comienzo de su uso y criticándola y culpando a las compañías que las fabrican y también a los médicos en la época de su defunción: hasta que aparece una nueva "píldora milagrosa" para robarle la luz de las candilejas. Varias drogas que en años recientes han sufrido ese ciclo son Xanax (alprazolam), Halcion (triazolam) y Prozac (fluoxetine).

Xanax es benzodiazepina que ha sido ampliamente publicitada como la última droga para tratar el problema del pánico. Sin embargo, Xanax no ha demostrado superioridad respecto de otros sedantes menores y posee efectos secundarios semejantes, incluidos confusión, depresión, olvido, paranoia y hostilidad. Además, Xanax se une más ajustadamente a los receptores y actúa con rapidez, de modo que tiene mayores probabilidades de causar adicción o intensos síntomas de retiración que otras drogas para la ansiedad. Xanax ha producido sentimientos de temor, inquietud, desorientación y grave ansiedad en la cesación de su uso. Combinado con alcohol u otros sedantes, puede causar la muerte.

La investigación ha revelado que el uso a largo plazo de Xanax puede conducir incluso a niveles más altos de ansiedad y pánico, hasta el punto que a los pacientes que recibieron un placebo les fue mejor en general evitando la medicación y sus efectos secundarios. Por lo tanto, la popularidad de esa droga como panacea para el problema del pánico es altamente cuestionable en el presente.

Los informes de los medios han detallado la controversia que rodea a Halcion, una benzodiazepina usada para el tratamiento del insomnio. Es una droga de efecto breve que ha demostrado éxito en el tratamiento de los problemas del sueño cuando se la prescribe con dosis apropiadas por breves períodos de tiempo, con la restricción de que no se puede ingerir simultáneamente alcohol ni ninguna droga sedativa-hipnótica. Halcion tiene efectos secundarios similares a otras benzodiazepinas y también puede producir insomnio rebote al cesar la medicación.

Un inquietante efecto secundario potencial del uso de largo plazo de benzodiazepinas como Halcion o Xanax es la atrofia cerebral. Cierta investigación ha indicado que se han correlacionado ventrículos agrandados (espacios llenos de fluido) en el cerebro con el uso a largo plazo de benzodiazepina. Si bien se requiere mayor investigación para sustanciar ese peligro, esos hallazgos deberían promover una mayor cautela cuando los médicos prescriben esas drogas por largos períodos.

El Prozac es en la actualidad el antidepresivo más ampliamente prescrito. Parece ser tan efectivo como otros antidepresivos para el tratamiento de la depresión grave, y algunos pacientes han mostrado respuestas rápidas y positivas. Sin embargo, algunos pacientes han presentado mejoría incompleta o ninguna mejoría, y los efectos secundarios del Prozac, si bien diferentes de los de la mayoría de los antidepresivos, no son agradables. Náusea, vómitos intermitentes, pérdida de peso, diarrea, jaqueca, ansiedad e insomnio se presentan a menudo. También puede darse la sensación de tener que moverse (agitación motriz) y algunos pacientes han informado del desarrollo de agitación e ideación obsesiva. Por fortuna, se han informado pocas sobredosis de Prozac, ya que es farmacológicamente más difícil la sobredosis con Prozac que con otros antidepresivos.

Se debe tener cautela en el uso de esa medicación. El Prozac ha sido sometido a prueba para el tratamiento de problemas tan diferentes como bulimia, perturbación de personalidad fronteriza, ataques de pánico y perturbación obsesivo-compulsiva, pero aún no se ha demostrado evidencia sustancial de su efectividad. Además, se cree popularmente que es un enfoque exitoso para la pérdida de peso, a pesar de los efectos secundarios poco atractivos.

Para reducir los efectos secundarios, la dosificación debe disminuirse o se debe dar otra droga con el Prozac para tratar sus efectos negativos. Otro problema es que el Prozac puede inducir a la manía, en especial porque posee una larga semivida y puede acumularse en el cuerpo por períodos más extensos que otras drogas. Además, el uso a largo plazo puede llevar a otra disfunción psicológica en su retiración, incluida la depresión y la ansiedad. Se deben considerar todos estos factores. Por lo tanto, se debe implementar una estrategia para el tratamiento de largo plazo con Prozac. En general, el Prozac puede no ser mejor que otras drogas para tratar la depresión, y sus efectos secundarios pueden ser peores para algunos pacientes.

Cuando este libro va a la imprenta, la nueva remplazante para el Prozac es una droga de efectos semejantes llamada Zoloft. La única razón para el cambio es que el Prozac fue objeto de tanto ataque (en buena medida falaz) que los médicos necesitaron un sustituto de efectos semejantes.

ALTERNATIVAS

A menudo me preguntan sobre los diversos programas de doce pasos. En general, estoy en favor de ellos. Proporcionan apoyo emocional, una sensación de entendimiento compartido y compasión por el dilema de cada persona. Y por cierto el precio es insuperable.

La dificultad que a veces tengo con esos programas es que pueden dedicar demasiado tiempo a culpar a gente del pasado de uno. Creo que se culpa demasiado y no se hace buena relación suficiente con la vida. Pienso que aun cuando tengamos una infancia problemática o seamos hijos de alcohólicos, aún tenemos que enfrentar nuestro temperamento. Y culpar por todos los estados emocionales a una clase de adicción es demasiado simplista.

Además de los grupos de recuperación, hay muchos otros seminarios de crecimiento y grupos de foco especial que se ocupan de dilemas de la vida. Todos pueden ser valiosos, pero descuidan el temperamento innato y carecen de una porción significativa de entendimiento.

Todas las alterntivas a la terapia tienen una cosa en común y es una sensación de apoyo y de conexión. Si hay algo que ayuda a la gente a hallar alivio emocional, es la sensación de que no está sola, de que otros se preocupan por ellos.

Como afirmé al comienzo de este libro, deseo alentar al lector a que deje de tratar de convertirse en una persona mejor si eso significa comparar su interior con el exterior de otra gente y negar el propio temperamento. En cambio, le insto a reformular su intención y a esforzarse por ser más genuinamente quien es. Se debe aceptar la riqueza de la fluctuación emocional. La conciencia y el respeto por el propio temperamento da verdadera confianza emocional. Se puede avanzar por el mundo abierto a la gente y a los desafíos, vivo a las posibilidades de la vida.

Esta edición terminó de imprimirse en
VERLAP S.A. - Producciones Gráficas
Vieytes 1534 - Buenos Aires - Argentina
en el mes de enero de 1995